羽仁もと子著作集　第二巻

# 思想しつつ生活しつつ　上

婦人之友社

# 思想しつつ生活しつつ祈りつつ　――巻頭の言葉――

この本を読んで下さる皆様のうちには、古いおなじみもあり、また新しい多くのお友だちもあります。

私は今、昭和二年七月二日、本著作集のために開かれた、明治神宮外苑日本青年館における、あの大いなる記念講演会の盛んな熱心な光景を、涙をもって思い浮かべています。

真面目な真剣な女性の群れ、それが今東京だけでなく、日本全国にひろがったのです。だれの力でひろがって行ったのでしょう。主として皆様御自身の力で出来て行ったのです。今や日本の女性は、ほんとうに自分たちの歩むべき道を探しています。年の若い方たちは、立派な婦人になろうと思い、結婚した人は、どうかして夫と共に、価値《ねうち》のある結婚生活をしたいと思い、母親は是非とも子供をよく育てたい、またすべての女性は、日本の国を物質的にも精神的にも、もっと豊かにしたい、家族主義のこの国が、真に一家のように和楽した社会をつくり出し、世界に向かってその使命を果たしたい。――こういうことを感ずる人が、だんだん多くなって来ました。眇《びょう》たるこの著作集を問題にして、そういう真面目な方たちが期せずして集まって来たのです。この自覚した全国の女性が、あの講演会の時のように、一堂に会する道があったら、どんなにうれしいでしょう。そうして相互いに頼もしき友よ、親しき友よと呼びあうことが出来たら、お互いの手と手がかたく結びつき、胸と胸とが歓喜の涙にはりさけるばかりになるでしょう。

世の中には真面目な人が少ないといいます。それはうそです。大部分の男も女もみな真面目なのです。ただいろいろな刺激に負けて、いじけたり冷淡になったりしているだけです。なかでも、自分の真面目な心の要求の上に、しっかりと立っておいでになる皆様は、どうか本気でこの著作集をお読み下さいませ。

寝ころんで読むほど解《わか》りやすいものでないかもしれません。しかし、考えて読んで下されば、ごく若い方にも、年とった方にも、女は勿論男にも、忠実なお話相手になるでしょう。めいめいに今の時勢からうける多くの刺激を、どう取り扱ったらよいかということが書いてあります。女とは何ぞ妻とは何ぞ母とは何ぞということが書いてあります。めいめいの心の中にある理性や愛憎の働きを、どう修めどう成長さして行ったらよいかを書いてあります。

皆様の学問や特別な知識に訴えて書いてあるのでなく、すべての人の、人としての感情、普通人としての理性や経験に訴えて書いてあります。次々に出るものも、あるいは現代の若き姉妹の修養の方面より、あるいは家事家計の方面より、家庭教育の方面より、人の世の悩みの方面より、信仰の方面より、一々皆様の人情と生活の経験とに訴えようとするものです。どうか考えながらかみしめながら読んで下さいませ。そうして採《と》るべき所があれば、それをごめいめいの日々《にちにち》の生活の舞台に生きてみて、そこからまた皆様の一層すぐれた考えと生活とをつくり出して下さいませ。

思想しつつ生活しつつ——この楽しみを味わいかけて来ると、だれでもこの人生に感謝と生きがいを感じて来ます。思いにあまることがあったら、祈りましょう。思っても実行し得ないことがあったら、また祈りましょう。それが我々のほんとうの生《いのち》の泉の源です。

思想しつつ生活しつつ祈りつつ——この著作集を中心として、私たちはこの仲間をつくりましょう。そして本気な友だちになってゆきましょう。

昭和二年八月二日

羽仁もと子

# 目　次

装幀　平福百穂

# 生活の隠れたる部分

美しい花、立派な実は、枯れかけた木に咲きまた実るものではありません。人の目を喜ばせる花や実は、必ず地中に隠れている健全な根の力です。世の中にはこの花や実に比ぶべき美しいもの貴《とうと》いものがたくさんあります。そして私たちは樹木の花や実の美しいのに気をとられて、その根のことを思わないように、世の表面に現われている多くの名誉や幸福に見とれて、その名誉や幸福を生み出した根本のことには心づかずにいます。ほんとうの名誉は欲しいものです。まことの幸福はまた是非とも求めなくてはならないものです。しかし名誉や幸福を得よう得ようとばかり思っている人に、決してほんとうの名誉や幸福は来ないわけです。なぜというのに、造り花に似たような空名や、うわべばかりの幸福ならば、人の手で直接につくり出すことが出来ますけれど、ほんとうの花や実は生きた根の健全な勢力が、雨露《あめつゆ》や日光の恵みにあって、はじめて咲かせることが出来るものだからです。美花を得ようとするならば、根元に培《つちか》うことが第一です。根元にはとんちゃくなく、花の形を造るならば、出来た花は造り花です。外に現われた名誉や幸福の形を追うて、これをまねるならば、その形だけはどのように備わっても、それは真実に私たちを満足させる誉れではありません。散ったあとに実を結ぶ花でなく、ほこりにまみれてすぐに見栄《ば》えのない偽物《にせもの》の本性を現わす花です。まことの幸福を得るためには、どうしてもうわべばかりの細工でなく、ぜひ根本に培《つちか》うことに隠れた努力をしなくてはなりますまい。

まず私たちの一身についていえば、周囲《まわり》のすべての人から愛されることは、最も大きな幸福としてだれでも望む所のことですけれど、人に愛されようと思うならば、まず自分の心を愛深いものにすることを努めなくてはならないわけです。お世辞をいいきげんをとって人の愛を得ようとするのは、ちょうど布や紙で花を模造するのと同じことです。ちょっと考えると回り遠いように思われますが、人に愛せられたいという思いすらも忘れてしまって、まず自分の心に培って愛深いものにすることが大切です。人を愛する力がわが内部《うち》にみちみちた時、わが外形の上に咲く花は、他人《ひと》の自分に対する愛の花です。健全な根は朝も夕も、ただ一心に地中の養分を吸収しています。それをもってわが枝の上に美しい花を咲かせてみよう、よい実を結ばせてみようとは、ほとんど思っていないのです。けれども時節が来れば、造化《かみ》は隠れたその根の一年《ひととせ》の働きを花にかえて、人目に触れるようにして下さるのです。わが身を飾るすべてのものはただわが心です。家庭を飾るすべてのものはただその家の目に見えない心です。根が地の中にひろがって、ここにかしこに養分を吸収しようとするのには、ある時は小石のために阻《はば》まれ、ある時はほかの木の根や、その他いろいろな妨げにあって多くの困難を経験するのでしょう。私たちの心が愛深くなりたいと思い、強い意志がほしいと思い、知恵も明らかにと希《ねが》う時にも、また同じようにいろいろの容易ならない妨げがあります。私たちはこれに打ち勝って進まなくてはなりません。この苦心は木の根の地中における働きと同じように、直接に人の目に見えるものではありません。けれども樹木を支えるものは主としてこの働きです。

のびすぎた枝は春秋《はるあき》につむ必要もありましょう。旧《ふる》い葉は取りすてて新しい葉を茂らせなくてはならないということもありましょう。しかしそれらはすべて第二段のことです。私たちの仕事の中にはいろいろと形の上の仕事がたくさんあります。けれどもそれはすべてまず内なる心を基礎として、その上に置かなくてはならないことです。子女の教育、家事の整理、夫のためにすること、友と社会に対すること、一切の事業、それは皆わがいのちの根であるところの心に培うことから、美しく咲き出して来るものだと思います。

（明治四〇年一二月）

# 生活難か生活易か

## 一

どんな場合にも私たちは食べずに生きていることが出来ない以上、生活問題は人間にとって真に切実な問題でございます。どうあってもこうあっても、数人の家族のために、パンを得なくてはならない、扶養しなくてはならないということは、おろすことの出来ない重荷、のがれる道のない圧迫のように思われて、やる瀬ない心地のすることは、自労自活するすべての人の、折にふれては経験する真実な感情でありましょう。

ややもすれば多くの人は、生活難ということを特に現代の産物のように思っているようでありますけれど、遠いエデンの昔は知らず、女は悩みて子を産み、男子は食を求めて野山に働くようになってから、いつの世に生活の圧迫のなかったことがありましょう。今の有様から考えて、昔は楽であったろうと思うのは、人間の能力の進んでいることを、打算の外《ほか》に置くからです。一町の途《みち》を歩むのも、おとなが数里を歩むほどに幼児にとっては骨の折れる仕事でしょう。今の私たちの考えで、生活の容易《たやす》かった昔と思う時にも、その時代時代の人々にとっては、やはり苦しかったに違いはないでしょう。いわゆる生活難は、いうまでもなくこれから当分は増し加わってゆきましょう。しかも年々速度を加えて進んでゆくのは事実です。私たちの生きる力は、果たしてそれと対抗して進んでゆくことが出来るでしょうか。この問題についてのめいめいの解釈や信仰の如何《いかん》は、生活難に対して人各々の実際的の立場をつくり出す根本の力になるのであろうと、私は常に思っています。

二

人生に生活問題さえなかったら、この世の中はどんなに自由にのびのびしたものになるでしょう。きょうは少しゆっくりしたい、なんだか疲れていると思っても、男は毎日外に出かけて行かなくてはなりません。赤ん坊が泣いたりして、おちおちやすむことが出来なかった朝でも、学校に行く子供のために食事の用意をしなくてはなりません。洗濯がすんだと思えば縫物に追われ、上の子供がやっと丈夫になったと思うと、下の子が風邪《かぜ》をひいたりします。家族の生活を背負っている男も女も大抵のことではないと、だれでも日々《にちにち》に歩んでいる足もとばかりを見ていると、つくづくそういう気になります。

けれどもしばらく目を放って過去を振り返ると、子供は果たして自分たちの手一つで育って来たのでしょうか。食べることや着ることの世話ばかりでなく、夜の目も寝ずに氷をかいたり、湯たんぽをとり換えたりしたことなどを、それからそれと思い出してみても、見上げるばかりに成長して、内なる心の働きもいつの間にと思うように充《み》ちてゆく子供等の、その盛んな生命を、目《ま》のあたりに見れば見るほど、私たちはめいめいの手で、そうした貴《とうと》いものを出来《でか》したのである、育て上げたのであるとは、どんなに高慢な人でも思うことが出来ないでしょう。与えられて子供の内にある生命が、あの幼《いとけな》さからまあこのように大きくなったのかと、ひたすらに私たちの子供の成長の上に、間断なしに働いている自然の力に驚かずにはおられません。私たちは子供のために、一枚の着物を造ってやっても、必ずそれだけの働きを、子供のためにしたということを知っています。子供のために一枚の着物が出来れば、すぐにたんすの中がそれだけ充実されたということが目につきます。そういうわけで、私たちは、子供のためにああもしてやった、こうもしてやった、あれもしたこれもしたと思っているのですけれど、自然は子供にまずその最初の生命を賦与して以来、間断なしにその生命の成長のために必要な働きをしているのです。いつ何をしたというのでなく、絶えず働いている働きは、かえって少しも目につかないものです。一枚の着物を縫ってやるとたんすがそれだけ重くなり、三時間目に乳をやると、子供の空腹が充たされるというように、時々にすることは、かえってその結果がはっきりと目につくものですけれど、絶えず働きつつあるものの影響を、そのように立ちどころに認めるわけにゆきません。しかも年月《としつき》のたつ間に、その偉大な結果を、私たちの目の前に持ち来たすものです。幾年月の間に私たちの子供の成長の上に働いた自然の力も、思えば思うほど実に大いなるものでした。その大いなる自然の力の前に、私たち親々の力を持ち出してみると、ほんとうに小さいものだということが分かります。

草花をそだてても、水をやったり霜をよけたり、かなりに手をかけました。しかし考えてみると、私たちの労力はほんのわずかのことでした。草花は自然の化育によって、その与えられた生命《いのち》のままに、分時も休まずに成育して来たのです。二葉が三つになり四つになり、丈《た》け高くなり枝が出る、蕾《つぼ》み花咲き実ることについて、私たちは何をしたでしょう。ただあるままの種子を地にまいて、その成長のために時折り手つだいをしただけなのです。菊のかおりも、山茶花《さざんか》の色も、ほんとうに自然の恵みの贈物です。私たちは一年にただ一度寒菊の苗を植え、あるいはある年一度山茶花《さざんか》の木を植えて、たまに耘り枝《くさぎ》を摘む、本当にわずかな骨折りをして、実に美しい恵みの贈物を受けているのです。私たちが子供を養育するのでも、自身の生命を支《ささ》えるのでも、皆ことごとくこの草花の例に外ならないのだと思います。

私たちは、パンを得るために働かなくてはならないと、口癖のようにいったりまた思ったり、そうしてそれが生活問題という一つの重くるしい観念になって常にわれらを圧しているのは、社会組織の不完全なためと、そうしてわれら各々の生命の上に働いている偉大な自然の力と恩恵とに、深く想《おも》い至ることなしに活きている故の、無益な思い煩いではないかと思います。

三

道を歩く時でも、知らない道は非常に遠く思われるものです。そうしてそれだけまた実際にくたびれるものです。それがこう来てこう行ってと頭にちゃんと分かってしまった帰り道は、意外に早くはかどって、もう家に来たのかと驚くほどに思います。同じ一つの道なのに、こう行くのだという確かな理解と信仰が、自分の心にあるとないとで、こういう違いが出て来ることを思ってみると、いずれは同じ生計《たつき》の道を歩むにしても、私たちの生活は、私たちに生命を与え、そうしてその生命の幸福な発達を待ち望み給うものの手によって支えられ導かれているのだということを、深く心に信ずることが出来、私たちみずからのなさねばならぬ生活上の努力は、その慈愛深き神の力の土台の上に、わずかにつけ加えらるべき部分なのだということを、明らかに理解しているならば、めいめいの生活を難事であるとして、種々の圧迫を感ずるような心持は、ひとりでに少なくなってゆくように思います。

私たちの日々の必要物から考えてみてもそうです。分時の間もなしには済まされないものや、私たちの身のまわりに最も多量にいるものは、造化《かみ》は価なしに私たちの前に備えて置いて下さいます。空気や日光などはその著しい例であります。もしも私たちは私たちの呼吸の瞬間ごとに要する空気や、ここにもそこにも入用な日の光りを、われらの労力によって購《あがな》い求めるものであったなら、私たちの生活の苦しみはどんなでしょう。それこそ全く奔命に疲れて、思わずほっとする間にも飢えて死ぬような悲劇が全地の上に現われるでありましょう。パンを得るために得るためにということを非常に気にかけますけれど、私たちの生活は、その最も困難な部分を、かくして安全に自然の手に支えられ、多くても一日三度ときまったただわずかの食物だけを、めいめいの手によってつくればよいのです。私たちの全身の諸機関も、私たちの生命を維持するために、ひとりでに絶間なく働くようにつくられています。私たちが、自分の意志によって、特にわれらの生命のために、この身体を働かさなければならないことは、例えば運動とか入浴とか食事とか睡眠とか、寒暑によって着るものに気をつけるとかいう風のことだけで済むのです。何という豊かな天恩の中に私たちは生きているのでしょう。

私たちはただこれだけのことから、私たちの生命に対する天の擁護と深き慈愛とに思い致ってみても、人間というものは、親なしや宿なしのような、哀れ果敢《はか》ないものではなくて、神の恩寵《おんちょう》の中に、どんなに大切がられ重んぜられている幸福な児であるかということが分かると思います。そうしてまた私どもは一と度《たび》ここまで考えて来ると、独《ひと》りパンの問題ばかりでなく、物質的にも精神的にも、すべて私たちの生存上の問題は、危惧《きぐ》や恐怖や涙や奪い合いや、そのような惨劇を背景とした生活難の上に立つものではなく、人間は皆幸福に生き得べしという安心と希望と信仰の上に、ゆったりと立ち得べきものだということが分かって来ると思います。

# 四

私たちの生存がこのように大切なものとして、大部分自然の手に支えられ、貴重なものとして取り扱われていることが分かって来ると、また他の理由からも、私たちの生《いのち》の上に、多くの望みと幸福と、栄えとの照りかがやくべきものであることが、深く深く思われて来るのでございます。

第一に、私たち自分自分の生命の営みの上において、私たちはめいめいに神様と事業を共にしているものでございます。事業を共にするものは、楽しみも苦しみも共に味わい、またそれによって学ぶところの多いものです。私たちが真剣に自分の生命の経営のために、苦しみもし、楽しみもすることが、人生の同労者である、めいめいの夫や妻やまた親しい親や子にすらも、分からないほどの微妙なことまでも、私たちの生《いのち》の同労者である神に知られている、知られているというだけでなく、深い同情をもって見られているのだと思う時に、「聖霊限りなき歎きを以《もっ》て我等のために祈る」ということや、宇宙を創造し支配し給う神は、また我等一人一人と共に居給うということは、決してただの形容やまた空想ではなく、活《い》ける事実であることが思われて、希望と感激の情《こころ》の湧き出ずることを経験するのでございます。

神は人各々とその生《いのち》の同労者であることによって、やはり何等か学び給うところのあるものであるかどうかということは、人間の想像することの出来ないことのようでございます。ただ私たちは、真面目に熱心に自分の生《いのち》や、生活を経営して行く時に、その同労者である神よりの、最も直接な適切な種々の教訓を豊かに受け入れることが出来るということを感じます。また神は人各々と共に、その肉体の上にもその心の中にも働き給うことを思ってみると、私たちは日に三度の食物をとることをはじめ、すべてわれらの心身の生《いのち》のためにする骨折りは、同時に神の事業を助け、またこれを完成するための、なくてならない一つの働きになっているわけです。神はその創造《つく》り給える我々の生《いのち》のために、日光や空気を与えて下さいました。しかも私たちはみずから労して食することをしなければ、神のわれらを創造《つく》り給える目的も、育て導き給う骨折りも、空《むな》しいものになってしまうからです。私たちめいめいの生《いのち》を完成することは、同時に神の一つの事業の完成を助けたということになるというのは、人類にとって何という豊かな恩寵《おんちょう》なのでしょう。

終わりに私は、こうして、永遠に続くべき私たちの生《いのち》の打ちたてられた時に、そこにどのような栄えと幸福のあるものであるかを知ることが出来ません。言いかえると、私たちは今天国の幸福はどのようなものであるかを想像することが出来ないのです。しかしかくまでに神の慈《いつく》しんで育てて下さる私たちの生《いのち》は、われらのなすべき努力を加えて、ついに完成することが出来たなら、大いなる栄えと幸福とに入るべきものであろうということは、十分に想像が出来ることだと思います。

かくして営まれ、かく成りゆくべきはずの私たちの生《いのち》を思ってみると、それが果たして生活難などといえるものでしょうか。私たちは人生の本来を生活易と信じて、常に望みと安心をもって努力してゆきたいと思います。私たちの社会を、さまざまの悩みと生活難とに誘って行くすべてのことは、制度にせよ組織にせよ、また人の思いの誤りにせよ、ことごとくわれらの努力と人生を幸福にしようとする天の意志と力によって、必ず取り除かれて行くべきはずのものだと思っています。

（大正五年一二月）

# 苦労性

苦労性な人というのがあります。私たち婦人にはことに沢山あるようでございます。苦労性の人自身は、私は苦労性だから、家のこと子供のこと、何から何まで一人で心配すると、あたかも家中の心配を一人で引き受けているように思っておりますけれど、その実心配性の人ほど、周囲《はた》の人の心配をふやすものはありません。なぜというのに、およそ世の中のこと何によらず、多少気遣《づか》い、または迷う所なしになし得ることはありません。ひとり大きい事ばかりでなく、日常の小さな事でも、その局に当たって事をする時には、皆相当の心遣いをするものです。それなのに、いわゆる苦労性の人がついていて、その感ずるままに、そうしては他人《ひと》に笑われはしないか、こうしては困りはしないかというように、いろいろと気遣わしいことをいいたてますと、事をするものの身になると、それでなくても心の底にもっている同様の危ぶみが、ますます深くなり、自信をもって実行する勇気がなくなるものです。たまにあることならばまだしもですが、一つの家に苦労性の妻があって、夫がこういう風にしてみようといえば、何だか変なような気がするといい、子供が他家《よそ》に遊びに行くといえば、強《た》ってとめるわけでもないくせに、うるさいと思われはしないかという風に、毎日毎日していたのでは、この苦労性の妻をもち母親をもったお陰で、夫も子供もいつとなく、思いきりの悪い、物事を気にかける、進んで新しい運命を開拓する勇気のない人になってしまいます。従ってその家庭は、過《あやま》ちが少ないというだけで、活気のない沈滞した調子の低い家になりましょう。

夫となり妻となり、親となり子となって、生涯を共にするものの感化と影響は、実に著しいものでございます。苦労性というようなお互いに心づきもしないほどの些細《ささい》の欠点でも、知らない間に一家の上に大影響を及ぼして行くことを思ったならば、このような欠点を持っている人は、深く反省して改めなくてはならないことでございます。なお、この苦労性を矯《た》めなおすことについて、次のように考えたらどうかと思います。

まず自分自身、以上のような苦労性だと気がついたら、夫や子供のすることに、例の危むような思いをもった時に、しばらく口に出すことを見合わせて、いま自分の心に浮かんだこの気遣いは、果たして夫や子供の思い立ったことを止《と》めなくてはならないほどの価値《ねうち》ある考えであるかどうかを考えてみるのです。再考してみたところで、これはどうしても黙ってはいられないことだと思うならば、ただ人に笑われはしないだろうかとか、うるさく思われはしないかというような、賛成でもなくそれかといってまんざら不賛成でもないような生ぬるい言《ことば》でなく、これこれだからやめたほうがよかろうとか、おやめになったほうがよいでしょうとかいう風に、はっきりといい出すようにすること。また今自分の気遣《づか》っているような心配もないではないけれども、たって思いとまらせるのには、何となく理由が不十分なような気がすると思う時には、潔くあきらめて何もいわず、かえって快く本人の思うままに任せることにしたいものです。もしまたそのしようと思う事柄が、重大なことであったならば、いろいろ気遣わしいと思うこともないではないけれど、気をつけべき所に気をつけて、十分決心してやってみるのがよかろうという必要もありましょう。

すべてこのように、自分の胸に浮かんだことを、直ぐにそのままいい出して、いたずらに人の心配を増させる流儀でなく、自分の思いついたことは、自分がまず責任を負って、その利害得失を熟考し、いわずにあきらむべきことはあきらめ、いよいよいい出す必要があると思った時には、自信をもっていい出すという習慣を養ったならば、その人はだんだんに前よりは意志強く、思慮深き人になり、頼もしき妻、頼もしき母となることが出来ましょう。

（明治四一年八月）

# 唯今主義

今年こそは心長閑《のどか》にこれこれのことをしようと思い、あるいはまた忙しかったこともこれで一段落ついたから、これからは少しゆっくりしようと思っていても、実に人生には思いがけないことばかり多いものです。ことに家庭の日々《にちにち》は、ほとんど大小の予期しない臨時の出来事をもって満たされているようなものです。単調な独身の生活には見られない多くの思いがけない慰めと喜びがある代わりに、またさまざまの心を痛める出来事も少なからず、さらに家庭の各人は一人一人にその身のまわりに親戚《しんせき》を持ち友人を有し、その人びとの関係によって、われらの家庭にさまざまの幸福を得る場合も多い代わりに、また思いがけない不愉快な問題に関《かか》わって、長くわれらの心を苦しめ、われらの神経に不愉快な刺激をうけるような場合も少なくはありません。かかる中にあって、今はこれこれの心がかりがあるから、何にも身にしみてする気にならないといい、またはこの事の済まないうちは、仕事も手につかないとかいうようでは、私どもはほとんど始終静心《しずごころ》なく暮らさなければなりません。そうして、しなくてはならない多くの仕事を残して、その生涯を閉じなくてはならないことになりましょう。私どもは無事の日を常と思わず、むしろ心がかりのあることを、人生普通のことと思うように、わが心を鍛えておかなくてはなりません。そうして無事の日を、特に与えられた恵みの時として感謝し喜びもしたいと思います。

私どもは如何なる心がかりのある時にも、なおかつ常務を廃することのないために、常に「唯今《ただいま》」ということを確《かた》く心に入れておきたいと思います。例えば気むつかしい老人を持っている方は、その無理な小言を聞く時を、何人の生涯においても必ずしばしば遭遇すべき人生の不如意な時と思って潔く堪《た》え忍び、その小言を聞かない時には、今は自分の境遇は全くむつかしい老人を持たない人びとと同じく、自由快活な身であるというように考えて、心うれしくその時を過ごすように心がけ、貧しい生計を営む人は、その不自由を感ずる時を、人各々の境遇によって、種々さまざまに品こそ異《かわ》れ、何人にも必ずついてまわるべき不如意の時であると思い、ひとり静かに縫い物をしているとか、または早起きして清らかな空気を吸い、そよふく朝の風に浴して、何ら富の必要をも感じない時において、自分はいま乏しさを知らない人であると考えて感謝したいと思います。いわんや一時的の不愉快などは、出来る限りにおいてそれに処する方法を思い定めたならば、その工夫を実行すべき機会の到来するまでは、全くその不愉快はないものとして、いつもの軽い心をもって暮らすべきものであろうと思います。小言を聞かない時にも、常に自分は老人の小言に苦しめられているのだと思い、金銭の必要のない時にも、自家の貧しいことを憂い、施すべき術《すべ》のない時にも、不愉快な他人との交渉などを、常に念頭において苦しむのは、あまりに愚痴なことでございます。しかしよく考えてみると、私どもは、常にこの愚痴の中に、日を送っているように思われます。英雄の胸中閑日月ありなどというのは、たとい如何なる大難を控えていても、それに向かって働きかけるべき時の来るまでは、何の苦労もない身とおなじく、軽い心を持っている余裕のあることをいったものでありましょう。明日《あす》の事を思い煩《わずら》うなかれということもございます。考えておく必要のあることは、明日《あす》どころではなく、幾年でも先のことを考えておかなくてはなりませんけれど、その他のことにおいては、私どもはただ現在に生くべきものでございます。あすとは必ずしも明日の意味ではなく、すべての未来をさしているのです。私どもは今日主義よりももっと短い唯今《ただいま》主義になりたいと思います。各人の境遇に必ず一つ二つは免れないさまざまの不如意も、またその時々によって起こる種々の問題も、決して絶え間なく私どもを苦しめるものではありません。小言をいう老人も、朝から晩までやかましくいい通すはずはなく、乏しくとも朝から晩まで金を使わなければならない時ばかりではありません。すべて外部から私どもに臨むものは、決して絶え間なくわれわれを苦しめるものではないのに、自分の至らない心が勝手にさまざまの不如意を絶えず心の重荷にして、苦しめられない時まで自《みずか》ら求めて苦しんでいるのです。

唯今《ただいま》主義はもちろん口でいうように容易《たやす》く行なうことの出来るものではありません。しかも決して出来ないことではないのです。心配に屈託しないという人は、みな唯今主義の実行者でございます。さまざまの不愉快や困難を持ちながら、多くの快活な時を持ち、ずんずんと自分の思う仕事をなし遂げて、常に境遇に支配せられず、自《みずか》らよき境遇をつくってゆく人は幸いでございます。神様はその深き聖旨《みこころ》によって、私どもにいろいろの不如意をお与えになりました。しかも貧しきものには健康を与え、敏《さと》からざるものには徳を与え、一日一夜の中にも、不愉快であった時の後には、無事な時楽しい時を与えて、優に休息の場所を備えて下さるのです。私どもは如何なる境遇にある時も、すべてその不如意を忘れて喜び、軽い心と自由な身をもって、勇んでよいことをしなくてはなりません。

（明治四二年八月）

# 新貞操論

操ということは、ただ結婚した婦人がその夫に対して持つべき義務であるかのように、ごく普通の人情には解釈されております。どうかすると、妻が夫に対して、他の誘惑からその肉体を擁護することのみが操である、というようにさえ考えられていると思われます。

操は夫に対して守るのであるならば、夫のない婦人には守るべき操がないようになります。きょうは甲を愛し、明日は乙を愛しても、恥ずべき理由《いわれ》はないことになります。しかし操ということは、他に対する義務でなく、己《おの》れ自《みずか》らの良心を立て通そうとする努力だと私は思います。自己の良心を立て通すことは、またひとりでに他を欺かぬことにもなります。自己の良心を立て通すのは操の本体で、他を欺かぬことになるのはその結果であります。妻となった婦人のみ、操ということを忘れてはならないのでなく、およそ人と生まれているかぎり、男、女、子供にも、その毎日毎日の生活に、操——すなわち自己の良心を立て通そうという強い努力がなくてはなりません。桜の木を切ったワシントンは、父の怒れる面《おもて》を冒して、私が切ったといいました、つい正直にいってしまったのではなく、己《おの》れを欺くまいとする強い努力が現われております。私どもは毎日こういう操のある生活をしたいものです。

ある婦人会の相談会があった時でした。会長であった西洋婦人は、きょうは皆様のほんとうの御意見をはっきりと伺いたいのです。時として、謙遜《けんそん》な皆様のお話が、甲の意見に御賛成のように聞こえたり、乙の考えに御同情をお持ちになるように聞こえたりするので、どうも了解しかねることがあります、それが何よりも困るといいました。私たちはそれを聞いて実に赤面せずにはおられなかったのでございます。折々人の集まる所にお出掛けになる方々は、必ず御経験のあることと思います。

例えば子供のために、洋服がよいか、筒袖《つつそで》に袴《はかま》をつけさせるほうがよいか、ということについて考え合うというような場合でも、始終洗い張りと縫い直しに追われる日本の着物の不便なのにくらべて、洋服は手軽だという人があれば、そうですねと、如何にもそうだというようにいいます。また他《ほか》の人が、寝るまで洋服を着ていられるならよいのですけれど、家へ帰るとやはり和服が入用なので、和服も洋服も両方いるというようなことになりますといえば、全く椅子《いす》テーブルになりませんうちはねという。隣の人は、宅では洋服ばかりで通させておりますといえば、おうらやましゅうございますねという。一体この方は和服がいいというのか、洋服がわるいというのか、あるいはまた利害は相半ばしているから、もう少し十分に双方を比較して研究してみたいと思っているのか、またこういうことはどちらでもよいと思っているのか、実に茫漠《ぼうばく》として了解に苦しむのでございます。時とすると、その人の前では、おうらやましいなどといっておきながら、帰りみちでは他の人に、毎日洋服を着せておくとおっしゃるけれども、あのお子さん方の洋服は、あまり格好よくはありませんねなどと冷笑するようなことすらもあるのです。どうかすると、はじめは大層洋服に賛成するようにいっておきながら、だんだん和服を好く人が多いような様子があると、いつの間にか洋服にもよいところはありますけれども、日本人には和服に限りますなどといったりすることもございます。

前の西洋婦人のいった言葉は、ほんとうに私どもの急所をついた言葉だと思います。別に悪気でするわけではなくっても、私どもはめいめいに、たびたび以上のような目にあうものですから、いろいろの場合に、ついつい自分の本心に忠実でなくてはならないということを忘れ、始終あたりばかりを顧慮する癖になってしまいます。すなわち他人《ひと》に支配せられて暮らすようになってしまいます。自分の本心をあてに暮らす人は、操のある人です。他人《ひと》をあてに暮らしていると、いつの間にか操のないものになってしまいます。

日本の婦人は、柔順に柔順にと教えられて育ちました。謙遜《けんそん》にして周囲《あたり》に気をくばり、突飛でないようにと教えられて育ちました。柔順も謙遜も、周囲《あたり》に不注意でないことも、大切なことでございます。ことに女性の生活に欠くべからざる用意だと思います。しかしそれは、人はめいめいに自分の本心を立て通すようにしなければならない、言いかえれば、操守ある生活をしなければならないということよりも、上位に置くべき心得ではないのです。

食事をするには、行儀よくしなければならないという心得は大切であります。しかしながら食物は私たちの生命のために取るものだということを忘れて、ただ行儀のことばかりを頭に置いたらどうでしょうか。月日のたつに従って、料理もおのずから栄養や風味よりは、体裁のみを重んずるようになるでしょう。そうしてそのような食物ばかりを取っている人は、ついに健康を保つことが出来なくなってしまうのでしょう。もしも私たちは、条理のある所にも従わず、高慢で全くあたりに無頓着《むとんちゃく》でありますならば、それは家庭にも社会にも安居することが出来ないでしょう。ことに女性は幾分控え目を念とするほうが、その性に似つかわしいことのように思います。しかしながら柔順といい、突飛でないというようなことは、要するに食事でいえばお行儀にも比すべきことで、自分の本心をあてに暮らす——すなわち操ということは人生の根本義でございます。

早くよりわが国では、ことに女に操ということを厳重に望みながら、その操ということを、ほんとうによく教えてはなかったので、彼《か》の西洋人に指摘せられたような、恥ずかしい操守なき有様、見ようによっては陰険であるともいい得べきほどの有様が、今の婦人の常となったのであろうと思います。

それにつけて思うのは、今のところでは、押しなべて日本婦人は、夫婦間の操は、一般西洋の婦人などよりも確かだと思われているようでございます。そうしてそれは事実だろうと思います。前の狭義な操を長いあいだ非常な勢いをもって女に求めたためでありましょう。悪い意味の言葉でいえば、まだまだ日本の婦人には、きびしい躾《しつけ》の威《おど》しがきいているのです。しかし世の中はだんだんに変わって来ます。女も昔のように家の中にばかりいるわけではありません。自己の本心を立て通すことを学ばずに、他人《ひと》に支配されやすくなっている、ことに男子に支配されやすい頭になっている多くの婦人は、果たして軽薄な男子の蜜《みつ》のようなささやきにあった時にも、凛然《りんぜん》たる態度をとることが出来るでしょうか。日本婦人の男女間の節操についての信用は、今やほとんど累卵《るいらん》のごとき状態にあると思います。

私はどうしても操ということの意味をおしひろめ、否狭い意味にのみ多く使われて来たものを、そのほんとうの意義に直して、子供の時からその毎日の生活の間に、例えば彼《か》のワシントンのしたような、天晴れな操をもって暮らすように、教え導いてやりたいと思います。すでにおとなになったものも、また常に自己の本心を重んずるということを、生活の第一義として努めるように、あらん限りの力を尽くしたいと思います。

きのうまで操守という考えのなかった娘が、きょうから人の妻になったから、操が大事といっても、昔のような単調な社会と違い、前にいったような今日の世の中では、ただただやかましくいわれたばかりで操が守られるものではありません。子供の時から操のある生活と、ない生活との価値《ねうち》に、雲泥の相違のあることを深く深く経験もし、また自分の本心に頼る生活をするのには、世間の人のすることばかりを真似ているというのと違って、如何に大いなる努力を要するものであるかということをも十分に経験し、長い年月の間に不断の練習を積み、また折々は厳《きび》しい試練にも遭遇して、初めは日常の小事よりだんだん大きな事柄にまで、確かに操を保ち得るようになった人でなければ、これからは、夫婦というような長い長い間の誓いに対して、操を守るということは出来ないわけだと思います。

理想の貞操のうちには、聰明《そうめい》なる知識と、美《うる》わしい感情と、堅固な意志と、そうして深き信仰とを含んでおります。言い換えれば、私どもの全人格であります。昔はその夫に対して操を守ることが出来なかった婦人を、婦人としてよわいしないのでありました。私どもはさらに新たに、その毎日の生活においても、ここに記した意味の操守なき男女を、人格のない人と考えるまでに進歩したいと思います。人格なき男女の結合はなおさらに風前の燈火《ともしび》にも似たものであります。貞操のある人であるかないかということは、私どもめいめいの死活問題でございます。大いなる目より見れば、放蕩《ほうとう》な男子の多いのも、またそれだけ、その相手になる婦人のあるのも、皆ことごとく貞操の鍛練を欠いている生活の結果だと思います。

（大正三年二月）

# 人生と自由

## 一

今も下の子供が、「姉さんが私の机を、お部屋の向うの隅《すみ》っこに据えて、いろいろな物を載せる台にするというの。」といってまいりました。「あなたのものだもの、だれだって勝手にすることは出来ないのだから、あなたが台にしたくないのなら、私はしたくないと、よく姉さんにお話しなさい。急《せ》いて泣き声で話しては分からないでしょう。」と言い言い思いました。

われわれの権利というものは神聖なものです。自分が許さなければ、どんな小さな所有物《もちもの》の一つでも、他人がこれを勝手にするということは出来ません。いわんや私どもの財産とか生命とか操とか思想とか信仰とかいうような重大なものにおいてをやでございます。私どもが許さなければ、だれが私どもの財産を蹂躙《じゅうりん》することが出来ましょう。だれが私どもの希望を左右し、操を破ったりすることが出来ましょう。自分は右と信ずるものを、左に行かなければならないように余儀なくされたり、婦人の誇りを傷つけられたりするというのは、やはり自分が許したからでございます。

他人の持物を侵すということは、昔から何よりもわるい事とされているので、人各々の偽らざる感情においても、また同じように盗むということを恥じ憎み卑しめております。「盗む勿《なか》れ」ということは、神の十誡のうちにおいてもおごそかに記してある一箇条でございます。盗むというのは、隙《すき》をねらって他人の指輪や財布を取るような単純なことばかりではありません。その単純なことですら、本心の咎《とが》めなしに平気に出来る人はないのですから、ましてより重大な他人の領分を侵すまでには、本心との間に多くの強い戦いがあるはずです。

それと同時にわれわれは、自分の領分を他人に侵された場合には、よしその奪い去られたものは、小さな一つのがま口でも、屑《くず》拾いに古下駄を取られてさえも、不愉快を感じさせられるものであります。自分の仕事にみだりに人に容喙《ようかい》されても、気持の悪いものであります。まして自分の生涯を他人のために蹂躙《じゅうりん》せられ、貞操をもてあそばれた婦人などの、よしその身はそのために何ほど栄華に飽くことが出来たとしても、何とはなしに肩身の狭い、生き甲斐《がい》のない命だと、折にふれてはしみじみ思って暮らすのは、ただに己《おの》れ自《みずか》らの尊貴という ことに、ほんとうに心づいている、進歩した人ばかりでなく、どんな低級な人でも同じことでしょう。どのような場合にも、他を侵すことを疚《やま》しく思い、他より侵されることを、何よりも許しがたく思うのは、私ども人間の本能です。造物主《かみ》は私どもに、飢餓《きが》の感覚を与えて肉の命を全うせしめ給うように、精神的には以上の本能を与えて、個々の独立を全うせしめ給うのでありましょう。

私どもは働いて飢餓を免かれ、働く力が強くなってゆけばゆくほど、どんなに豊富な生活でも、また他人《ひと》のためになることなども、だんだん出来てゆくように、子供の時代から精一杯に以上の本能をおしひろめて、まず独立の人格を持たなければなりません。子のためも夫のためも、親のためも、友のためも、趣味も思想も、犠牲も献身も、皆ことごとく私どもの独立した人格の基礎の上にのみ立ち得るのだと思います。

## 二

姉が妹の机を自分の思うことに使いたいという時に、妹がそれを好みませんならば、「止めてちょうだい」ということは少しも差しつかえありません。差しつかえないばかりでなく、子供の時にはことにつとめて、イエスとノーとを、だれに向かっても明白にいい得るようにさせることが、何よりも大切ではないかと思います。ともすれば私たちは「姉さんが貸してちょうだいというのなら、お前はどうせ机をあまり使っていないようだから、貸してあげなさい、いい子だねえ。」と、子供自身にイエスかノーかを判断させず、おとなが判断を下してやって、そうしてそうするのはよい子だといっておだてます。独立の人格をつくるのとは、全然相反した導き方ではないでしょうか。

使っていてもいないでも、その持主であるものが、貸したくないと思うなら、ノーというほうがよいと思います。姉はまた本などが沢山あって妹のあいている机が、格好の台だと思ったのですけれど、持主の権利というものは、尊重しなければならないということを、幼い時から学んで来ているならば、では仕方がないと潔くあきらめて、物置を探してみるなり、棚《たな》をつる工夫をするなりして、不完全でも無格好でも完全なものの出来るまでは忍ばなくてはならないのです。世の中には多くの愚痴な人があります。私どもの心の中にも、沢山愚痴な心がまざっています。そうして私どもを愚にもつかない不平に追いやっている場合が多くあります。あの時にあの人がこういってくれたら、私は今時分こんなになってはいないのにと思ったり、私はあの人にこれこれの事をしてやったのに、あの人は私にこういうことをしたとか、親子兄弟の間にしても、父は私にどうしてくれてもよさそうなものだ、子供がもう少し親を大事にしてくれそうなものだ、世間のものに目がないの、天道是か非かなどというのも、皆ことごとく自分の頭で自他を混同していることから来ています。妹が机を貸さないというと、使ってもいないのに随分ひどいわ、私があなたに貸してあげたものも返して下さいと、愚痴な心になってしまいます。貸してもらえなかったのは、自分にとっては不便であるに違いありません。しかし、その物に対して神聖な所有権を持っているものが、貸してくれないならそれまでです。自分は自分の領分内で、それに代わるべき賢い方法を考えるのが当然であるのに、妹はひどい、遊んでやるものかなどと、他人の権利の用い方に余計な頭を使っていたりする人は、いつでも自分の足許がお留守になって、進歩と幸福から見捨てられるように思います。

そのうち何かの折に父親が見て、大層不器用な棚《たな》が出来たではないか、ここは棚よりも何か適当な台のほうがよさそうだが、ということでもあると、そばに聞いていた妹は、ああほんに私の机を貸して上げれば丁度よいのにと、自《みずか》ら進んで、お使いなさい、お気の毒でした、という気にもなるでしょう。自分のほうでは、あまり使わずにいるものを、他のほうで入用ならば、喜んで貸してやるほうがよいものだということを、かくして妹も学び得るのでございます。言いかえれば、めいめいの権利というものは神聖なものだから、よし一方には食物が余っていて、一方には飢餓に迫っている人があるとしても、私は飢えているからあなたの食物を食べます、というようなわけにはいきません。飢えている人が食を乞うても、やるとやらないとは絶対にこちらの自由です。だれ一人それを勝手にすることが出来ません。そういうことが飽くまでも深く深く私たちの感情にわかってくると、私たちはわがままなものになるでしょうか、吝嗇《りんしょく》なものになるでしょうか。決してそうではありません。自分に飢えている人を助ける力があれば、是非助けたいではありませんか。また助けるのは、自分の光栄ある義務だと感ずるではありませんか。一家の中の道具でも、この机は甲に属し、この本箱は乙に属し、この火鉢は丙に属するというように、それぞれの持主があってこそ、一つ一つの道具もいつも忘れられずに奇麗にみがかれ、これにはどういう机掛けがつり合って、どんな一輪ざしが似合うとか、この本箱はへやのどういう所に置いて、どんな種類の本を入れるのが適当であるかというようなことも、深く詳しく研究されて、それぞれにその持ち前を発揮し適当に利用されることが出来、またこの部屋を掃除するのはだれの責任であり、あの仕事をするのはだれの務めだということがあって、初めて一家が隙間《すきま》なく整えられ、すみからすみまで居心地のよいものになるわけです。すべてのものを共同にして、他人《ひと》のもの自分のもの、他人《ひと》の仕事、自分の仕事ということのない家はどうでしょうか。乱雑荒廃の姿を呈するよりほかに、成りゆく道はないはずでございます。

## 三

私どもの思想も行為も、また絶対に自由でございます。法律その他には、成年以上というような区切りが置いてあるにしても、成年に達してはじめて一時に自由になるのではなく、子供の時からその思いと行動とを、その子供としての領分において自主独立にしなくてはならないと思います。

父が子供に、一緒に散歩しようといったとき、家にいて絵を描いていたいならば、絵を描きたいから参りませんということは、一向さしつかえありません。しかしあちらの森の夕日は奇麗だよと勧めてみるのは、父の自由です。夕日を見るより、絵を描いていたほうがよいというのも、また子供の自由です。肩をたたいて欲しいときに、おとながそれを子供に頼んでみる自由があるように、子供のほうでもまた肩をたたきたくないときには、今面白い遊びをしているからといって断わる自由を持っています。

幼稚園に行く子供に、赤い柔かい帽子を買ってやりました。そういう帽子のまだ珍しいころでした。すると子供はこんな真赤なぐにゃぐにゃの帽子は、おかしいからいやだといいます。こういう時に、母様《かあさん》の折角買って上げた帽子をかぶらないということがありますか、是非かぶって行かなければなりませんと、弱い子供をおとなの力で圧迫してしまえば、すぐに始末がつくはずです。子供はそういう風に育てなければいけないといったりするのは、子供の考えの自主独立を認めない仕方です。そうか、ではお前の好きなのに取り換えて上げようというのは、子供の知識を得る機会を少しも与えてやることを思わない仕方です。子供の思想の独立を認めるというのとは、似て非なるものであります。その子供はまだ帽子について、何の知識も持っていないのです。圧迫してかぶらせずに、子供をして、なるほどこういう帽子は自分に適当なものだということを知らせて、そうしてかぶらせなければなりません。そうと合点の行くまでは、子供の目下の考え通りにかぶらせずにおくのが、子供自身の思想の自由を重んずるゆえんであります。

いろいろ絵本などを出して見せて、幼い子、ことに女の子の帽子はみな柔らかなこと、赤い帽子は赤ん坊ばかりでなく、ずっと大きくなるまでもかぶるものだということ。ことにお前の着ているような、こういう色の洋服には赤がうつります。よくその色どりがあるではないかと指し示しても、容易に腑《ふ》に落ちないのでした。そうして当分古い帽子をかぶっていることになりました。古い帽子も困るし、新しい帽子も変だというので、ときどき新しいほうの帽子を手に持って、どの帽子もかぶらずに出ることもあったようです。ある時はまるっきり洋服に帽子なしのこともありました。不体裁でも仕方がありません。親の見栄《みえ》のために、子供自身の考えを蹂躙《じゅうりん》してはと思っては、長い間忍んでいました。そのうちに子供が幼稚園のお友だちの帽子にも多くの注意を払って、いろいろと得るところがあったようでした。その上ある時銀座を散歩して、二人ほど丁度よい実例を見ました。子供は「母様《かあさん》分かった」といって、手に持っていた帽子をかぶりました。この節では、赤ちゃん赤ちゃんといって、大分古くなっている、この帽子を愛することは非常なもので、黒い堅い帽子にしたらどうだと、ときどき皆にからかわれております。こうまでこの帽子を愛するようになったのは、自分で苦しんで研究して、前には認めることの出来なかったこの帽子の価値《ねうち》を自《みずか》ら発見したからでありましょう。

この子供は髪に赤だの青だののリボンをつけ、同時に簪《かんざし》もさしたいと、熱心に思った時代もありました。雨傘《がさ》として買ってやった黒い蝙蝠傘《こうもり》が気にいらないで、姉さんのお古の赤い蝙蝠傘《こうもり》を、大ぶりでなければ是非さして行きたいと思ったのもそのころでした。そういう風にして出かけては、親が恥ずかしいばかりでなく、子供自身も恥をかくのだからと、幾度も躊躇《ちゅうちょ》したのですけれど、不完全なわれわれは、どうせいつでも無知と不行届きのために、年中恥をかいているのだもの、そうしてそれらの経験の中から、大成されて行くのだもの、子供の一生の名折れになるというのではなし、折角子供等に自分の思想の自由と責任とを、ほんとうに感じさせてやりたいと、始終始終仕損じながらにも、苦心しているものを、一度圧迫を試みて、今までのことが水の泡になるよりはと、忍んで飾り馬のような頭で幼稚園に送ったこともたびたびだったのでございます。

子供自身にも、自然何かに気をつけていたでしょうし、こちらでもこの子供には、特に注意して、色どりや服装などにも注意した上品な絵本ばかり見せるようにしましたところ、この節はふと目に入った子供雑誌などに、赤白だんだら、はなはだしいのは赤黒のだんだらの靴下をはいた子供や、重たそうな花を一ぱいつけた、大きな帽子をかぶっている赤ん坊や子供が描いてあると、すぐにその不自然な奇異な姿に気がつくようになりました。子供の考えや傾向には、まだまだ幾変化もあるでしょう。しかもそれは、圧迫をしないで善導するなら、ことごとく進歩の機会になるのだと思います。

親が子供の思いの自主独立を尊重してやりさえすれば、子供は独りでに自分の思いに対して、十分の責任を感ずるようになり、且つなるほどおとなのいうことが、多くの場合において子供の持っている考えよりも正しいということを心から承認して、自主独立の心をもって必要な場合には、おとなに服従することも出来るようになると思います。その自由を重んじて善導すれば、頭や服装を気にする子供は、おのずから物の形や色どりを覚えます。ちょいちょい用事をしたがらない子供は、一つのことに興味と努力とを集中する傾向をつくります。かくして人間は、それぞれに込み入った内容を持っている一人一人の人格を有する人間に出来上がることが出来るのだと思います。人間の生命が個々別々であるように、われらの思想も、絶対に自由でなければなりません。

## 四

われらの持物についても思想についても、絶対にわれら自身の自由であるように、われらの愛情もまた絶対に自由であります。夫を愛したくなければ愛さなくてもよいでしょう。親も子供も愛したくなければ、愛さなくてもよいでしょう。何人も私たちの愛情に命令することが出来ません。親子夫婦は相愛すべきものという規則のためなどに私たちはなおさら愛することが出来ません。向こうが愛しても、こちらは愛したくなければ愛さなくってよいのです。われらの愛情はそのように自由なものであります。父母の愛情によってのみ、日々の生活を幸福にすることの出来る子供のために、われらはわれらの自由に属する愛情のすべてを傾けて、どこまでも子供を愛さずにいることが出来るでしょうか。相愛して結婚した男女であったなら、そうして男子は妻だから放っても置かれないというのでなく、その愛しても愛さなくても、自由勝手な愛情を、進んで自分に与えてくれるなら、妻もまたどうして自分の自由なる愛情によって、夫を愛さずにいることが出来るでしょうか。子が親を愛するのでも、ただ本能的の愛情や、親はよくして上げなければならないというような道徳習慣の権威の下にある愛情の力は弱々しいものです。熱のないものです。夫がなくなると、子供を育てる力が自分にあるかないかと疑ったりする婦人の多かったり、長上《めうえ》の圧迫のために夫を捨てたり、思わぬ男子を夫にしたり、生活に困れば子が親を邪魔にしたり、容易に子供を憎んだりすることの行なわれる社会は、自分の愛情の自由を認めることの十分でない社会だからではないでしょうか。

同じく子に対する愛情にしても、年ごろになったから人の世話してくれるままに夫に嫁して、無事に暮らしている間に子供が出来て、そうしてその子供にはいろいろの躾《しつけ》をしたり、父母の権威を注入的に認めさせたりすることによって、すらすらと面倒もなく育てて行った間の、親と子の愛情と、夫婦は各々《めいめい》に自由の愛情によって相愛し、夫と生涯を共にすることの上に、十分な自覚を持っている母の、その子に対して感ずる責任と愛情とには、非常な違いがあると思います。いわば前者は成り行くままに自分の生涯を営んでいる間に子供が出来たのです。後者は自分自身の責任をもって結婚したことの当然の結果として子供を持ったのです。何も知らずに生まれて来る子供に対して、親である身は、実に大いなる責任を感ずるのです。夫が死んでも、子が多くなっても、子供の養育を人手に頼んで、自分は自分になるという気は、どうしても出ないはずと思います。

注入的に親の権威を認めさせた服従と、子供は自分の思想と愛情の自由とによって、進んで両親に心服し、深く深く両親を愛するようになったのとでは、死物と生物ほどの違いがあります。ほんとうに子供の愛を得ているという大《おお》いなる喜びは、後者の場合にのみ味わい得らるるものではないでしょうか。そうして私たちもまたもっと子供を愛してやりたい、子供のために自分を献げてしまいたいというような気持にされるのではないでしょうか。いいたいこともいわずに夫に従い、夫だから愛さなくてはというような妻の愛情は、夫にとって死せる愛情であります。自分を愛する義務のない女から、その自由な愛情をうけてみたいという気になる男子も多くなるわけです。われらの持物も思想も愛情も、親に対しても子に対しても、夫に対しても自由であります。われ等は正直に自由自在にその思いを語り、自由自在に愛するところに、人各々の進歩と発見と、親子兄弟夫婦の遺憾なき了解と接触があると思います。かくして人々の独自一個の人格が形づくられ、活ける家庭が現出されるのではないでしょうか。こうした深い了解と親しみとを後に、男子は美しき初対面の女を愛し、女がほかに愛する人を持ったりすることが出来るでしょうか。私は夫の放蕩《ほうとう》、家庭の不和ということから、今さらのようにわれらの思想と愛情の自由ということを思うのでございます。

（大正三年一一月）

# 真の羞恥

百の芸能に達し、理義に通じた婦人でも、もしもその人に羞恥《しゅうち》の情がないならば、最も惜しむべきことであります。しかしながら、羞恥のある婦人は、すべて立派であるかといいますと、決してそうではありません。それは同じ羞恥の中でも、高尚《こうしょう》優美なものと、卑屈浅薄なものとがあるからです。羞恥の情をもたない婦人と、卑屈浅薄な羞恥の情をもっている婦人とは、共に真の女性たる資格を欠くもの、どちらをどちらということも出来ないものだと思います。それでありますのに、世間では生意気生意気といって、羞恥の乏しい側の婦人には、手ひどい攻撃を加えながら、一方の浅薄卑屈な羞恥をもっている婦人をば、何の咎《とが》める所もないようでございます。羞恥の情にもいろいろありますが、中でも異性に対する羞恥の情は、婦人にとって最も大切なものでありますのに、他を訪問して折ふし男子の客と落ち合いでもすると、始終もじもじしてわずかに応答《うけこたえ》をするその声から様子から、まるでその人の平生と異《ちが》ってしまうような人もあります。生意気な婦人はいやなものであると同時に、ふと落ち合った男子の前ですら、うろたえたような浅薄卑屈な羞恥の情をもっている婦人に対して、男子は決して尊敬の心を持つことが出来ないでしょう。男女間のあやまちも多くはかかるところに胚胎《はいたい》するかと思います。軽薄な男子の一時の甘言にも欺かれ、取柄の少ない男子をも大丈夫のように思い違えるようなことは、最も多く異性に対して落ちつきのないところから来ると思います。幸いにして、普通の男子に嫁《か》したとしても、その家は必ず専制的の家庭になるのです。男子は婦人を玩弄物視《がんろうぶつし》するといって、男子に対してひどく憤慨する人びともありますけれど、恐らくその原因の半《なか》ばは男子の罪で、半ばは確かに婦人自身の責めであるかと思われてなりません。家庭に専制の風をなくなしたいと思うのは、婦人自身のためばかりでなく、夫のため子供のため家庭自身のためでございます。

羞恥は婦人の優しい感情の一つの作用《はたらき》でございます。婦人の醇美《じゅんび》なる羞恥の心は、あたかも武士《もののふ》の情けのように、深く包まれてこそ床しいもので、始終露骨に現われているならば、たちまちその価値《ねうち》を失うものだと思います。恋愛もまた同じ感情の他の作用《はたらき》に外ならないのですから、もしも羞恥の感情を常に軽々しく他人の前に現わして、制するところのない人ならば、その恋愛もやはり軽率なものになるに違いないと思います。軽々しい恋愛沙汰《ざた》も、こういうところから起こることが多うございます。愛は婦人の魂です。軽々しく他に許すべきものではありません。紫式部といい静御前といい、その他幾多の模範的婦人は、みな容易に愛を人に許さなかった人々であります。異性の前にうろたえず、軽々しく愛さぬことは、婦人にとって最も大切な品位だと思います。

年若き婦人にこの修養が出来かけて来ると、規律よき男女交際を奨励し、実行すべき時に入るのであります。

(明治三八年三月)

# 結婚前と結婚後と

世の婦人の中には、結婚前と結婚後における自身の位置について、大きな思い違いをしている人が多いとおもいます。それは婦人が結婚すると、それまでは自分の思うままに気に入った友だちと往来《ゆきき》もし文通もしていたものが、夫という支配者の下に立ったので、自分の身体《からだ》は自分の思うままには出来ないのである、万事夫の命令に従いその保護の下《もと》に生活するのであるという風に考えられていることです。すなわち社会に独立していた一人の婦人が一人の男子に占有されて、その家庭の中に隠れてしまったというような感じを持っているのです。男女が結婚して新家庭を作ろうとするはじめに当たって、以上のような根本の間違いが、婦人の心に深く根を張っており、男子のほうにも、これまで一人で思う存分に活動していたものが、身のまわりの世話をしてもらう代わりに、より以上の世話を焼かなくてはならないものが出来たような考えがあるならば、お互いの進歩は鈍くなってしまいましょう。

独身の時代こそ、まだ一人前の婦人でなく、両親の監督の下に、未来の生涯のために修養を専一に心がけている時なのですから、友だちをえらぶのでも、どこに行くのでも、長上の意見を聞いてつつましやかに行動するのが至当です。まだ一人前の思慮分別のない娘が、自分勝手に振舞うことは危険です。すなわち娘はまだ親がかりの身体で社会《よのなか》に顔出しをしていないのです。反対に結婚は部屋住みであった婦人を社会《よのなか》に出すもので、婦人は結婚すると同時に、はじめて一人前の人になったのです。世の中から引っ込んでしまったどころでなく、これまでは隠れていたものが、結婚して相愛する異性と一体になり、互いに相頼り相助けて、新たな家庭を経営し、かつは社会に対する応分の義務を果たさなくてはならない責任の位置に立ったのです。親がかりの身の上が一本立ちの全く自由な身体《からだ》になったのです。もしも妻が全然夫という主権者に隷属したもので、すべてのことただその命令通りにするだけのことなら、至って気楽なわけですが、独立自主の人間であればこそ、その責任はさらに重きを加えるのです。独立自主の人間であればこそ、独立自主の男子と結婚して責任ある新しい一体が出来るのです。家政なり育児なり交際なり、自身の持場について夫の厄介《やっかい》にならないばかりか、余力をもって夫の有力な補助者となるほどの覚悟がなければなりません。私などうぞ新たに妻になった婦人方に、結婚は自分を社会から引き込めるものでなく、かえって一人前の婦人として、夫と共に社会の舞台に立たせたものだということを、深く考えていただきたいと思います。

ある人びとは、妻は夫の支配の下《もと》に立っているのでないということになったら、悪いことでない限り、夫の好まないことでも何でも自由勝手にするようになりはしないかといいます。それは夫婦の間に何か互いに不和になる事情でもあったら、さまざまの口実の下に、妻は夫の好まないことを、夫は妻の好まないことをするかもしれません。けれども、そういう特別の事情もなく、お互いに他の半身であることを自覚しているならば、どうして一方の好まないことを無遠慮にするようなことがありましょう。ことに夫が無暗にその専制権を振り回すような場合においてこそ、気の勝った婦人の中には、まま夫の好まない行為をあえてするようなこともありましょうが、真に融和協同して夫婦の実を尽くして行こうという時に、私は夫に支配せられる身でないと、勝手気ままな行動をするようなことは、日本婦人の平生にはほとんどあり得べからざることであります。

またある人が申します。夫の前に気をかねて、万事つつましやかに取り行なうこそ婦人の美徳であるものを、あれもこれも独断で処置することになった日には、実に殺風景なものであろうと。けれども真実婦人の美徳たるべき謙遜《けんそん》は、決してかかる気兼ね苦労というような卑屈な謙遜ではありません。自身の行為の善悪は、直ちに夫および子女の幸不幸にかかわることを知り、あらん限りの力を尽くして、なおかつ至らないことを恐れる心がけこそ、真に婦人の美徳というべきもので、かかる種類の心がけは、君臣のような間柄の夫婦には、決して望むべからざることではないかと思います

夫婦互いにおごらず、また自《みずか》ら卑下することなく、一致協力してその運命を共にすることが出来るなら、そこに無量の同情がわき起こり、いうべからざる慰めを感ずることが出来ましょう。妻は夫に隷属したものであるという間違った感情は、婦人を無責任にし、似て非なる貞淑をつくり出すものだと思います。

（明治三八年二月）

# 家庭円満の奥義

## 一

家庭円満の奥義は、互いに譲り合って暮らすことにあると思われているようでございます。共同の生活を、自分一人の思う通りにしようとすれば、そこに他との衝突の起こるのは、見やすい道理だからでありましょう。しかし衝突しないというのは、家庭の目的ではありません。レールを走る汽車が衝突しては、もちろん予定通りに目的の地に到着することが出来ないのですけれど、列車を運転する目的は衝突しないためではありません。衝突はしないでも、ただいつまでも走っているだけだというのでは、その汽車の走るのはまるで無意味になりましょう。譲り合って暮らしさえすれば、一家に波風も起こらないというのは、波風を起こさないということが目的で家庭をつくるようなことになります。私たちの家庭をつくる目的は、もっと積極的なところにあるはずです。

われわれの家庭には、興味もなくてはならず、責任もなくてはならず、熱もなくてはならず、親子夫婦相互いの強き愛情は、また何よりもなくてはならないものです。これらのものを備えている家庭――完全に備えた家庭は、今の人間の程度においてはあり得ないとしても、これらのものを持ちたいと思って、真実な努力をしている家庭は、家庭の目的を達し得るに近いものでありましょう。そしてどうしたら、それが出来るかということは、すなわち円満な家庭をつくる奥義だということになりましょう。

## 二

これまでのわが国の家庭は、むしろ譲り合いに誤られていたように思います。譲り合いということが、われわれの生活に必要でないとは思いません。譲り合いの必要な場合ももちろんあると思いますけれど、出来るならば、私どもの家庭のすべての問題を、この譲り合いという詮術《せんすべ》なさの最後の幕に追い込んでしまいたくないのです。

第一に自分は鬼ごっこをしたいと思っても、お友だちがままごとをしたいといったら、人に譲ってままごとをするほうがよい子だといったように、子供にまでも教えることが、まだ一般に怪しまれずにおりますけれど、よく考えてみると、実に恐ろしい教え方だと思います。そういうことがわれわれの家庭にも、この人生にも、表裏をつくり、人類の生活を窮屈にし、砂をかむようなものにしてしまうのです。そしてその窮屈さ、無趣味さに堪えない人は、暗い所にその楽しみを求めようとするのです。子供がもしも、私が鬼ごっこをしたくても、お友だちがままごとをしたいといったら、そのほうにするほうがよいのでしょうかと聞いたなら、私は次のように答えたいと思います。

人に譲るということは、ある場合には確かに高尚《こうしょう》なことです。例えば、どうしても、一人しか歩けない畦路《あぜみち》を歩いている時に、急ぐ人が向こうから駆けて来たら、お先においでなさいと、横の麦畑によけて上げることはほんとうによいことです。またこういう所で人に行き合った時には、双方で少しずつ身をかわして、行き過ぎればよいわけだのに、向こうから来た人が、身をかわそうとしない時は、またお互いに少しずつ脇《わき》によりましょうといっても聞かない時は、自分は麦畑へすっかり入《はい》って、足が少しぐらい汚《よご》れてもいつまでもそこに突立っているよりは、さっさと行手を急いだほうがよいわけです。しかし今のようにお友だち同士で、あなたは鬼ごっこをしたいと思い、向こうがままごとをしたいというような時は、どうしてあなたはままごとがよいの、と聞いてみることも出来るでしょう。私は今までお机の前で勉強して来たから、静かな遊びよりも鬼ごっこをしたいのです、ということも出来るでしょう。そうしたら向こうの人は、なるほどそういうわけなのなら、鬼ごっこをして上げようという気になるかも知れないし、また向こうが足でも痛いというのなら、気の毒なことだから、ままごとをして慰めて上げようという気にもなるでしょう。またどうしても一人は鬼ごっこ、一人はままごとで、果てしがなかったら、他の遊びを工夫することも出来るでしょう。ではまた明日遊びましょうということも出来るでしょう。親しいお友だち同士は、お互いにそういう風にお交際《つきあい》をするほうが、かえって面白くもあり、またたんだん仲よくもなるようですね。人というものは、自分の好きなことをしたいと思うものだけれども、また友だちを屈服さして、自分の通りにさせたということは、ちょっとその場では愉快に感じたりしたとしても、後ではやはり気持が悪くなるものです。だから私たちは、大急ぎで譲ろう譲ろうと思わないで、こんな風に話し合って、なるべく二人が面白いと思うことをすると、両方ともはずみが出来て、ああほんとうに鬼ごっこよりも、このほうが面白かったと、あなたは思い、向こうはまたおままごとよりもよかったと思うようになるものです。

といいたいと思います。夫婦親子の間でも、始終譲り合いという最後の幕ばかりを出していては、その生活にこうした気のはずみと、親しみと了解とがなくなるように思います。私たちの家庭に、興味と自由の空気が横溢《おういつ》するようにしたいなら、どうしても譲り合い主義と、そうしていま一つは、鬼ごっこなら鬼ごっこと、自分の最初に思ったままのことばかりを、是非しなくてはならないという風な、愚かな偏狭な心持から脱出して、以上のように暮らすのが第一だと思います。

独身生活をする人が、どうして楽しみが少ないのでしょう、複雑に進歩して行くことが出来ないのでしょう。鬼ごっこがしたいと思うと、いつも鬼ごっこが出来るので、自分の考えている以外の境地を見ることが出来ないからです。また譲り合ったり、相互いに自分の思った通りにばかりに暮らそう暮らそうと思う人びとの家庭は、お互いに束縛される不自由きわまる牢獄《ろうごく》です。反対に前のような心持で生活している家庭は、どんな男にとっても女にとっても、その人格の完成のためになくてならないものになります。

三

次に私たちは、めいめいに自分のしたことに、厳粛な責任を持つことによって、責任ある家庭が出来るのだと思います。まず男と女が、自分の意志で結婚することが必要でありましょう。相互いに承知して結婚した上は、お互いにその結婚に対して責任があります。古い人は一旦《いったん》嫁入りをして帰って来るのは恥だと申します。何事でも失敗は恥辱です、よし中に大いなる教訓はあるにしても。結婚して失敗するのも、確かに大いなる恥でございます。しかし恥をかかないために、結婚生活をつづけて行くとなると、前に衝突しないために汽車が走るといったようなことになります。

新しがる人は、いいと思ったから結婚したけれども、つまらないと思うなら、また離れるのが自然だというようです。それは全く人間というものの分限を忘れてしまった考えだろうと思います。桜の花が秋咲きたいといったところで、桜はどうしても春咲くように造られているのです。私は桃の実を結ぼうといったところで、桜には桜んぼうがなるように造られています。私たちは、造られた以外の軌道に出ることは出来ません。雪が夏降ろうといったところで夏降ることが出来ないように。造られたものの一つとして、人間の分限にも限りがあります。人の性を支配する、厳かな法則がどういうものであるかを、全然慮《おもんぱ》かりの外にして、秋咲きたいの、夏降りたいのといってみても仕方がないではないでしょうか。雪や桜は何といっても、自分の時候から離れることが出来ないので、まだ安心なのですけれど、人間に許された行動の範囲は、ずっとずっと広いものである代わりに、酒を飲みたければいくらでも飲むことが出来ますが、しかも酒を飲む人は、その飲んだ分量に対するだけずつ、ちゃんと身体《からだ》を壊《こわ》しています。身体を壊しても私は酒を飲んだほうがよいと放言することが出来ます。しかし身体を壊せば、またそれだけ回避することの出来ない、種々《いろいろ》の苦痛をうけなければならないのは事実であります。男女の間を軽々しくすることは、なによりも人の心を荒《すさ》ませ、私どもの幸福の源である清純を愛する情と、耐え忍ぶ力を涸《か》らし尽くすものだと思います。そうして自分というものが、片寄った*人間になり、劣等な人間になればなるほど、相手になる男なり女なりが自然に下落して行くわけです。情の満足を得ようとして、貞操のない行動に出る人は、一歩は一歩より乾いた生涯に落ちて行くように、人間というものが出来ているのをどうしましょう。与えられた生《いのち》をのばして行くことは出来ますけれど、改造する力は私たちにはないのです。

互いにほんとうに許し合って結婚した人は、その結婚生活を、誠実な努力によって、幸福なまた有意味なものにする責任を、各々《めいめい》に回避しないという堅い覚悟が、生涯を通じて必要でございます。妻が病気になったといって、ああこの女と結婚しなければよかったなどと、未練な心持にならないように、そうして専心、病める女の夫としての自分の責任を尽くすことに努力しなければならず、夫が放蕩《ほうとう》であるといっても、生涯を約束した責任のために、妻はどうしたなら、この境遇に処する最良の方法が見出せるだろうと、ただその目的に向かって考えなければなりません。神様が大小にかかわらず私たちの行為に一々責任の伴うことを、厳重に定めておありになる以上、責任を尽くそうとして苦心焦慮するものに、きっとその道をお与えになるに違いないと思います。こうして相互いに結婚に対する責任を尽くそうとする男女の家庭は、深みのある力のある、また熱のある家庭になることが出来ると思います。

## 四

ことに子に対する親の責任を、私たちは非常に厳粛に考えさせられるのでございます。結婚は二人の男女の合意によって出来たものですから、責任は双方にあるのですけれど、子供は子供自身の自覚によって生まれたものではありません。その一人前の自覚を生ずるまでは、全部の責任は両親にあるのです。昔の女は、自分自身の存在を無視して、夫や子供のために食事や洗濯や着物のことにばかりに鞅掌《おうしょう》していました。その無自覚を物足らなくおもう心の反動かもしれませんけれど、どうかすると、子供のためにならないことも、自分に興味があり必要があるからといって、平気でむしろ誇り顔にしているような実例を、近来だんだんに見るように思います。

私はいつでもこういう事実を見るたびに、それはあたかも頑固《がんこ》な両親が、息子や娘に、親に向かってああしたいこうしたいと自分の注文が出されるものか、子供というものは、結婚であろうが何であろうが親のいう通りになっているべきはずだ、親が汗水流して一人前の男女に仕上げてやったのではないか、親の恩を何と思うというのと、全く同じことだと思います。

子供が生まれたいといったから、世に出してやったというのなら、子供のことは親の責任ではないのですけれど、親子の関係はそうでない以上、自分自身ということに強い自覚のある人であればあるだけ、子供に対する自分の責任というものを思わなくてはなりません。私たちが勝手に子供を生んで、困るから面倒だから、子供どころではないなどといって、心も身体も独立することの出来ない子供を放り出しておくというのは、結婚の責任をおろそかにするよりは一層冷酷に、且つ男女の間の弱点を極端にまで暴露した恥ずべきことのように思われてなりません。生まれた子供を、長い間忍耐して、この子を出来るだけよく育てようと努力することが出来ることによって、私たち自身も夫婦というもののすべてを恥なしに考え得る自信を持つことが出来るようになると思います。

そうして私どもは、またこの人類の親と子の関係よりして、人生に対する神の責任を思わせられるのであります。アダムとエバは、神に願ってこの世に出て来たのではないでしょう。すなわち神はその心によって人類《ひと》を創造《つくり》たもうたのであります。人間同士の親ですら、自分の生んだ子供に対して、免れることの出来ない責任を感じておりますものを、神様はどうして人間を創造《つく》ってそうして放って置かれるということがありましょう。われら一人一人の生《いのち》とこの大いなる人生との、最後の責任者は神であります。私どもは幼児《おさなご》が、そのなし能《あた》わざる生活のすべての部分を、安んじて親に託しているように、来たるべき次の瞬間時をさえ予知することなしに、世の中を歩んでいるわれらの生《いのち》を、大能の神に託して安んじていることの出来る、幸福なる権利を持っているのでございます。そこにわれ等の最後の安心があるばかりでなく、神の自《みずか》ら責任を負ってつくり給えるわれ等の生《いのち》の、価値なきものでないということも、確かに信じ得らるるわけでございます。

## 五

最後に私は、愛の問題に移りたいと思います。われらの家庭を愛と感激の中に置くために、私どもはどのような用意を持つことが出来るでしょうか。親子や夫婦や、家の中にある人々の心持の離ればなれになるのは、最も多く相互いの責任の混同と乱脈から来るように思います。夫も妻も結婚に対するめいめいの責任は、どういう場合でもめいめいに負わなくてはなりません。夫が放蕩《ほうとう》をしなければ、自分も楽しんで自分の責任を尽くすといい、妻が病身でなければ自分も好んで家を明けないなどと、知らずしらずお互いにとかく人によって自分の責任を尽くそうとするような心持のあるのは、卑怯《ひきょう》未練な私どもの弱点でありますけれど、自分の責任は人にかかわらず尽くして行かなければならない、またそのために神の必要なる助けを乞い求め得るということを信じて、どういう時にも踏みとどまって、自分の持場を守っていなければなりません。

そういう風にしていたら、放蕩な夫はきっと悔い改めてくれるだろうか、病身な妻もついに健康になるだろうかという心持は、またいま一つの責任の混同であります。私どもはめいめいに自分自分の生《いのち》を経営する責任を持っているのですから、妻が十分にその責任を尽くしても、夫の放蕩が必ず止むものというものではないでしょう。そうすると、妻のしたことが無意味なものになってしまうでしょうか。そうした並々ならぬ境遇において、ついに自分の責任を全うすることが出来たという貴《とうと》い生涯は、確かにその人の有《もの》であるのです。

夫婦はお互いに警《いまし》め合いもし、助け合いもすることは、いうまでもなくよいことでありますけれど、私たちはややもすれば、夫はこうあって欲しい、妻はこうあって欲しいと思うあまりに、夫の放埓《ほうらつ》な心持を自分がなおそうと思ったり、妻のある欠点を極端に気にして、小言をいいつづけたり、世話をし過ぎたりするので、そこにも責任の乱脈が始まって来ます。夫の心持を改め得るものは夫自身でなければならず、妻の欠点を改め得るものは妻自身でなければなりません。お互いに他の責任に立ち入ることは、ただに相互いに反感をもつか、それでなければ、妻が夫にもたれ過ぎたり、夫が妻に依頼し過ぎたりすることになるばかりでなく、幾分でも他の責任を負うことによって、自分の責任のために尽くすべき力を殺《そ》がれ、それがまためいめいの煩《わずら》いになるばかりでなく、ひいて家庭を曇らせ、力なくさせるもとになります。

このようにして私どもは、めいめいの立場に立って、決して他の立場を侵さないばかりでなく、その生涯を共にすることを誓った以上、他の生活から種々《いろいろ》の影響を受けるということを、善悪とともに甘受するという強い潔い覚悟がなくてはなりません。夫に手腕がなければ、妻は生涯貧しい世帯をやり繰りしてゆくことを、不平なしに一心に努めねばならず、妻に経済の頭がなければ、夫は人一倍働いてそうして人一倍乏しい栄《は》えない生活をすることを潔く忍ばなければなりません。こうした相手の影響を、お互いに忍びつつ、努力するだけの覚悟があれば、夫がどうして妻に同情しないことが出来ましょう。妻がどうして夫に感謝しないことが出来ましょう。現在の程度においては、一人も完全な男女はありません。しかし私たちの持っている欠点も、かくの如くすることによって、神は相互いの強い同情をひき出すところの、大切なものに利用して下さるのでございます。

他の欠点からうける影響、失敗から受ける影響を、十分に自覚しつつ、潔く忍ぶという心は、また同時に他の長所から受ける幸福なる影響を、私たちのハートのあらん限りを尽くして喜び得るということになるのです。かかる状態にある夫婦親子の愛情が、燃えずにいることが出来るでしょうか。またわが欠点より家族に及ぼす痛切なる影響を思っては、どんなに弱い男でも女でも、奮《ふる》い起《た》って悔い改めずにいることが出来るでしょうか。家族の心持を生き返らせるような、自分の長所を精一杯発揮したいと思わずにいることが出来るでしょうか。理想の家庭の最後の一点は、ここにあると思います。

(大正四年六月)

# 家庭における男子の態度

夫が不身持であるとか、あるいは双方の好みが違っているとかいうような特殊の理由もなくて、ただ何となく穏やかでない夫婦仲――言いかえれば、心の底に何の憎しみもわだかまりというほどの事もないのに、とかく衝突の多い夫婦は、世間に沢山あるように思います。そうして一方には、昔のように素直な婦人が少なくなって、だんだんに生意気な女が多くなるというような批評を聞くのであります。あるいは衝突の多い夫婦は、このごろことに多くなったのかもしれません。そうしてこれからは一層多くなるのかもしれません。不行届きの責めはもちろん双方にあることと思います。ことに婦人の側からいうと、自覚して忍ぶことは、何よりの美徳です。つとめてその理想に達すべく、骨折らなくてはならないのは、いうまでもないことです。しかし最も公平な立場から、多くの夫婦の状態を考える時に、まず妻たる婦人に出来る限りの忍耐を要求する前に、夫たる男子の反省しなくてはならないことが必ずしも少なくないと思います。

ここに一般に婦人というものは、どういうものかという問いを出す人があったら、だれでもきっと感情的な特性をもっているものと答えるでしょう。それならば、すべて感情的の人に対するのには、どうしたらよいかといったら、みだりにその感情を傷つけるようなことをしないようにとだれも思うことでございます。この明白な道理から、日本の男子ことに夫の妻に対する平生の仕打ちを見ましたら、実に全く違ったことをしていることが分かります。みだりに妻の感情を傷つけることのないように注意するどころではなく、最も無遠慮に己《おの》れの思うがままをなし、最も露骨にその感情を顔にも言葉にも現わして、何の憚《はばか》るところもありません。少しでも気に入らないことがあると、いつでも顔をしかめられ、他人または子供の前でも、一慮にも及ばず貶《けな》しつけることもあります。それが、長い間の習慣なのですから、知らずしらず妻というものの境遇はこうしたものと、とにかく忍んではいるのです。ことに教育もあり、一通りの考えをもっている婦人としては、なおさらに不快な場合も多くありましょう。日ごとに妻の心を曇らせるこういう些細《ささい》な不愉快も、積もり積もると夫に対する心服の度を減じ、時には売り言葉に買い言葉も出て来る、つまらない事にまで異をたてて相争うというようになるのでしょう。

あるいは昔の夫は今の夫よりも一層無遠慮であった、昔の妻はののしられても打たれても、はなはだしきは故なくして去られても、どこまでも従順であったという人があるかもしれません。しかしそのような不道理は、いつまでも通すべきものでもなく、また通るべきものでもありません。時勢も変わり、思想も変わり、婦人自身も追々に確かな自覚をもって、責任のある生涯を送ろうとするようになっているのですから、是非とも男子の方々に、どうか長い間の習慣によって、自然に妻の前にわがまま無遠慮になっている行き掛りの態度を忘れて、妻およびすべての婦人に対して、お互いに人格と責任のある一人一人の人として相対して頂きたいと思います。

感情を生命とする婦人にとって、わが感情を重んじ、常にこれを保護せらるることほど、うれしく感謝すべきことはありません。婦人はかかる夫のために、何の苦もなくその誠心誠意を献げ得るものでございます。これわが妻を幸福にし、且つ己《おの》れに対して最も同情ある強い味方、また最も従順な伴侶《はんりょ》たらしむべき秘訣《ひけつ》ではないかと思います。女は虚栄を喜ぶというところから、金さえあればその妻を幸福にし、また従順にもすることが出来るとある人びとはいいます。そうして金のないことから、多くの夫婦の気まずさは出て来るなどといいます。仮りにそのような多くの実例があるにしても、富につく心は、決して婦人の本心ではなく、ただ人としてだれにでもある利害の心です。金の力で婦人の心を得たと思うほど、虫のよいことはありません。反対にもしもほんとうに自分に対する夫の仕打ちが、常に感謝すべきものである場合に、金持でないから貧乏だからといって、夫を疎《うと》んずるような勘定ずくな婦人は、少なくともわが国の婦人の中には、極めてまれに見るところであろうと思います。妻を満足させること、そうしてこれを自覚的に従順にすることは、ただその鋭敏な感情に対する夫たる人の同情と注意の如何によるものではないかと思います。

なお正当に婦人の感情を擁護して、みだりに傷つけないということは、決して婦人の鼻息をうかがい、そのきげんをとるということではありません。婦人は感情をもって優《まさ》り、また同時に感情をもって自《みずか》ら過《あやま》つものでございます。心ある男子は、その妻の感情に走らんとする機微を察して、常に正義の維持者として立ち、親切真面目《しんめんもく》にしてしかも威厳ある態度をもって、妻の反省を促し、その陥らんとする過《あやま》ちから救うべきものです。常に自分の感情を擁護して、みだりに相侵さざる床しさを感謝して、最もよい感情を夫に対して持っている妻であったら、こういう場合に、決して夫の忠言を恨んだり怒ったりするものではありません。むしろかえって剛《つよ》きを慕う婦人特有の感情によって、一層夫の人柄を頼もしくもまたうれしくも思うものでございます。妻がわがままで困る、不従順で困ると思う夫は、きっと日常瑣《さ》末《まつ》の不注意無遠慮のために、知らずしらずに買い得た妻の敵意の積もりに積もった結果であるか、さもなければ妻の感情に走ろうとする場合に、義によって堅くたつべき男子の本領を没却して、その理由なき感情を等閑に付し、あるいはこれに調子を合わせるようなことが多いからなのだと思います。

可弱き婦人のいと小さき感情でも、みだりに傷《そこな》わじと、ひそかに意を用いる気色《けはい》のほの見えるところに、床しい男子の美を包み、義にたちて動かざるところに、侵すべからざる男子の威厳が現われております。如何に心驕《こころおご》れる婦人でも、こういう夫の許にあっては、常に必ず婦人らしき謹慎を持し、希望の中に楽しんでその職分を尽くし、理想に向かって進むことの出来るものでございます。

（明治四二年六月）

# 夫婦和合の法

無事に治まっているという夫婦は沢山あるでしょう。とにもかくにも不平なしに暮らしているという夫婦はさらに多いでしょう。夫によって富貴の身の上になった妻、あるいは妻の縁故によって出世した夫もありましょう。しかし夫は妻を得たことによって、妻は夫に嫁《か》したことによって、最も正しい生活、最も幸福な生活をすることが出来、双方共に出来るかぎりの進歩を遂げ、与えられた才能を発揮し、真に意義ある結婚者の生活を送りつつある夫婦は、あるいは少ないものかもしれません。

ことに昔は上に厳《きび》しい舅姑《きゅうこ》をいただいていることが、かえって夫婦の間を親密にすることになり、家内の事は家風と仕来たりに従ってすべてを処理することが出来、家庭外の社会も、また同じように単純であったことが、夫婦の生活を無事平和にするために、あずかって力のあることであったかと思います。近ごろは厳重であった女子に対する昔日の躾《しつけ》はゆるみ、代わって起こらなければならないほんとうの精神的教育も行き届かない上に、家内には舅姑という重石《おもし》もなく、複雑な社会は、またその生活の上にいろいろ様々な問題と誘惑とを送って来るので、どうかすると今の夫婦は昔の夫婦に比べて、はなはだ不謹慎なもののようにいわれています。

## 一　新しき夫、新しき妻

妻は新しきに如《し》かずという諺《ことわざ》もあり、古妻《ふるづま》などといえば、いかにも情ないもののように聞こえます。このいい慣《なら》わしの中には、実に面白い大切な意味を含んでいると思います。夫婦の間がほんとうに円満で、生涯尽きざる情味をもって暮らそうと思うならば、よしその夫は何程人情にあつい人でも、常に自分には新しい妻でなければなりません。古妻は、ただに軽薄な夫の目にばかりではなく、すべての男子の心に楽しくないものでしょう。それと同時に、夫もまた妻の前に、やはりいつでも新しい夫でなければなるまいと思います。新しい夫、新しい妻というのは、日に月に進歩する男、進歩する女ということです。きのうもきょうも、去年も今年も、五年でも十年でも、ただ年をとるだけで何の改まるところもない妻、そうして夫は、いわゆる古妻《ふるづま》、また古夫《ふるづま》ともいうべきものです。私どもは各々《めいめい》の役目とするところの持場――妻ならば子供の教育に、家政に、夫に対することに、親戚《しんせき》や友人に対する交際の上に、常に出来るだけの注意を払って、年々にすべての方面に進歩改善の実をあげるように、ことに己《おの》れ自《みずか》らの人格と知識と力量とは、絶えず新しき妻でありたいと思います。普通に古夫とはいわず、ただ古妻とのみいうわけは、わずらわしい仕事に追われて、自家の修養を怠るのは、男子よりも女子に多いからでしょう。

## 二　夫婦の争いは如何にして来たるか

夫婦はまた、各々の心掛け、主義、理想および趣味などに、常に互いに敬意と同情とをもち得るように努めなくてはならないと思います。夫婦の主義理想は似たものでなくてはならないと思います。しかしまた互いの性質さまざまの好みなどは、かえって一様でないところに相助け相補う夫婦の価値《ねうち》があると思います。しかも夫婦の気まずさも、また多くかかるところから来るのです。夫も妻も、相互いにその異なれるところに注意して、決して己《おの》れの長所をもて他を貶《おとし》めず、他の長ずるところには潔く譲って、自分の短所は明白にこれを認めるだけの謙徳を常に養うように心掛けておりましたなら、他もまた自然にこちらの長所を重んじて、互いに妄《みだり》に他の持場を侵さないようになると思います。

考えてみるのに、夫婦の争いは最も多く互いに己《おの》れの長ずるところをもって他を卑しめ、また自分のよくない癖を承知しながら、克己してこれを抑《おさ》えることが出来ないところから来ると思います。事にあたって卑しめられたほうは、自然に反抗の念を高めて、他に対する同情をなくするからです。夫婦の純粋な愛情以外に、互いの人格に対する尊敬と同情は、何よりも他の長所を推重《すいちょう》し、自己の短所を認めるに吝《やぶさか》でない、相手方の高尚《こうしょう》にして謙遜《けんそん》な心情に対して起こって来るものです。夫婦にして、互いに他の心掛けに対して、この種の同情と尊敬とを持つことが出来なければ、ついに些細《ささい》な反感が積もり積もって、相互いの愛情までも冷たくするようになるのです。妻は夫に比して、その人となりの小さい場合にも、妻の天分が夫に優るように見える場合においても、人毎《ごと》に必ず長短はあるものと思い、ただ無邪気に他の長ずるところを重んずべきです。天分の優劣は、たやすく人間に分かるものでなく、またよし自己の天分がすぐれているとしても、天に対して感謝しつつ、出来るだけよいほうにそれを利用すべき責任があると思うほかに、そのために他の天分を軽《かろ》んずべき理由はないのです。多くの夫婦の大小の不満は、互いの不身持ちに原因しない限り、大概は勝気のために真実に自己を謙《へりくだ》りて、相互いに他を推重することが出来ないために起こると思います。

## 三　他の欠点に対して

夫は妻の、妻は夫の長所を推重するというのは、同時にその欠点に対して盲目であれということではありません。謙《へりくだ》りて自己の短所を認めよというのは、また決して自己の長所をまでも無きものにせよということではありません。夫の仕方が間違っているように思っても、これが夫の悪いところだと気がついても、色にも出さず機嫌を取っておりさえすれば、あるいは無事におさまって行くかもしれません。しかしこのような無事は、決して一家のために喜ぶべきことでなく、このような従い方は決してまことの従順でなく、極端にいえば偽れる屈服であります。相互いに助けあうべき夫婦としては、余りに無責任な仕方です。夫も妻も共に、他の欠点はまたわが欠点であると思って、親切をもって共にその矯正《きょうせい》に骨を折り、あるいは事にあたって、その仕方の間違っていると思うことは、誠実をもって互いに研究し、自家の力量はまた出来るだけ発揮して、一体であるべきはずの夫婦というものを、少しでもより多く有力なものにすることは、夫たり妻たるものの相互いの責任であろうと思います。しかし良薬は口に苦く、自分の仕方の間違っていることや、その短所について聞くことは、大概の人にはいやなことなのですから、こういうことをいう時は少しも自分の都合でなく、また他に逆らってわが意見を主張するつもりでなしに、ほんとうに愛と誠をもって、最も気長に道理を立てなくてはなりません。もし一方が、どうしてもその非に心づかない場合には、当分潔くあきらめて、夫婦である以上、一方の不行届きから起こるさまざまの苦痛と損失とを忍ばなくてはなりません。これはすべての結婚者の生活に伴う当然の十字架です。しばらくもこの十字架を負うことを忍び得ないで、さし当たっては反省してくれる見込みもないのに、愚痴に性急にいいつのるようなことがあると、無益にその感情を害することになると思います。よく忍びよく努めるもののみが、夫婦という複雑な共同的生涯を年と共に幸福に進歩させることが出来ます。

## 四　持場持場を定めよ

重要なことは夫婦双方の意見によって定めるのは当り前のことですが、相互いの責任とする持場持場をきめて置くことが大切です。すなわち一家の職業その他外に関することは夫の持場、家内日常の事は妻の持場であるなら、各自他の持場に対してはただ忠実な相談相手の位置に立ち、責任を持ってその持場を経営する代わりに、互いにみだりに他の持場に属する些細《ささい》なことなどに干渉することは避けなければなりません。またみだりに自分の持場について他をわずらわさないようにしなければなりません。また互いに干渉しないということは、打ち捨てて置くということではありません。妻が何程その持場に力を尽くし、またそれによって何程の成績をあげているのか、夫は外で何をしているか、その事業がどういう風になっているかを知るにおよばないということではありません。夫は外の事業に、また妻は家内の仕事にどんなにせわしくても、めいめいに常に他の持場における大体の事情を知っていて、時によって奨励もし、また戒めもしなければなりません。妻にすべての家事を任せてくれる夫の弊害は、妻のその持場に対する努力と、その成績を見てくれないことです。あえて手柄を誇る心ではなくても、十分に骨を折る妻であると、夫の一向にこれを認めてくれないのが物足らぬ心地もするでしょうし、また自分一人の思案に余って、夫に相談したいと思う時にも、平生の事情をまるで知っていてくれない日には、十分たしかな相談相手とすることの出来ない場合が多いのです。

ことにどのような賢い人でも、自身に心づかずにいる落度も多くあるものですから、どんなに妻を信ずるにしても、常にそのすることに大体の注意を払い、大いなる誤りのないようにすることは、夫たるものの妻に対する一つの義務なのでしょう。子供の教育のことなど、はじめは少しの間違いから、その間違えたままの方針をもって、だんだんに年月を過ごして行くうちに、とり返しのつかないようなことになり、無頓着《とんちゃく》であった父親も、はじめて自己の油断を悔いるような場合に遭遇することは、世の中に多くあることでございます。

(明治四二年一一月)

# 小言とそのいい方

小言小ぜりあいはその名のように小さいことです。小さいだけにどこの家庭にもあり勝ちなことです。しかも、その小さなことのために、多くの家庭が割合に大きな累《わずら》いを受けているのは、私どもの常に見もし聞きもし経験もしていることです。

私たちの小言をいう時の心持を静かに考えてみると、いうまでもなく、理性の方面から、これはどうしてもいわなくてはならないという落ちついた気持と分別の上に立っていっているのではありません。これだから困る、しようがない、いやになると、むしゃくしゃする気持で、知らずしらずの間に随分な悪感情を相手に対して持っているのです。それですから自分では出来るだけ言葉を控えたつもりでも、やはりまず相手の感情を強くつき刺してしまいます。向こうもそのために落ちついた理性をもって聞きとることが出来ず、従って小言の中にも含まれている道理をかみ分けてくれないのです。

夫婦の仲の小言やいさかいなど、口では互いに道理をいい合っておりますけれど、実は小さな悪感情と悪感情との衝突です。この感情の解けない間は、分かり切った道理でも決して相手の心の耳にはいらないのです。小言をいうほうが、自分のほうに道理がある、これほどに明瞭《めいりょう》なことがなぜ相手には分からないだろうと、歯がゆく思えば思うほど、相手のほうではますます相手の自分に対する悪感情が癪《しゃく》にさわって、反抗の度をたかめるようになるのは普通の人情でございます。

こういう時に、小言をいうほうと反抗するほうと、一体どちらがよくて、どちらが悪いのでしょうか。小言をいうのには、必ずいうだけの理由があるに違いありません。まさかに何も落度のない人に向かって、小言の出るわけはないのですから。それでは小言をいうほうがもっともなのでしょうか。ばかでもばかといわれると腹がたちます。ほんとうに仕様がないといわぬばかりにいわれると、実際仕様のないことをした場合にも、なにそういうほうにだっていろいろな欠点があるではないか、私は不断こんな骨を折っている、これこれのことは皆私のお蔭ではないかという風に思うのは人情です。それでは小言をいわれた時に反抗するほうがもっともなのでしょうか。

普通一と通りの人間の立場から見て、確かにどちらにも無理はないと思います。どちらも無理でないだけに、どちらにも相手に比べて自分のほうがよいのだと主張するだけの理屈もないのです。双方五分五分の理屈を持っていながら、互いに相手はゼロで自分に十分の理屈があるように、思いもし言い張りもするところに、お互いの無理があるのでしょう。小言ほど、いうほうもいわれたほうも気持がわるく、何のためにもならないものはありません。

それだから小言はいわないに限る、もしまた小言をいわれた時には、いいたいことも黙って堪《こら》えているに限るという人があります。ことに女というものに対しては、いいたいことでも、夫の気に逆らうことは忍んで黙し、気にいらないことをいわれても、また決して口を出してはならないと教えられてあるのです。なかなかに実行の出来にくいことではありますけれど、稀《まれ》にはがみがみと小言をいう夫に、おとなしく従っている少数の婦人もあります。

普通人《ふつうじん》の忍び得ないことを忍ぶのは、如何にも美しくはありますけれど、夫婦の一方が美しく見えるだけ、それだけ他の一方がそのために醜くなります。夫婦の理想は相互いに睦《むつ》まじく暮らすということのほかに、夫婦としての生活を完成し、同時に別々に相互いの生活をも完成することであってみれば、忍ぶことによって一方の美は打ちたてられても、他はそのために醜い生涯を平気で送るようなことになるのは残念だと思います。自分の忍ぶことによって他を感化しようというほどの、壮烈な覚悟をもって忍ぶ場合は別として、それほどの決心があるわけでもなくてただ忍ぶのは、美しいというよりもむしろ気の毒でございます。苦楽を共にすべき夫婦でありながら、一方は驕《おご》り、一方ばかりが忍ぶというのは、他人の目にすらも不愉快なことなのです。

いうまでもなく、妻がわがままな夫の前にただただ堪《こら》え忍んでいる有様がみじめなばかりでなく、乱雑な家庭生活にわずらわされて、種々の不便と不愉快とを忍ばなくてならない夫も気の毒でございます。不完全な人間の寄り合いである私たちの家庭生活には、実に小言の種が数えきれないのです。その数多い気持わるさをおさえにおさえて、一も二もなく小言をいうのが悪い、反抗するのがよくないと、徹頭徹尾忍耐忍耐で、感情の動物といわれている人間の間を押しつけてしまおうとする教え方や考え方が、確かに多くの家庭を不愉快にする、最も大きな原因の一つではないかと思います。夫婦の間などは、ことにお互いに堪《こら》えようと思い合うよりも、互いに思うだけのことをいい合おう、いい合おうとするほうが、自然でそうしてはるかに合理的なことだと思います。小言もどしどしいうほうがよいでしょうし、腑《ふ》に落ちないことには、そうは思いませんというのに、何も遠慮はいるまいと思います。ここにただ一つの注意を要することは、そのいい方の上手下手ということです。

古くからの習慣の力で、私たちは互いに、家族の間夫婦の間でいいあいをするのはよくないよくないという気を持っていながら、こらえることが出来ないで、ついに互いにむしゃくしゃする気持を、そのままにさらけ出してしまうような風であります。しかし私はこれを反対に考えたいと思います。すなわちいいたいことは、むしろ飽くまでもいうべきでありますが、そのいい方というべき時期を選ぶについては十分の苦心と用意をしたいと思うのです。いいたいことを黙っているということは、思うことのある人間に、それこそ出来ない相談です。出来ないはずのことをしなければならない、しなければならないと思うのは無駄《むだ》な苦労です。どうしてこの考えを上手に有効に、夫に通じ家人に通ずることが出来るかという工夫は、しがいのある楽しい苦労です。しがいのある楽しい苦労をすることは、ちょうど私たちの精神に滋養物を送るようなものだろうと思います。私たちの心の働きは、そのような楽しい苦労をすることによって、喜びつつ進んで行くことが出来るのでございます。

手腕というと、何やら多少誠実を欠いている、ごまかし上手ということのように聞く人も多いようでありますが、決してそのような意味でなく、正直な意味においての手腕が、何につけても日本の婦人には非常に欠けているように思います。姑《しゅうとめ》の難にあうのも、男子のわがままに苦しめられるのも、婦人自身例の忍べ忍べの教えにのみ気を奪われて、如何にしてもおのれを枉《ま》げずわが幸福をも狭めずに、気むずかしい姑を満足させることが出来ようか、夫のわがままを少なくしていくことが出来るか、という風に頭を使うことがなかったせいだということも、また大きな原因の一つでございます。日本の婦人の手腕ということの皆無なのもこのためでありましょう。

子供をこれこれに育てたいと思っても、年寄りが承知してくれません。家のことをこうしたいと思っても、夫が許してくれませんと、打ちしおれて話される婦人を見るたびに、私はいつでも、御同様日本の真面目な婦人に手腕のないのは、家庭全体の不幸ですといいたいような悲しい気持がします。芸者のはびこる所以《ゆえん》、男子の不品行の多い所以《ゆえん》も、また半ばここにあると思います。

ひとり今の女が男子を扱うことが出来ないばかりではありません。今の男子にも、だんだんに覚《さ》めかけて行く今の女を扱うだけの手腕と覚悟があるでしょうか。夫の思うようになららない妻がだんだんに多くなるのは、半ば男子の依然として昔の女を扱った手加減で、今の女を扱っているせいであろうと思います。従順ということを、まっさきの条件として、妻を選ぶ男子も多いようですけれど、一も二もなく夫に従う手応えのない女よりも、いま少し複雑な女と生活する工夫をもするほうが、男子にとっても、その家庭生活を、ほんとうに楽しいものにする所以《ゆえん》であろうと思います。

私はまた多くの婦人方に、夫のために欺かれないようにと申し上げたいと思います。おとなしい女に限る限るといっておきながら、正直な妻がおとなしくなることばかりを考えている間に、いつか夫は、自分の妻ほど面白くない女はないと思うようになるのです。そうしていろいろの悲しむべき問題が多くの家庭に起こって来るのです。

私は男も女もどしどし上手に小言をいい、自分のよいと思わぬことには、巧みに反抗して、つまらない衝突を避けると同時に、相互いに自分というものをだんだんに進歩させ発展させて、夫婦および家庭というものが、年と共に新しくなって行くことが出来るようにしたいものだと思います。

（大正二年一月）

# 気の合わない同士

以前のことですが、私は子供になるべく短い時間に手早く仕事をすることを覚えさせておくのは必要なことだと思い、朝のうちに復習《おさらい》を済ませて学校に行くようにさせておりました。私の考えでは、学校から帰って来ると、ゆっくり遊ぶことが出来るので、子供も喜ぶだろうと思っていたのです。しかし子供は何となく気が急《せ》くようで、復習《おさらい》は学校から帰ってからのほうがよいと申します。多分時間ということがまだよく分かっていないので、何でも彼でも復習《おさらい》をしていると遅くなるという気がするのであろうと思い、ある朝、髪をゆい、顔を洗い、食事をすませ、着物を着換えるまでを、むだなく、しかしゆっくりさせて、

「ごらんなさい、五十分しかかからないではないか。復習《おさらい》が三十分、学校まで十分としても、一時間半あればよいでしょう。」

というと、子供は、

「でも私は、そんなにせかせかして、何かをするのは好きでない。」

と申しました。その好きでないという言《ことば》、その無邪気なありのままの言《ことば》のうちに何となく自分の好みと違ったしつけをされる苦しい気持が、強く現われているように、自分の胸に響きましたので、瓜《うり》よりも茄子《なす》のほうが入用だという考えから、瓜に適する畠に茄子を植えようというような自分の仕方の無理であったことを、しみじみ思わせられたことがあります。

私はその時、気質の違ったもの同士は、こうして互いに無理と知らずに無理な注文をしあって、お互いに不快に窮屈に暮らすのだと、目がさめたような気がしたのでした。幼児の時には、ほとんどすべての人間に共通な本能だけが働いているようなもので、教え育てるのにも単純でありますけれど、成長するに従って、その持って生まれた性分の込み入った色合いが、だんだんに出て参ります。朱《あけ》に咲こうという花を、紫《むらさき》にしようというのは出来ないことです。非常な力をもって強《し》いてするならば、朱《あけ》に咲く花のいのちが全く奪われて、紫の色を塗られるのです。何という残酷なことでしょう。

白糸のようだといわれる、まだ弱々しい、我《が》の少ない子供ですらも、親のしつけにその性分にかなわないことがあると、容易ならない窮屈さを覚えるものでございます。ましてとうに甘いか辛《から》いかに出来上がった人間を、強《し》いて別のものにしたいと望むのは、お互いにこの上もない苦痛のたねでございます。いくら争っても恨んでも、ついに出来ないのが普通です。この無理な願いが、いつもごたごたばかりして暮らしている家族、争いの絶え間のない夫婦などをつくり出しているのでしょう。

ただたまに非常に強い力を持った人が、ことごとく自分の家族を自分の鋳型《いがた》に入れることに成功しております。すなわち我《が》の強い夫の前に、すべての家族のひれ伏している家、威権赫々《かくかく》たる妻の足下に、夫をはじめすべての人の押えつけられている家、および家風などというような、古く冷たくなった習慣の下に、すべての家族が生きながら人形のように取り扱われている家などが、その最も適当な見本ではないかと思います。こういう家は、いうまでもなく幸福な家庭ではありません。

私どもはどうかして、辛《から》い夫があったなら、その辛《から》い中に一種の風味を見いだすことが出来るように、苦い姑《しゅうとめ》があったなら、その苦い中に特殊の味を見いだして、これに信頼するということが出来ないものでしょうか。

事務的にきちんきちんと物事を運ぶことの得手な人は、そうでない家人の仕業《しわざ》を不愉快に思い、これこれにしないから悪い、私ならこうするのにと、いつも他の不行届きを心にとがめ、また常に趣味に傾く人は、他の無趣味をいとわしく思い、こうでなければならないなど と、自分のほうの道理を心に主張するのでありますけれど、よく考えてみると、物事を事務的にする人も、はじめからこういう風にしなければならないものだという道理から割り出して、そういうようにしているのではなく、趣味の人も、はじめからある信念をもってそのようにしてきたのではありません。ほんとうは皆自分自分の偽ることの出来ない性分と好みから、事務的にもなり、趣味の人ともなったのです。自分の畑に瓜《うり》を産した人は、瓜の甘さを誇り、茄子《なす》を作った人は、またその重宝なことをほめますけれど、実のところ甲の畑に茄子が出来ず、乙の畑には瓜が出来なかったのです。お互いに何の誇り得る理由がありましょう。のみならず、瓜を産した人は、瓜の味だけは知っていても、茄子の味を知らず、茄子を作った人は、またやはり瓜の味を知りません。

事務的な人には、趣味を解する力がなくて、趣味の人の事務的でない欠点だけが、ありありと目につきます。趣味の人は、また物事を事務的にすることが出来ないで、そうして事務的な人の趣味に乏しいことばかり、はっきりと見ることが出来ます。気質の違った人の、互いに面白く暮らすことの出来ないのは、ただこのことだと思います。

瓜が出来るのも茄子が出来るのも、事務家になるのも趣味の人になるのも、ただに自身の耕作の力、修養の力ばかりでなく、かえって主として性分の力であると知ったならば、気をつけたら今少しはきはき出来そうなものだと、悠長な妻を歯がゆく思ったり、ああまで事業にばかり一生懸命にならないでも、少しは寛《くつろ》ぐ時もありそうなものだと、頑固《がんこ》な夫を面白からず考えたりするのは、自然に無理だという気になります。自分の長所も性分という基礎《どだい》の上に出来たものなら、他人《ひと》の欠点も、またその性分の上に出来た根ざしの深いものです。傍《はた》から見て今少しと思うところが、当人にとっては飛び越すことの出来ない大きな溝《みぞ》なのかもしれません。

何事も性分である好みであると分かれば、たやすく人を恕《ゆる》すことも出来、また強《し》いて自分の好みに道理をつけて、人に強いるというような無理も少なくなります。そうして私どもは、自分の性分をますます発揮するように力を尽くすと共に、自分の夫の性分をも親切に味わって、その特殊の味わいを知ることを努めねばなりません。夫もまた妻に対し、家人に対して、それだけの親切がなくてはなりません。そうして互いに他の性分を味わうことは、自他のために非常な幸福また楽しみでございます。

私どもは時々食わずぎらいをすることがあります。またちょっとぐらい味わってみたのでは、そのきらいなところばかり感ぜられる種類のものもあります。西洋人は、日本の漬物《つけもの》はどうしても食べる気になれないといい、日本人にはチーズの味が容易に分からないようなものです。西洋人のきらいな沢庵《たくあん》のにおいが、なれた日本人にはむしろその風味を思わせる、なくてはならないにおいであります。食物ばかりでなく、私どもは時々夫や妻や子供や、また他の家人に対して、食わずぎらいをしていることがあります。

気質の違ったもの同士は、離れている時は、かえってその長所のほうが目につくようでありますが、近く寄ってみると、どうしても前のように、互いに欠点のほうが明らかに目につきます。自分の同情することの出来ない欠点が目につくと、あたかも沢庵のにおいにあって、それを味わってみる好奇心を取り去られてしまうように、早くも互いに気が合わないというような感じを持ってしまうこともありましょう。また思い切って味わってみても、容易に好きになることの出来ない、チーズのような場合もありましょう。しかし努めて親切に味わえば、ついにその特色を見出すことの出来るのは、十中の八九まではそうだということが出来ると思います。

こうして気質の違った人と人とが、お互いに同情ある了解をしあっているという自覚は、最も感謝すべき家庭生活の基礎でございます。家庭のすべての幸福も慰めも、家人おのおのの進歩も、皆この自覚の中から、発芽し成長して来るのです。

考え込んでいる夫の前に、温《あたた》かい一杯の茶を持ち出した妻を叱《しか》って、私の考えの少しでも分かるだけの力が、お前にあったらといったならどうでしょうか。考えることの得手でない妻には、温かい茶をすすめたい親切があります。快くその親切をうけたなら、妻はさらに、もしも私はこの上に夫の事業を了解することが出来たならと、必ず思うはずであります。思ってそうしてそれに達し得ないまでも、なおその家庭は温かではないでしょうか。そうしてただに理屈の分かった男と理屈の分かった女とが共に棲《す》むよりも、また別に床しい味わいがあると思います。賢い子供もまた多く、気質が違ってそうして調和している夫婦の間に授かると申します。

（大正二年三月）

# 家庭の日陰と日向

夫は夫で得意であり、妻は妻で得意であり、老人は老人、子供は子供、雇人は雇人で得意でありさえすれば、とにかくそれは楽しい家庭でございます。しかしながらわれわれの家庭は、なかなかそう行かないのが普通です。主人一人が大きくなって、すべての家人が奴隷のように暮らしている家もあり、いわゆる女房天下といわれる家や、老人の勢いの強い家、同じ兄弟の中でも、出来の悪い兄の下に賢い弟がいるとか、家族同士は和合していても、雇人は割合に不行届きな待遇を受けて活気なく暮らしているとか、家々によって、どうしても多少の日向《ひなた》と日陰《ひかげ》のあるのは免れないようでございます。そうしてこの日陰と日向の具合から、われわれの家庭のいろいろの問題が起こって来るように思います。

一家の中のことばかりでなく、広い社会のことでも、せんじつめてみると、勢いの強い人弱い人、富める人貧しい人、俗にいう運のよい人悪い人、つまり日陰と日向の対照から、さまざまの喜劇も悲劇も起こっているようでございます。

しばらくの間、井戸端《いどばた》会議に耳を仮《か》しても、私たちは直ちにこのことに心づきます。だれだれさんはあんなに如才なくしているけれど、奉公人は随分つらいのですって、だれさんはこの節工面がよいとみえて、どういう着物が出来たのというような話でも、そこにはおのずから強い人と弱い人と、うらやまれる人とうらやむ人との影が映《うつ》っているように思います。

強いも弱いも、うらやむもうらやまれるも、ほとんど互いに気づかぬほどに軽い度合のものでありますなら、以上のような罪のない世間話の材料になるだけに止まって、何等の出来事も引き起こさないのでありますけれど、甲と乙との持っている幸福や富や権力や才能の隔たりが大きくなればなるだけに、相互いに同情を持つことが出来なくなって、いろいろの悲しむべき間違いが起こって来るようでございます。ことに家庭という狭い一つの囲いの中で、一番気をつけなくてはならない事柄は、少しでも妬《ねた》みの目をもって他の家人を見る人のないように、また他の家人より妬みの目をもって見られる人のないようにすることではないかと思います。

子供の世界にすらも、よくこういうことがあります。兄や姉が何かの事で、ちょっとした小言でもいわれると、妹や弟が別に自分に関係したことでなくっても、何だか面白そうな顔をしたり、上の組が叱《しか》られると下の組の子供がうれしそうであったりします。大きい人が叱られたという無邪気な好奇心からでもありますが、また一つには平生兄さんや姉さんに、幾分か押えつけられるような、頭の上がらないような感じがあるので、その兄さんや姉さんの悄気《しょげ》ることがあると、知らずしらず愉快に思うのでしょう。兄さんや姉さんがほかの子に苦しめられたり、また両親にでもひどく叱られたりする時には、いつも一緒に泣いてやるほどの同情のある子でも、兄にも姉にも負けていないような元気者の弟でも、その身自身になってみると、何といっても年が行かないだけに、兄や姉の知っていることを自分は知らないこともあり、だれさんそうでないよと、一言の下にいわれてしまって、二の句をつげないこともあるので、下になるほどどうしても多少の圧迫を感ぜずにはいられないのでしょう。

ある中学校に大層人望のある、そうしてごく厳格な老校長があって、日露戦争の当時、日本国民はこの際一層心を引きしめて、無益な費《つい》えを省くようにしなければならないという熱心な演説を致しました。そしてその折りにコスメチックというのを幾度も間違えて、バルチックバルチックといいました。生徒はたまらずくすくす笑っても、校長はついに終わりまで心づきませんでした。それからというものは、この老校長の威厳が、生徒の間にまた昔日のようではなかったということでございます。今は故人になったある知名の老婦人は、某女学校に演説に招かれました。そうして大層有益なお話をなさいましたが、中でたびたびミッションスクールの学校ミッションスクールの学校とおいいになったので、それからその学校に、この老婦人を崇拝する人がなくなったということも聞きました。こういうことはちょっと考えると、ただただ長者に対して皮肉なことのように思われるのですけれど、実は子供が兄や姉や大人《おとな》をえらいものに考えるのと同じように、若い人たちも、また大人《おとな》でも、長上《めうえ》の人や何かの事に勝《すぐ》れた人を、余りにえらく考え過ぎるもののようでございます。えらいものに考え過ぎるあまりに、小さな欠点や間違いを見出してもひどく驚いて、今度はまた極端に、尊敬の心を失ってしまうのです。そうしてまたわれわれは、人に劣るということをうれしく思わない感情を持っております。それがために、一方で長者を敬い、勝れた人を尊《とうと》びながらも、それらの人に対しては、平生何となく一種の圧迫と窮屈さを感じているのです。それが一朝《ちょう》つまらない欠点でも見つけると、何となく愉快な気持がするのです。預言者は故郷《ふるさと》に尊《とうと》まれずという諺《ことわざ》の起こるのも、どんな偉人でも豪傑でも、一つ家に住んでいる家人の目には、ただの人間に見えるのも、これらのためでありましょう。人情は不思議なものだと思います。この辺の人情から、家庭において日向の側にある人と、日陰の側にある人とを考えてみることが必要であろうと思います。

家内において羽振りのよい人は、だれかといえば、多くの場合には主婦でございます。主人はもちろん重い人ですけれど、大概は外に出て働いていますから、羽振りのよい主婦に対する家人の不満や陰口は、最も多く私どもの耳にいる事実です。妻の技量を信頼しないで、主人自身家の中の細かなことまで切り盛りするような家では、その陰にかくれて自然に何の権力もない妻は、家人に対して何の恩恵も施すことが出来ません。けれどすべてのことを取り計らうことの出来る権力ある主婦は、どうしても何かにつけて家人のためになってやることが多いのです。それで陰口をいわれるような羽振りのよい主婦の心には、いつでもあの人にはこういう事もこういう事もしてやったのに、何が不足で私を悪様《あしざま》にいうのであろうと、いわゆる飼犬に手をかまれたというような不愉快を経験することがたびたびのようでございます。

極端な例ではありますけれど、私はこのごろ愛読者のお一人から、次の意味のお気の毒な手紙を受け取りました。

……夫にすてられて寄辺《よるべ》のない友だちが頼って来たので、はじめは世話することを好まなかった夫の前を取りなして、あらん限りの面倒を見てやっているうちに、その婦人はいつか自分の夫と懇意になって、済まない事とも思わず、今は外に囲われて、日曜などに連れ立って歩いているのが、自分に知れても平気でいます。特に悪口をいうわけではありませんが、ただ何となく哀れっぽいところがあるというだけで、姿容《すがたかたち》も美しいというわけでも何でもなく、もちろん気働きのある女でもないのに、夫の物好きもあんまりだと、世間に対しても面目なく、口惜《くや》しい日を送っています……

どういう処置をしたものであろうか、またどういう風にあきらめてこの口惜しさを自《みずか》ら慰めてよいのかといわれるのです。どう処置してよいかは分かりませんが、ただ幾分の慰めにもと、この方に申し上げてみたいと思ったのは、前に記したような人情の不思議でございます。

私どもはいつも他人《ひと》に善くないことをされた時には、どこまでもその人が憎くなるのですけれど、心をしずめて考えてみると、むこうの婦人の心の底には必ず十分に恩義のある夫人に対して済まないと思い、また自分自身としても、自分の忘恩の行為を自《みずか》ら歯がゆく思っているに違いないと思います。しかしその憐《あわれ》むべき境遇にいた婦人は、一たび幸福な自分の友だちの夫が、わが目の前へ差しのべた誘惑の手を見た時に、どういう気持がしたでしょうか。よくないよくないと思いながらも、弱い彼女はついにその手を払いのけることが出来なかったのです。こういう時にでも、その婦人がはきはきとわが良心をたて通すだけの気力を持っているほどなら、何で夫に捨てられましょう。憐《あわれ》むべき人だと思います。

いま一つには、こういう苦しい瞬間時にも、この婦人の心のうちには、友なる夫人の幸福を、我れしらず妬《ねた》む心がひらめいたのでしょう。憐むべき婦人は、かくしてついに罪に陥ったのでしょう。わが良心の要求をたて通すことには、無下に無気力な弱い女の心にまでも、なおそのような恐ろしい働きが隠れているというのは、悲しむべき人間の弱点でございます。考えてみると、他人の心のうちにある劣情のために、大いなる害を被らされた夫人よりも、弱い心にそのような劣情をまで持っている女の生涯こそ気の毒でございます。面目ないというような顔もしないのは、決して少しも面目ないと思わないのではありますまい。何人《だれ》でもよくないことをした時に、飽くまでも済まない済まないと思いつづけることの出来る人は、幸福な人です、そうして偉い人です。わが良心に責められることが深刻であればあるだけ、その人はついに悔い改めに到達するのです。そうして罪から免《のが》れ出た新しい生涯を打ちたてることが出来るのです。「罪をば悔めるその心は神《ちち》よりおくりし賜《たまもの》なり」というほどでございます。普通の人はなるべく罪に目を閉じて、われとわが良心の目から免れようとします。平気らしくしているのは、夫人に対してよりも、むしろ、自分の心に対してなのでしょう。そうしてまた一つには、幸福な人に対する嫉妬心《しっとしん》の凱歌《がいか》ももちろん手つだっているのです。

このように細かな解剖をしてみると、その罪を憎んでその人を憎まずとは、こういう心かということが、少しずつ分かって来るようです。私どもの受けた災難は、そのために減少されることがなくても、こうして向こうの人を恕《ゆる》してやるような、広い心になることが出来ると、それによって私どもは少なからず慰められることが出来るものでございます。

今一つ考えてみたいのは、物好きな男子がいつまでこの女にかかずらわっているでしょう。必ずまた捨てられる時が来るのです。その時にこの女というものがどうなるでしょうか。はじめには、ただ薄情な夫にすてられた哀れな女というだけであったのが、今度はわれから恩義を忘れ操をすてた、普通人《ふつうじん》の仲間には入《い》ることの出来ない女になって、広い社会に突き出されてしまうのです。暗い暗い堕落の門が、淋しい彼女を待っているほかに、私どもは彼女の前途に何ものをも見いだすことが出来ません。彼女自身の蒔《ま》いた種子は、やはり彼女の自身が刈るのです。そこに思いを運んでみると、またその上にそういう人を憎もうとは、思えなくなって来ます。

たとい数人の家族と二、三軒の親戚《しんせき》とを持っているわれわれでも、その中に多少の勢力を持つほどの位置でありましたなら、さまざまの場合のために、常にこれほどの寛大な気持は養っておかなければなるまいと思います。そうしてことに大切なのは、出来るだけ他人の嫉《しっ》視《し》にあわないように、悪感情を買うことのないように気をつけることでございます。

私どもの知人の中に、四、五人の子供を持っていながら、みな出来が悪いので、安住する家もないというような気の毒な老人があります。そしてその人の姪《めい》に夫と共に商売してめきめき身代が出来上がり、今は未亡人になって、いわゆるお山の大将で内と外とに采配《さいはい》をふっている人があります。不運な叔母に心から同情して、あって重宝な年寄りだから、私のほうに来て下さいといったので、しばらくそのほうに結構な扶養をうけていましたが、近ごろになって厄介《やっかい》になるのも辛《つら》いから奉公にでも出たいといって、無理にその家を出たということです。だんだんに聞いてみると、姪の後家さんが「こんなに大勢に食わせるのですもの」ときどき人にいうのを聞いて、どうしてもいたくない気持になったのだそうです。

この未亡人の老人に対する親切心《ごころ》は、だれの目にも明らかな事実ですから、前のような話は、ほんの自分の技量に対する無邪気な自慢話に過ぎないのであろうと思われますけれど、権力者の一言は、善悪ともにこのように家人の耳には重大に響くのです。そうして一言の聞きにくかった言葉ばかりが相手の全心を支配して、千日の好意をも一時に忘れさせてしまうかと思うようでございます。世話をしてやった人などが、思いがけなく自分を悪様《あしざま》にいうなどは、大抵このようなところから来るのではないでしょうか。相手の得手勝手は別として、自分にも確かに不注意の責《せ》めはあると思います。

終わりに家庭における目下や、また余り得意でない位置にいる人に考えてもらいたいのは、神様は、一つも私どもに無用のものをお与えになってはいないということです。人をうらやむ心も有用なものです。嫂《ねえ》さんによい着物が出来たといって、若い妹のうらやむのは、自然な愛らしみのあることであります。そうして若い人びとは、かかる刺激のあるたびに、自然と奮発して幸福な人になりたいと思うのです。ただうらやんで知らずしらず悪感情をもつような暗いほうに走るのは恥ずかしいと思います。長上《めうえ》のもののしたことや、いったことを不満に思うときに、ただただそのことばかりを考えてみるのは賢くない仕方です。私どもはとかく不断に供給される日光や空気の価値《ねうち》を忘れる傾きがあります。あらん限りの力を尽くして養い育ててくれる親よりも、たまに優しくしてくれる他人の親切がうれしかったりするようなこともあります。与えられた長い間の幸福と、一朝の不平とを差し引いて、帳消しどころか、不平のほうを心に残すというような間違った勘定をしないために、不平のある時は、ことに心を落ちつけて、相手の美徳と好意とを考えてみるようにしたいと思います。

権力あるものは慎み、従う側のものはまた常にこのように心がけ、且つ各々《めいめい》に己《おの》れ自身の前途に楽しい希望をもって進むように、ことに一家の中枢となるものは、家人をして各々《めいめい》に希望ある生活をさせるように気をつけましたなら、日陰と日向の調節がほんとうに行届いて、家人はことごとく得意で暮らす楽しい家が出来あがるわけだと思います。

（大正二年二月）

# 家人おのおのを顧みよ

一家における主婦の責任を二つに分けて考えてみましょう。一つは家庭そのものに対する責任で、他の一つは家人の各々に対する責任でございます。家庭そのものに対する主婦の責任は、ここに改めて申し上げるまでもなく、すでに皆様が十分に感じておいでになることでありますけれど、家人の各々に対する責任は、ややもすれば忘れられていることがあります。大体においては、家庭をよくすることは、やがて各家人を幸福にするものに違いないのですけれど、各自の天分も境遇も皆それぞれに異なっていますから、主婦たるものはただ家庭ということだけを頭において行動していると、時として不平をいだく家人も出て来るのでございます。ことに夫婦と子供というような単純な家庭でなく、老人や弟妹の同居している所ではなおさらでございます。それはつまり主婦の心が家庭そのものにばかり注いでいて、家庭内の個人について一人一人に考えてやるというところまで至ってないからのようでございます。家庭はこれを楽しくすると同時に、すべての点に進歩させることが最も大切であるように、各家人に対してもやはり満足せしめつつ、その天分を発達させ、人格をよくすることを理想として、親切に導かなくてはなりません。

そうするのには、どうしたらよいでしょうか。ある人は家人になるべくよい食物を与え、出来るだけ勤労を少なくしてやることが、家人を満足させる唯一の方法であると思っております。けれどもこれはあまり人を動物視した考えです。人である以上だれでも決して食べることと気楽なことばかりに満足するものではありません。そういう物質的のことよりは、むしろ意義ある勤労に満足するものです。人の勤労をいとうように見えるのは、全くその勤労に意義のない場合か、過度な場合か、またはその心の至らないためにその勤労に意義を見出すことが出来ないときに限るのです。主婦たるものは深く考えて、無意義な勤労を家人の上に課しないように、そしてまたとかく日々の勤労の意義を見出すことの出来ないものには、丁寧に教え導いてこれを分からせるようにしてやらなくてはなりません。人類のすべての進歩と幸福の意識とは実に健全無欲な勤労より来るのです。主人には主人の勤労があり、主婦には主婦、老人には老人、雇人には雇人の勤労があります。人各々出来る限りの力を尽くして、その職分を尽くすことの如何に楽しきかを知り、家人のすべてが少しでも勤労の多からんことを希望するまでにしてやりたいと思います。家事の都合のほうからばかり割り出して、人に働いてもらおうとすれば、それはむつかしいことですけれど、勤労は各家人の幸福なのだから、是非とも楽しんで働くようにしてやるのは自分の責任である。それにはなるべく各人の得手な仕事をいいつけること。不得手なことは親切に教えてやって、きょうより明日というようにその仕事に熟練させるようにすること。職分に忠実なことは、どんなに幸いかという自覚を持たせるようにすること。また伸ばすべき天分や矯《た》め直すべき性質を持っている若い家人のためには、その天分を伸ばすのに、またその性癖を直すのに、最も都合のよい境遇に置いてやるのが、自分のその人に対する一番大きな責任であることを考えて、家庭の事情のゆるすかぎり、その当人のために経営してやらなければなりません。おのおのの主婦が家人に対し、これだけの誠心《まごころ》があったなら、よしその家庭が不如意であって、家人のために思うだけの便利を与えることが出来ない場合にも、決して家人に不平などの起こることはなく、むしろ不如意な中で、なおかつ家人を顧みる主婦の好意に感謝するであろうと思います。

（明治三九年一一月）

# 過失に対する考え方

一

私たちが過《あやま》ちをすると、その大小にかかわらず、必ず他人に損害をおよぼすか、あるいは自分を害するかした上に、さらに過失相当の不名誉を着なければならないので、どんな人でも過ちはしたくないものだと思います。過ちをしたくないということは、もちろんよいことであり、忘れてはならないことですけれど、その過ちを悪《にく》み厭《いと》う心持から、また実に非常な過ちが沢山に生まれているのは、悲しむべき事実だと思います。

きょうの洗濯物はあまり奇麗になっていないといわれたときに、正直な心持で、そうでございましたかといい得るだけの余裕のある人は、よほど稀《ま》れではないかと思います。ことに自分では骨折ったつもりであったけれども、なるほどあまり奇麗になっていないのは、洗い方が間違っているのか、仕上げが悪いのかと考えてみるというまでの、寛《ひろ》い心を持っている人は、一層稀《ま》れのようでございます。

教育のない人たちなどは、自分の過失について少しでもいわれることを、すべて叱《しか》られると考えて、なるべく隠そうとしたり、済まなかったと思うあまりに、そういう済まないことをしたのは自分でございますとはいい得ずに、つい誰さんもそれがよかろうといったものですからといい、また誰さんがそうなさいといいましたからなどと、責任の半分か、時とすると全責任を他人に嫁するというようなこともあります。ことに勝気な質《たち》の人などになると、過《あやま》ちのあったたびにいろいろと言いわけをして、過ちをしたのは当然だというように是非他人に思ってもらおうとします。よほど無邪気な子供ですらも、鋏《はさみ》をここに置いたのはお前かといえば「今ちゃんとしまおうと思っていたの」といったり、あるいはただ自分の過ちを恥じるばかりで、使ったものを元の所におかないと、家中が混雑するのだという、その過失のほんとうの責任にはほとんど思いおよばないようでございます。

私たちが過失《あやまち》をしたということを苦痛に思って、なるべく過ちをしないような風をしていたいと思うのは、遠い遠い昔から人間の著しい遺伝になって今におよんでいるように思います。それですから、世俗的に賢い人は、他人が罪を犯したことを知っていても、知らない顔をしています。罪を重ねつつあることを見ていても黙っています。そうして他人の罪をも不問に付する代わりに、自分の罪過をも黙認してもらおうと思っています。味方というのは、互いにほんとうの意味で信じあう仲間ではなしに、相互いに他の弱点を知りあっている仲なのです。自分の政見を人に賛成してもらうということは面倒ですから、手っ取り早く買収しようという人があれば、買収しようとする人があるのだから、買収されても差しつかえはないと思い、買収されたがっている人があるのだから、買収しても差しつかえあるまいといったようになって行きます。

人は誰《だれ》だとて、いつでも善いことをしたい悪いことはしたくないという願望《ねがい》を持っているのですけれど、人の心を動かして事をするのには、非常な努力と忍耐がいるために、知らずしらず手っ取り早くいろいろな目に見える利益を与えては人を誘い、仲間をつくっては、またそれからそれと、そうした手っ取り早い手段で仕事をして、お互いに人の罪過を隠してやることが、同時に自分の罪過を隠すことになり、互いに知りあっている弱点が重なれば重なるほど、頼もしい味方ということになってゆきます。だから今日の世の中では、徹頭徹尾潔白な手段ばかりを取っていては仲間がなくなる、従って仕事が出来ないと思っている人さえも多くなっています。私たちの過ちをきらう心は、罪を犯さないことのためには用いられずに、かえって自《みずか》ら罪を重ね、人にも過ちをさせるために使われています。

われわれの日々《にちにち》には皆多くの間違いがありますから、それをどうしても、自分の恥とし過ちであるといいたくないと思えば、やはりいろいろに彌縫《びほう》しなくてはなりません。彌縫というものは小さなことでも、決して純な心持と、正当な手段とでは出来ないものにきまっているのです。

女中が朝のご飯の不加減に出来た時に、自分の落度だとそれを思いたくない、人にも思わせたくないと思えば、どうしてもお米に罪をきせたり、肝腎《かんじん》の時に用事があったからだといったり、人が聞いても、自分自身が考えても、無理な腑《ふ》に落ちないような理屈をいわなくてはならないことになり、そうしてそれを人が有理《もっとも》と聞かないような顔色でも見えると、癪《しゃく》にさわったりします。つまらない言いわけをしているなと思っても、そうだったろうねといってくれる人をよいと思って、女中が女中の手で出来る相当な利益を、すぐにその人に与えようと思います。こういう呼吸で女中を使うのは、最良の方法だという人もあり、奥さんと女中とがこういう風にしてかばい合うことを美しい情誼《じょうぎ》ででもあるように思っている人もあるようですけれど、これは欲に目のない人を買収して自分の味方に引きつけて、そうして仕事をしようという仕方と同じことです。そうして自分のほうでも、すでに女中にそうした私恩が被《き》せてあると思うと、ついわがままもいえるという心持になるのは人情の弱点です。相互いに過《あやま》ちをかばいあって、相互いにわがまま勝手をする余地をつくることの上手な人を、今の政治界でも実業界でも教育界でも、そうして家庭ですらも、手腕家といっているのではないでしょうか。

過ちをしておいて、それを過ちとして承認したくないという心持は、決して過ちを恥じ憎み、これを改める心ではなく、かえって過ちに親しみ、また次の過ちをつくり出す心であって、人の過ちをかばう心は、自他の徳を樹《た》つるのではなく、かえって自分と相手方とを次の過ちに落として行く道であります。過ちをかばいあって妥協してゆこうという社会と家庭は、実に禍《わざわい》だと思います。

## 二

前のように過ちを過ちとして認めたくないという心持は、過失に対する思いの中で最もよくないものですが、次には自分の過失を認めて、そうしてそれを謝りさえすれば、過失に対する責任が、とにかく果たされたように思う思想があると思います。

ご飯の加減の悪い時には、ほんとうに済みませんでしたといえば、それでもうご飯を不加減にしたということが、すっかり帳消しになってしまったように思っていることです。しかしまずいご飯を炊いたということと、自分はそれで済まなかったと思って、断わりをいうということとは、二つの別々の事柄です。断わりをいったといっても、まずいご飯を炊いたという事実は消えません。そうしてその事実は、家中の人に一日まずい思いをさせるという結果を生むのでございます。

事柄が重大になって来ると、前のように、過ちをしても謝りさえすれば済むというふうの考えをしている人も、さすがに自分のしたことの結果のあまりに大きいのを悲しんで、どうしても生きてはいられない、命を捨てて謝罪しようという気になることがあります。面目ないと思う心の深いのは感ずべきではありますけれど、やはり自分の命を捨てたら罪の償いが出来るように、それで過失の責任が解除されるように思っている点においては、まずい料理をこしらえておいて、あやまりさえすれば万事帳消しになると思っているのと同じことだろうと思います。他に対して思いがけない罪を犯して、命を捨てて申しわけをするといっても、よく考えてみると、自分の犯した罪の結果は厳然として残っているのです。ただ生きながらえて、その戦慄《せんりつ》すべき罪の結果を見ることを、自分ばかりが免れたに過ぎないわけにならのです。ことにだれにしても、自分の周囲の人びとに対する、境遇上の責任のない人はないわけですし、万一全くの孤独者であるにしても、めいめいの生涯には、それぞれしなくてはならないことがあるのに、そうした自分につきまとっている責任をもすて、自分の犯した罪の結果からも目を閉じてしまうということは、重ねがさねの無責任です。人間の生きたいという大きな欲望をもすてて、ひたすらに面目ないと思う心を現わしたいという、その衷情《ちゅうじょう》に対しては、限りない同情を持つことが出来ますけれど、それが犯した罪をどうすることも出来ないのは事実です。犯した罪の償いにならないばかりでなく、自分の他の数々の責任を放擲《ほうてき》したという、さらに重大な罪悪を重ねる結果になるのです。

三

どうしたら、めいめいに過失のあった場合に、それを償うことが出来るでしょうか。私はどう考えてみても、一旦犯した過失を取り返すという方法は、絶対にないように思います。

一旦過《あやま》ちをすれば、絶対に取り返しのつかないものならば、決して過失をしないように、気をつけるほかはないのだと思ってみると、またそれも絶対に不可能なことです。私たちは、朝から晩までどんなに気をつけたといっても、大小の過失なしに半日でも過ごせるものではありません。悪かったと自覚する程度の過失さえも、続々として私たちの思いや行ないの上にあらわれて来るほどです。気づかずにいる過ちや、知恵も力も足らないために、よいつもりで間違ったことをしていることなど、人間というものは、ほとんど過失の中に生きているようなものです。過ちをしない、恥をかかないで世を渡ろうとする人の生涯は、全然過ちであり恥であると、たしかブース大将の言《ことば》であったように思います。間違いをしないためには、何もしないでじっとしているよりほかはありません。また何も彼も世間並にばかりしていたら、世間の人の目にはこれという間違いもなく、恥をかくこともしないで、一生を終わったように見えることもあるでしょう。しかしそうした生きているのか死んでいるのか分からない、影の薄い一生は、過ちの一生恥の一生だということになるのです。

私たちの才能には大小があります。従ってこの世における仕事の領分にも、大小のあることはもちろんでありますけれど、与えられた大小の領分の中で、私たちは精一杯の思いを尽くし力を尽くして生きなければならないのです。ほんとうに自分の思いと自分の力で生きようとする人は、人一倍過ちの多い日を送るでしょう。しかもその生涯《しょうがい》は誤らない生涯になるのです。私は私たちの過失をこう見るのが至当だと思っています。

私たちは自分の天分を十二分に発達させ、発揮させるためには、そうして自分の生《いのち》を完成し、同時に出来るだけ人のためにもなるのには、どうしても、自分の現在の思いを実際にあてはめてみることに努力して、そうしてそこに幾多の過《あやま》ちを見出しつつ、過ちから知恵を見出しては、さらにまた実行して、またその長所と過失とを発見しては、少しずつ進歩してゆくことによって、知らずしらずの間に、われらの生《いのち》が力強くなり、ほんとうに生きている気持のするものになって行くのです。世の中に完人《かんじん》なく、私たちの思いに間違いのあるかぎり、力のおよばない所だらけであるかぎり、私たちはきのうもきょうも、自分に対して済まないことをし、子供に対しても間違った教え方をし、それが一々自分を損《そこな》ったり子供を損ったりして、私たちの過失の歴史が常に現存していても、それは正直に自分の生《いのち》を完成したい、自分の責任を尽くしたい尽くしたいと考えて歩んでいる道の間違いであるならば、天の許しを受けられる間違いです。罪の結果が消えてしまうということはなくっても、罪の結果はあるままで、われらの罪は許されてゆくように思います。

神様が人の過ちを許して下さるならば、罪の結果もぬぐい取って下さることは出来ないものかと思われますけれど、私たちが子供に悪い教育をしていたと気がついた時に、そうしてそれを心から悔いた時に、その悪い教育が子供に与えた影響も消えてなくなってしまったら、私たちは何によって、ほんとうに深く深く子供にこういう仕向けをすれば、こうこうした結果があるものだということを経験することが出来ましょう。

過失の結果が歴然として私たちの目《ま》のあたりにかかっているために、私たちはどうしてそれをよくして行こうかということを、適切に考えることが出来、考えて実行して、それにもまた過ちがあると、またその結果が鮮かに見えるので、私たちはまた考えなおすことが出来るのです。過失の結果が、どうしても消えてなくなることのないのは、考えてみるとわれらの進歩の道案内《みちしるべ》です。私たちは忍耐して、自分の過失の結果を熟視しなくてはならないのです。なお消えてなくならないものは、私たちの過失の跡ばかりでしょうか。私たちの善事のあともまた同じことです。過失の跡をぬぐい去ることが出来ないように、善事のあとをもぬぐい去ることが出来ないのです。私たちの正しい努力の結果は、また明らかに私たちの目の前にかかって、絶えずわれらを励ましております。恵み多き人生であると、私は思わずにいることが出来ません。

四

私たちはこういう意味で、自分の過失に対すると同時に、人の過失にも対したいと思います。女中がまずいご飯を炊いた時に、さほどでもないよと、心にもないきげんをとっておきたくはありません。どうかしてその失敗の経験が無益になってしまわないようにさせたいのです。しかも人に過ちのあるのは我も人も同じことです。どうしてきょうはご飯を悪く炊いたのだというような、無暗な心持で女中を責めることが出来ましょう。

人にはみな過ちがある、一日まずい食事をさせられても、腹を立てべきでないという寛大と、他人のよくないことを見て見ない振りをして、やがて自分の過ちも見のがしてもらうようなことになる、野合的の寛大とは、また実に雪と墨《すみ》ほど違っています。私たちは自分の過失をごまかしたり、彌縫《びほう》したり頭を下げて帳消しになったと思っていてはならないように、他人の過失に対しても、見て見ぬ振りなどするのはよくありません。故意によくないことをした人があるならば、これに関係あるものは、適当な方法によって、その人にその罪を認めさせるように尽力しなければなりません。私たちは一家の人としても、社会の一員としても、ぜひともこの心掛けが必要だと思います。

（大正四年九月）

# 主婦と修養

西洋のある種類の婦人のように、自分の快楽を主とする交際外出に忙しく、夫や子供が始終寂しく留守番をするようなことは、もちろんだれもよいとは思いません。夫は必ずその妻が、家に居て自分を待っていることを信じて帰路につき、学校帰りの子供たちも、おやつは母様《かあさま》にもらわれるものと、あてにして帰れるという日本の家庭は幸福でございます。ただ一つわれわれ主婦の深く反省しなくてはならないことは、家内の日々の事務《つとめ》の中に全く自分を没してしまってはならないことです。いわゆる家事にかまけてしまって、全く自分というものを忘れてしまうのは、ちょっと考えると、ほんとうに身を献じて家庭を愛するという、美しい婦徳と同じもののようですが、その実大層な違いだと思います。犠牲といい献身という語《ことば》はとかく消極的にのみ解釈されやすい傾きをもっているようですが、よく考えてみると、決してそうではありません。自分のどんなに熱望していることでも、夫や子供の幸福と相容《い》れないことがあれば、断然思いとまるというようなことも、もとより立派な犠牲の精神ですが、それと同時に、夫や子供の幸福になることならば、自分に出来にくいことでも是非するということが、またやはり積極的方面における犠牲の精神でございます。私ども日本婦人には、前者はむしろ出来やすいのですけれど、後者は実にむずかしゅうございます。外出もせずに家を守っていることは出来ますけれど、家庭の進歩発達に向かって直接に益をなすというほうは出来にくいのでございます。

家庭の進歩向上のために、主婦としてなすべきことは、家により場合によって違うはずですが、最も手近で、そしてまたどのような家にでも、どのような場合にでも大切なことは、主婦自身の修養だと思います。私どもはややもすれば、夫の身のまわり、子供の養育、日常の家事などに没頭して、二十歳《はたち》で嫁入りをしたものが、いつの間にか二十五になり三十になり、赤ん坊であった子供がやがて十二、三にもなると、母親よりはかえって博識《ものしり》になってしまって、さまざまの新知識をあべこべに子供のほうから授けてもらうようなことは珍しくありません。それは子供が発達したのだと考えてしまったらうれしいわけでありますが、子供が発達する間に、自分が退歩したのです。子供に物を教わるような母親は、子供の尊敬をうけることが出来ましょうか。子供に尊敬されない親には親たる責任を尽くすことが困難です。そういう母親は、果たして夫の相談相手となることが出来ましょうか。社会の一分子たる家庭の主婦として、世の進歩におくれないように、真実一家を仕向けて行くことが出来ましょうか。真に家庭を愛する主婦は、どんなせわしい中にでも、決して自身の進歩を計ることを忘れてはなりません。そして、私ども主婦たるもののために適当な修養は、目下の場合どのような方法によって、最もよくなし得られるかということは重要な実際問題でございます。

すでに家を持ち子を持った婦人の、最も主な修養の方法は、読書と交際と、主婦に相応した公共的働き、これらのものではないかと思います。

一、新聞雑誌と読書　読書のほうは多く各自の実力次第でありますが、ただ毎日の新聞だけはどんな人にも読みやすく、また何人《なんびと》にもごく必要なものですから、是非一種《いろ》の新聞は、日課として目を通したいものです。そうするとあるいは政治について経済について、分かりにくいところが多くあります。そういうところをすてないで、その了解出来なかった事柄について、一つでも二つでも、夫または他の適当な人にでも、機会《おり》を得て話してもらったら、確かに一と月二た月とだんだん理解力がついて来て、半年もしくは一年も辛抱するうちに、現在の社会百般の知識と状態が、よほど明らかに私どもの頭脳《あたま》にはいって来るでしょう。雑誌もやはり粗末に多読するのは害になります。むだのない雑誌を選んで精読するほうが時間もかからず、またほんとうに頭の養いにもなりましょう。それ以上の力ある方々は、日々少しでも時間を定めて、自分の好む種類の書物をお読みになることが大切だと思います。私自身の経験によれば、よい本を読んで、毎日少しずつ研究的に精読して行くならば、一冊の書物でも随分長く楽しむことが出来、かつ益を得ることが出来ますから、本代も月に割りあてるとわずかで済みます。

**二、主婦読書会**　主婦が家庭で以上のように読書するとすれば、また知りあいの間で主婦読書会をも設け、いろいろの本を比較的ひまのある読書力のある人がくわしく読んで、定時もしくは随時に会を開いて、読んだ人がその本の大体を話して、お互いに益を得るという組織のものが欲しくなって来ます。

**三、家庭的往来**　ここに交際と申しますのは西洋のいわゆる社交といわれているような出歩きではありません。ただ三、四の家族が申し合わせて、代わるがわる簡単な晩餐会《ばんさんかい》でも開き、時には遠方から帰った友人とか、あるいは新たに得たよい友だちとかを招待して、互いに面白く談話するとか、あるいは学校の友だちのある方々ならば、年に一度なり二度なり旧友の茶話会でも開くとかいうことにしたいのです。家族以外の人と話す機会といえば、明けても暮れても、魚屋八百屋たまに呉服屋ぐらいで、一年中過ごすというような有様にくらべて、どんなに各々《めいめい》の進歩を促すことでしょう。このことは早くから考えておりますが、万事不行届きのため、私ども自《みずか》らもまだ実行しておりませんけれど、もっと広い家にでも移ったら、是非とも早く実行したいと思っております。

**四、公共的の働き**　主婦はもとより忙《せわ》しいものですのに、さらに以上のような読書もし、往来もするということになると、一層時が少なくなるわけです。けれどもその忙しい時の幾分をさいて、たとえば一と月に一日でも、また二ヵ月に一日でも、他人のために働くということは、社会に対する義務でもあり、また自身のためにもなります。この節ならば、折のある時、間近の貧しい出征軍人の家族をでも見舞ったら、その家族に幾分の慰藉《いしゃ》を与えると同時に、いろいろの活きた教訓を受け取ることが出来、かつ社会《よのなか》のいろいろの有様をも知ることが出来ます。孤児院その他の事業に金品を寄附するにしても、折々見舞ってその事情を知っているほうが、少しの物でもためになる贈り方をすることが出来ましょう。一つには家内にばかりいるせいでもありましょうが、婦人はとかく手前勝手な考えを起こしやすいものです。よい折を得て特に他人のためを思うこと、他人のために働くこと、それはほんとうにどんな人のためにも必要なことでございます。

（明治三八年四月）

# 家庭と金銭

私どもはいつもわが中流の家庭に向かって、質素倹約の大切なことをお勧めします。しかしそれは金銭その物が貴《とうと》いものであるから、なるべく金を費《つか》わないようにという心でもなく、また私どもの家に多くの財産の出来ることは、家族の幸福を増す所以《ゆえん》であると思うからでもありません。ただわが国の中等社会は、余りに無資力で、清らかな慰楽《いらく》や高尚《こうしょう》な趣味の満足をはかるなどの余裕はもちろん、衣食住のよい設備もまだ十分に出来ていないからです。つまらない所に見栄《みえ》を張ったり、あるいは暮らし方にむだをすることがないようにして、追々にわが中流の生活を質素健全な意味において、乏しくないものにしたいと思うからです。

以上の望みを達するためには、決して巨万の財産はいりません。世にたつ一人前の才能を有し、勤勉で無駄なしに暮らすことさえ知っている家庭であったら、格別の不幸に出会わない限り必ず出来得べきことなのです。眼前の生活が健全な意味において充実し、子供たちにその天分に応じた教育を施すだけの資力があったら、家庭としては他に一銭の金もいらないと思います。私どもの大切な必要を充たすべき範囲内の金銭こそ、なくてならないものですけれど、それ以上の金は、私どもの怠惰心と奢侈《しゃし》贅沢《ぜいたく》などの不健全な欲望を増長させ、あるいはまた拝金者流の浅はかな羨望《せんぼう》を買い得るほかに、何の効力もないものです。ことに家庭に余分な金銭のあることほど、子供の心を賊《ぞく》するものはありません。溜り水にぼうふらがわくように驕慢な子弟、暗弱な子弟、敬虔《けいけん》の心に乏しい少年少女は、ほとんど富家《ふうか》の産物であります。子孫のために富を積むのは、あたかも禍《わざわい》を積むようなものです。

「だれも、二人《ふたり》の主人《しゅじん》に仕《つか》えることはできない」ということがあります。もし人が拝金の思想に感染し、金銭その物を貴《とうと》び愛する心になったら、知らずしらず自他の人格を重んじ、品位を尚《とうと》ぶような心が薄くなります。そうして金持は何となくありがたく、ルビーやダイヤモンドの指環なしには、自分も人中に出られない気になります。昔も金銭に淡泊なことを、欠くべからざる士《し》魂《こん》の一つとして奨励してあったのは、意味のあることと思います。

だれでも今は自《みずか》ら働いて、生活しなくてはなりません。世襲の封禄《ほうろく》によって生活していた昔の武士の家庭のように、金銭という観念に乏しくあることは出来ません。しかしそれは欠くべからざる必要の範囲内における金銭についてのみ、昔の家庭よりも、ずっとずっと注意を払うことが必要なのです。私どもは、それ以外の金銭にかかわりなきことにおいて、むしろ昔日《せきじつ》の武士にもまさるほどにありたいと思います。

またわれらの生活を支《ささ》える金銭は、清らかでなければならないと思います。今の中流生活は、物質的にもずっと高めて行かなくてはなりません、けれども物質上の生活を充実させることは、何ものよりも大切なことではありません。清らかでない仕事、また真面目でない仕事の仕方で得た金で豊かな生活をするよりは、むしろ不十分な生活に甘んじても、清い仕事をするほうが私どもの家庭の幸福です。何でも金になることをと思うのと、真に自他のためになることをと考えて、各自の仕事を選ぶのとでは、よほどの違いがあります。私どもは物質的にもみすぼらしい生活をよいとは思いません。しかし精神的にみすぼらしい仕事はなお悪いのですから、私どもの家庭には、清くない収入で生活したくないという自重心をもっていることが大切です。現によくない仕事をもっている場合にも、どうかしてよい仕事にうつりたいということを問題にするようにしたいと思います。

次に、これまでのように、独《ひと》り一家の主人にのみ生活の全部の責任を負わせずに、家人のすべてがその労作を家庭に献ずるという考えになることが大切だと思います。母親は子供の時からそのように教え導かなくてはなりません。幼い子供に日取暦をはがさせるのでも、それが家中の人のよい都合になるように、少し大きくなった子供が、朝庭をはき、夕方は雨戸をしめ、男の子が庭に花を植え、女の子が台所のお手つだいをするのでも、自分の属する家庭、愛する家庭によい労作を献ずるのだという、楽しみと責任を感ずるように導いてやるのです。すると大きくなるに従って、多くの労作を自分の属する団体に献ずる心になるのです。このように一家のために出来るだけの勤労を辞せない気風が家の中にみちみちている家庭は、おのずから一家の生活の労力を容易にし、費用も経済的になるばかりでなく、元気と光明とをその中に生活するすべての人の心に与えるものです。こうした家の主人は心強いはずです。反対に大勢の手足まといを引き連れて生活のために悪戦苦闘する人は気の毒です。さらに父祖の遺産に衣食して、主人をはじめ男も女も日を送るに苦しみ、子供たちは女中や書生の手を借りなければ何も出来ないというようなことは本当に困ったことです。

自分自身は独立して世に立つべき資格あり、家人は勤勉にして頼もしく、子女はことごとく独立の気象に富んで有望であると信ずる人にして、はじめて真実に金銭に淡泊な心持をもち得るものでしょう。

（明治四二年七月）

# 金銭に対する理想

すべてのものはそれを利用することによってはじめて本当の価値《ねうち》が出るもので、且つ利用する方法が巧みであればあるだけその価値《ねうち》を多くするものです。例えば庫《くら》の中に立派な沢山の道具を持っていても、用いる機会がなかったら、その道具はいたずらに庫の中をふさぐだけで、ないのにも劣るくらいのことです。けれどももしも一年に一度ずつでもそれを用いる機会があるなら、はじめてそれだけの価値が出たわけです。ひとり物品ばかりでなく金銭もまた同じことで、何ほど金があったといっても、少しもそれを利用することをしなかったなら、その人の持っている金銭には何の価値もないでしょう。またそれを使うにも、その使い方の適不適によって、その持っている金銭の価値がいろいろに違います。ほかの物品と違って貨幣には、あるいは十銭、あるいは二十銭、五十銭、一円、五円、十円というように、明らかにそのものの定められた価値が書き現わされてあるために、だれでも自分の家の一円も、隣の家の一円も同じだと思い、自分の家の十円も隣の家の十円も同じだと思っておりますけれど、よく考えてみると決してそうではありません。卑近な例でいえば、甲の家と乙の家とで、おなじ五十銭の金を支払い、一反の晒木綿《さらしもめん》を買ったとします。五十銭の引き換えに各々一反の晒木綿を手に入れた時には、この二つの家の五十銭は同じ価値《ねうち》であったのですが、その晒木綿を用いるに当たって、甲の家では不注意のために多くの無駄《むだ》を出し、乙の家では少しの無駄もなく利用したばかりでなく、こしらえた肌襦袢《はだじゅばん》も保存法に十分注意が届くために、甲の家よりも倍長く保ったとしたら、はじめに支払った二つの家の五十銭の価値は大層な違いになります。また甲の主婦が直きに壊れてしまう玩具を二十銭でその子供に買ってやり、乙の主婦は同じ二十銭で木製の水でっぽうでも買ってやり、子供が楽しんで日々《にちにち》長い時間をその水でっぽうで熱心に遊ぶので、家中その間は楽に仕事が出来るということであったら、この場合における甲の家の二十銭はほとんど一銭の価値もなく、それにくらべて乙の家の二十銭は非常に価値のあるものになったといってよいでしょう。またある主婦は家人の生活をつめても美服をつくることに熱心し、月々二十円の衣服費を支払い、他の主婦は毎月五円の衣服費をもって、その家人のために分相応の身なりをさせているならば、前の家の二十円は後の家の五円にはるかにおよばないということになりましょう。家庭で金銭を取り扱う私たちは、最もこの点に目をつけなくてはなりません。不注意な主婦によって支配される百円の収入ある家庭は、五十円の収入のある、注意深い主婦の家庭よりも貧乏なのかもしれません。一家の財政の常に裕《ゆたか》であるとないとは、ただ収入の多少にばかりよるものでなく、主婦の金銭を利用する手腕の巧拙によって定まるわけでございます。この事からいってみると、主人が外に出て働き出した収入は、妻の心掛けと手腕によってはじめて価値がきまるので、主人の月給はあるいは百円であるといい、また二百円であるといっても、実際それが家のために何ほど役に立つかということは、別問題になります。お互いに余裕に乏しい中流の主婦は、この心掛けをもってただ一つの銅貨でも、十分に役にたつような使い方をしたいものです。

なお金銭の貴《とうと》いのは、それによって私どものいろいろの必要を満たし、便利と幸福とを購《あがな》い得るからです。金銭そのものが直《ただ》ちに貴いというのではありません。たとえば医者を頼むことが出来ない病人や、金のないために立派な頭を持ちながら勉強することの出来ない人のためには、金ほど貴いものはありますまい。しかし金のあるために多くの雇人を置いて、運動不足のために身体も弱くなり、頭も愚かになる人のためには、金ほど悪いものはありますまい。近来世間の風潮が著しく物質的になり、われわれの家庭においても知らずしらずその余毒をうけていると思います。金銭を最も上手にむだのないように使う工夫をするとともに、必要以上に金銭を貴《とうと》ぶことをやめて、拝金思想を私たちの家庭から駆逐したいものです。

つけて考えなくてはならないことは、富める社会ということです。私どもはよく勤労し、よく節約し、皆少しずつでも社会に余財を献じて、私たちの住む町によい学校をほしいものです。よい公会堂、よい産院、病院、よい図書館、よい公園、よい倶楽部《クラブ》、よい運動場、よい消費組合、よい研究所、よいホテル、ほしいものはいろいろあります。すべての人がよく働いて相当の収入を得ることが出来、その金を上手に使って余裕を見出し、そうして皆が協力して、以上のような機関の十分に備わっている社会をつくり、多くの人たちがまた誠心《まごころ》をもって、その各機関をほんとうに親切に皆の役に立てて行ったら、どんなによいでしょう。そうなると、はじめてほんとうの各人の家庭に、全然余財を持つことなしに、安心して生活することが出来るのです。

（明治四〇年八月）

# 誇る心と恥ずる心

自分の才能や持物の多いことに誇る心と、わが才能やそのほかの持物の少ないことを恥ずる心と、それがまた一つの大きい問題になります。

婦人は男子に比べて一層に、自分の富を誇ったり、また自分の乏しさを恥ずる心が深いといわれています。大概の集まりでも、服装の立派な人は立派な人同士一群れになり、そうでない人々はまた相集まっているようです。たまに質素な服装をした人が服装の立派な人々の間にはさまれてすわることがあると、中の一人をおいて、両端の二人ばかりが話しているようなこともあるといいます。このような批評はもとより例の皮肉と思います。けれどもまたそれと同時に、私ども婦人の交際集会の間にそのような傾きが決してないといいきるわけにも行きません。そうして人は多く、富んでいるほうの人の高ぶっていることばかり悪くいうようでありますけれど、自分の家に財宝の多いこと、立派な着物が沢山にしまってあることによって得意になり、自分自身のほんとうの価値《ねうち》が、一体他の質素な外形を持っている人に何ほどすぐれているか、いないかということに心づかないのが残念なように、みだりに自分の持物の乏しいのを恥じて、始終肩身を狭くしていることも、同じ程度に残念なことだと思います。私たちは持物の多少を気にかけますまい。人そのものの価値に何ほどの関《かか》わりもないのです。持物の多い人と少ない人と、この二種類の人が一つ所に集まるときに、その間の交際の無邪気にゆかないのは、ただ驕《おご》る人の罪ではなく、肩身を狭くするほうにも、同じだけの罪があるはずです。持物の乏しいことに肩身を狭くする人は、もし富むことを得たときには、必ず驕る人になるわけです。富に驕るのも、乏しさに恥ずるのも、共にわが持物ということを常に念頭に置くからのことです。私どもは是非とも持物などの多少によって他人をも評価せず、また自分をも評価しないほんとうに平民的な人になりたいと思います。そうして最も平民的な人は、同時に最も鷹揚《おうよう》な、そして最も上品な人だと思います。

また私たちは物質的な持物ばかりでなく、いろいろな精神的の持物をももっております。またその持物にも多少があります。ある人は多くの知恵を持ち、ある人はすぐれた趣味を持ち、ある人は強い意志を持っています。またそれにくらべて、乏しい知恵と学問と、乏しい徳とを持っている人もあります。物質的の持物の多少に誇ることは恥ずべきことで、精神的の持物の多いのに誇るのは理由のあることでしょうか。わが知恵の多きに誇り、わが学問の深きに誇る人も、また自分の才気のないのを恥じ、見聞の浅いことを恥ずる人も、前の物質的持物の多少を、とかく念頭に置く人びとと、その心情の高下において何のちがいもないのだと思います。

人の価値《ねうち》はまことに複雑なものです。聖書にある、富める人とその門にいたラザロの話のように、人の賤《いや》しめている乞食《こじき》の群れにも、あるいは天国に入る価値のある人がいるかもしれず、また何人の目にも立派に見える人のなかにも、神の最も好み給わぬ人があるかもしれません。自分の価値は自分も知らず、他人も知らず、ただ神のみまことにこれを知り給うのであります。我こそは智者だと自任している人が、かえって一番愚かな人かもしれません。自分の持っている心の玉に思いおよばず、自分ほど愚かな恥ずかしいものはないと卑下している人もあるでしょう。わが知恵に誇る人は高慢であり、自分に貴《とうと》い賜の備わっていることを知らないで卑下している人は、ついにはその賜をも失うことになりましょう。私どもはみだりに人を評価することを慎むと共に、またみだりに自分を評価することも恐れなくてはなりません。

私どもは物質的にも精神的にも、その持物の多少に誇らず恥じず、毎日わが分を尽くし、富める人をも愛し、貧しき人をも友として、無邪気に心安くこの世に生きて行きたいと思います。

（明治四〇年一二月）

# 勝気と強情

俗に勝気というのは、男にも女にもよくある性質で、半ばよいような半ば悪いような意味に用いられております。すなわちどうしてなかなか気が勝っているからというように、ある時は意気地《いくじ》なしの反対の意味に話されて、その人の勇気を認める言《ことば》になりますが、ある時は自分が現在間違っていても、素直にそうでしたかと、人に服することをしない、偏狭な負惜しみの意味に用いられる言《ことば》であります。

しかし一体に「気が勝っている」という言《ことば》は、さほどよくないことでなく、むしろ一種の誇りのように考えている人すらもあるほどですが、実際は勝気は愛の正反対です。自他を傷つけること、これほどひどいものは少ないでしょう。

勝気の弊害である負惜しみの方面は除いておいて、そのよいと思われている勇気の方面についてのみ考えてみても、勝気から出る勇気は負けたくないという意地です。負けたくないというのは、自分のわがままに負けたくない、自分に罪を犯させる悪い欲望に負けたくないということなら、実によいことですが、勝気の人の負けたくないというのは、他人《ひと》に負けたくないということです。他人《ひと》に負けたくないという心は決してよいものでありません。かえって種々の汚《きた》ない心のもとだと思います。他人《ひと》に負けたくないということを、裏返していえば、他人を負けさせたいということです。自分一人第一の勝利の位置に立ち、他人はみな少しでも自分より下の位置にいてほしいのです。実に利己的で愛情のない、敬虔《けいけん》の心とは一番縁の遠いものでございます。

強情は勝気の副産物です。良心の奥底には自分のよくないことを認めていても、強《し》いてみずからよいと思っているような顔をして、かれこれと負惜しみの理屈をつけるようなことが、一度より二度、二度より三度とたび重なり、さらに若干の年月を経るうちには、他人に対する負惜しみの癖が一層頑《かたくな》になるばかりでなく、ついには自己の良心をも圧迫して、だんだんにその勢力を弱め、さきには負惜みをいいながらも、さすがに内心幾分の恥を感じたものが、追々ほとんど平気で道理に合わない我意を主張するようになります。われわれの良心の鈍くなるというのはわれわれの人格の行き詰まることです。自由な気持と境涯を天国というならば、行き詰まりは地獄です。私たちは是非とも負惜みをすてて、正直な心に帰りたいと思います。他人の前には強情を張り通しても、自分の良心に恥ずることは、決して勝ちにはなりません。むしろ、一時他人の前に屈しても、わが良心の命ずるままをなし得たならば、それこそ本当の勝ちでございます。

他人に負けたくないという気がなくなったら、意気地《いくじ》なくなりはしないか、心に励みがなくなりはしないかと思う方があるかもしれません。なるほど他人に負けまいという心を唯一の奮発の動機としている人には、この思いをなくしたら、励む心はなくなるかもしれません。けれどもそういう意地張りではない、ほんとうの奮励の動機はほかにあるはずです。

その奮励の動機とは何でしょうか、他人に勝とう、他人に負けまいというような自分と他《ひ》人《と》との区別は忘れ、ただただ善のために悪と戦うという決心をするのです。自分の持っているよい性質と他人の持っているよい性質とは同じもので、自分の持っている悪い癖と他人の持っている悪い癖とは同じものです。私どもは人類一般の幸福のために善をすすめ悪を滅ぼすために、まずわが心の中にある悪を滅ぼさなくてはなりません。一人でも悪に勝つ人が余計になると、それだけ世界に善の力が加わったのです。反対に自分一人でもわが内心の悪に負けるのは、それだけ世界に悪の勢力を加えるのです。私どもは切にこの事を考えて、わが貴重な魂に対する責任と、他人の幸福とのために、大いなる勇気をもってつねにわが心の中の悪と戦い、自《みずか》ら善にすすみつつ、わが周囲にもおのずからそのよき感化をおよぼすことを努めなくてはなりません。これこそ真の意気地《いくじ》ある人というべきでしょう。くれぐれも私どもの心の中から、利己的の意地を追いのけ、広く高い勇気をもってわが奮発の動機としたいものです。

因《ちな》みに意気地なしとは、自分のわがままや強情にまけて、常に他人前《ひとまえ》の体裁や、浅ましい負惜みのために、自分の良心をくらまし、日に日に強情我慢の習慣をつみ重ねて、ついには全くその中に閉じこめられ、自分一身の眼前の都合よりほかには考えることの出来ない、憐《あわ》れむべき心になって、他人に対する同情がなくなればなくなるだけ、また他人からも愛せられず、不幸な不利な日を送り、日一日と高尚《こうしょう》な楽しみと慰めとを失いつつある人をいうのではないかと思います。

（明治四〇年六月）

# 勝利の快感

勝つことを好まない人はどこにもありません。勝つことを好んで負けるのを苦痛とするのは、すべての人類に与えられた一つの大いなる心の働きでございます。勝ちたい勝ってみたいという、熱心な心の要求があればこそ、私たちは目の前の苦痛を忍んでも、勝利の快感を味わおうとして努力することが出来るのです。負けることをきらって勝つことを好む心、その心のあることは実にわれわれの大いなる幸福であります。

勝気な娘は、裁縫を習っても遊芸をけいこしても、人に負けるものかという一心で、ずんずん上達します。貧乏だからといわれたくない一心から、気の勝った女は、夜の目も寝ずに針を運んで、夫にも子供にも小ざっぱりとした服装をさせて通します。で昔から意気地《いくじ》のない女と対照して、勝気な女をほとんど嘆美するという風が、今もなお一般の傾きになっております。おきゃんなどと称して巾の利くのも、すなわち女の勝気の現われでした。しかし、すべてのものを外的に、言いかえれば形の上からばかり見ていた時代はだんだんに過ぎ去って、内的に物を見ることが、追々多くの人に出来るようになればなるほど、勝気の無意味さ愚かさはおのずから感じられて来なければならないようになって来ました。

役に立ちさえすれば、その行為の動機は、何であろうとかまう必要がないように思い、また勝気がそうしたよい結果を生むものである以上、何で悪いといわれようと思ったりするのは、私たちの常に外形に重きをおいて、深く内的に物を思って見ることの出来ないことから来る誤りです。

人に負けては口惜《くや》しい、笑われるのはいやだという心持からであろうと何であろうと、それがよい結果を生みさえすれば差しつかえないといっても、その根本の勝気の生み出すものは、決していつでも善いものばかりではありません。勝気の人が一生懸命になっても、どうしてもおよばない人がここにあったらどうするでしょう。勝気な人はきっとその人を憎むでしょう。勝気の生んだ憎む心は、相手の人の長所が現われるたびに気を腐らしたり、それをほめる人の公平を疑ったり、すぐれた技術を見たときにも感心することが出来なかったり、その人の心の中には、それからそれとよくない思いが蔓《はびこ》って、自分の心を損《そこな》っていきます。

損われた心を持っていて、どうしてその人が幸福でありましょう。もしまた同じ裁縫なり遊芸なりを習う仲間に、自分よりよく出来る人がないとしても、一人の人がすべての方面にすぐれるということは出来ません。裁縫や遊芸では威張っていても、学問の話は分からないし、一芸に携わっていれば、その方面の事情には通じていても、世の中全体のことには疎《うと》くなりがちです。そのために勝気な人は、何でも自分の威張っていられるところにばかり蟄居《ちっきょ》して、自分の不得手な方面の話には、必要を感じていても決して耳を仮《か》さないというような固陋《ころう》な心になるものです。そうしてそこにさまざまの罪をも不幸をも孕《はら》むようになって来るのは、広い世間に私たちのたびたび見る事実でございます。

勝気のお陰で体裁をくずさずにいる人でも、他の安々と美服をまとわれる人を見ると、自分がそのために人知れぬ苦労をするだけそれだけ、うらやむ心も強くなるわけですし、自然に子供には何でも富むことの出来る職業を持たせようと思い過ぎたり、その他いろいろの不幸なまちがいが、またそこから出て来るはずでございます。

勝気な娘は稽古《けいこ》ごとがよく出来るといっても、勝気な女は苦しいところでもよく切り回すといっても、そのために勝気はよいことだということにはならないのです。ひとり勝気ばかりでなく、何のことでもその内的の動機が善くないのに、ほんとうによい結果をもたらすというものは何もありません。詐偽《さぎ》や謀反《むほん》ですらも成功した人があると思うのは、例の勝気で稽古《けいこ》がよく出来た、体裁をくずさずに済んだという見方と同じことで、その心から出て来る他のいろいろの事柄をよく考え合わせて見ない、すなわちある一つの結果に過ぎない外形にのみ目がついて、そうした心の、内的にその人の生《いのち》におよぼす影響には、くわしく思いおよぼして見ないからのことでございます。

しかし仮りに気の勝った人と、人に負けても笑われても、何とも思わないような人とを比べてみたらどうだろうか。気の勝った人のほうがまだ何かがよく出来るだけでも、優《ま》しではないだろうか。人に勝気というものがなかったら、この世の中も進歩しないであろう。日本の国が外国に負けても、何とも思わないようであったら困るというお考えは、必ずどなたにもあることと思います。そこで私たちは今一度、稽古のことについて、他の方面から考えてみたいと思います。

まず私たちは何かの稽古《けいこ》をする時も、もっとよく身を入れて教える人のいうことを聞いていようと思っても、とかく自分は気の散る性分であることを発見したり、よく聞いていても人よりも分かりの悪いことを見出《いだ》したり、いま一度おさらいをしておけばと思っても、つい怠けたがったりすることは、だれにしてもあることでございます。そうしたいろいろの心の敵と戦って、だんだんに打ち勝って行くならば、稽古ごとが知らずしらずよく出来ては行かないでしょうか。稽古というものは、決して勝気でばかりよく出来るものではありません。

勝気以外によく出来る法があるばかりでなく、たとえば音楽にしても、勝気のために人に負けまい負けまいとしてよく出来た音楽と、心を落ちつけ耳を澄まして、よい音楽を聞き分け、どうしたらああいう音が出せるかと、純な心で努力して、ついに上達した人の音楽とは、技術の品位においても趣《おもむき》においても、また争うことの出来ない相違《けじめ》があるわけではないでしょうか。貧しい中で、夫や子供に尽くすのでも、人に笑われてはというのでなく、乏しい中でも出来るだけ夫や子供を満足させたいと、知恵をもしぼり怠りの心にも鞭《むち》打って、努めに努めることが出来たなら、勝気でなくても、出来得るかぎりの体裁を全うすることが出来るでしょう。

のみならず、勝気で出来ている心は、前のように憎みや、羨望《せんぼう》や、自分のためにも他人《ひと》のためにも、それからそれといろいろの暗黒を生むのですけれど、純な心で自分の心の敵と戦い、そうしてついに一つの芸に上達した人は、自分の苦しい経験から推して、一芸を覚えようとする人の心に、深い同情を持つことが出来、他の道の成功者に対しても、尊敬と同情を持つことが出来るものです。貧しいなかで夫や子供を満足させたいと純な心で努力する主婦は、よしそれが豊かな人の幸福な生活におよぶことが出来ないにしても、自分は出来るかぎりの力を尽くし、知恵をも働かせたというところに、自《みず》ら《か》満足して、他をうらやまぬばかりでなく、かえって他の幸福にも十分な同情を持つことが出来るのです。勝気は憎みを生み、固《こ》陋《ろう》を生み、自分の心の敵と戦ってゆくことは、愛を生み、自覚を生み、進歩を生むと思います。

勝気は熱い湯に我慢して飛び込む程度のものを初めとして、自分の属する国家の、あらゆるものをすべて善いとするような勝気に至るまで、その無自覚だという点において最も一致しています。口でさえ熱くないといいさえすれば、実際はどんなに熱いと感じていても、恥とは思わないのです。国家の現在の実力は、大体において他の国々に劣っていると思っても、都合の悪い方面は無理に考えないようにして、都合のよい所ばかりを思って見ては負けない顔をしていればよいのです。そうしてこういう心の使い方は、だんだんに自分というものをほんとうに知ることが出来なくなります。自分をほんとうに知ることが出来なければ、どうしてほんとうに自己に必要な修養をして、そうしてほんとうに進歩することが出来ましょう。勝気的自尊と、勝気的愛国とは、己《おの》れを滅ぼし国家を危くするのが、その帰着する最後のポイントです。私は時々日本人の勝気な癖に対して、深憂に堪えないことがあります。

われらの毎日の心持と、することに、自《みずか》ら気をつけて考えてみると、勝気のために、われらの生活はどんなにわずらわされ、どんなに無邪気な正直な安心な生活から、われら自身を遠《とお》ざけてゆくかが明らかに分かります。私たちは、体裁とか、貧富とか成功とか不成功とか、人に勝つとか負けるとかいうような外形的なことに、私たちの心を引きつけられず、めいめいに与えられたさまざまの仕事や、家人をはじめ周囲の人々に接する間に、よくよく自分の心の働きを自《みずか》ら察して、われとわが心の長所をも知り、短所をも明らかにし、だんだんに自分の心を養ってゆくように、努めてわれらの生活を、勝気とは相反する内的なもの、自覚的なものにしたいと思います。

神は私たちに勝ちたい、負けたくないという心を与えて下さいました。私たちは、わが心の敵と戦って十分に打ち勝った時に、いうべからざる快感を覚えることが出来ます。自分の長所が事に当たって伸びて行くのを見る時にも、旧《ふる》い自分に打ち勝った愉快さに、躍《おど》るばかりの心持を経験することが出来ます。まず自分の心と戦って、内的な自覚的な生活をしているものは、同時にまた真実な明らかな心をもって、夫をも子供をも見ることが出来、他人とも世間とも交わることが出来ます。そうしてその人々や、世間の中にある、よいことに対しては限りない同情を持ち、悪いことに対しては勇敢な戦いを戦うことが出来るものです。私たちは、われとわが心の中に、自分の養い上げた力によって、他人の心の中の悪と戦い、さらに広い世の中の悪と戦って、少しずつでも、勝利の経験を持つ時に、他に比《たぐ》いを求めることの出来ないほどの、感謝と満足とを味わうことが出来ます。そうして自分の生《いのち》は勝利の的《まと》に向かって進みつつあることを感じて、ますます励み戦うことが出来るものです。

勝つか負けるかということは、われらの生《いのち》の急所であります。キリストは、「わたしは既《すで》に世《よ》に勝《か》っている」といい給いしごとくに、われらもまた勝たなくてはなりません。神はわれらに勝利の快感を与えて、われらの生《いのち》を完成せしめ給うということは、実に感謝すべきことであります。そのために、勝ちたいという心をば、われらは決して濫用《らんよう》してはならないと思います。

（大正四年四月）

# 虚栄心の源

虚栄とは見え坊です。出来るだけ人によく見られたいと思う心です。私どもの虚栄心はどこから来るかといえば、望みの高くないことと、自信のないこと、この二つから来ると思います。もしも私たちが清らかな希望に充たされ、一心になって、その希望に達しようとして努力しているならば、他人にうらやまれるよりももっと以上の楽しみが、自然わが心にみちみちてくるのです。そうして他人によく見られたいという考えが割合に少なくなります。例えば平生不自由な暮らしをしている子供が、すべての場合に意地汚《いじきた》ないようなものです。虚栄心の盛んな人は意地汚ない人のようなものです。他人に羨《うらや》まれたい羨まれたいという心は、たべたいたべたいと思う心と同じように、必ず乏しいところから来るものです。清らかな望みを心に湛《たた》えて奮励することがないために、心の中が寂しいのです。見え坊は我とわが心に味わい得る慰めに乏しい証拠です。心の寂しい人は錦《にしき》の中に包まれている人の中にも沢山あることです。

女というものは虚栄心の強いものだと人はいいます。何故に虚栄に囚《とら》われやすくなったのでしょう。これまでの婦人はあまりに無責任な地位に置かれたからです。男子のほうは始終責任の重い地位にのみおりましたから、その責任を果たすために、さまざまの努力をしなければなりません。すなわちその努力がその人の事業です。事業をもっている人には骨折りがあるかわりにまた慰めもあります。責任のない人には骨折りのないかわり、ほんとうの慰めもありません。心の中が何となくさびしいあまりに、美服を着飾ったり、交友を誇ったり、知らずしらず見えを張って、人にうらやまれてみたいものだと思うようになるのです。われわれ婦人は幾百年の間、男子に比べて実に無責任な地位に置かれていました。女子供という言葉がある通り、婦人は実に子供と同じに見られていたのです。仮りに男子を従来の婦人と同じ境遇に置いたら、おそらく今ごろは男というものは、実に虚栄心の強いものだといわれていたのでしょう。手近な例で考えてみても、家内の経済を一身に任されている責任のある主婦は、どうしたら、家の中がもっとよくやれるかといろいろに苦心して、工夫を凝らすところに、かえって望みと慰めを持っているので、大概自分のことはあとに回して、家人のために経営することが出来ますが、反対に衣類、頭のものなどをねだるような人妻は、きっとこういう責任のない人です。夫一人で収入を握っているとか、またはそれ以上の財産家で、主人と雇人の手にすべての事がとりまかなわれて、責任もなく用事もないままに、ありあまる中にあっていろいろな不満足を感じ、自分の心に満足がなければないほど、かえって人の前にその栄華を輝かして、虚栄の満足を得ようとするのです。また自分の家の乏しいことを気にかけていると、ひとりでに見え坊になります。婦人に虚栄心が多いとすれば、それは実に長い間の境遇の罪です。私どもは一日も早くこの遺伝から脱《のが》れ出なくてはなりません。それには常に確実な精神を養い、自分の身のまわりの責任に進んで当たるようにして、その責任を尽くすことがわが天与の事業と信じ、思いを凝《こ》らし力を尽くしてこれに当たるようにすれば、前にいったようにわれらの希望がひとりでに高尚《こうしょう》になり、われわれの努力によってその責任の幾分でも果たし得た時には、またいろいろの慰めと自信を持つようになり、ひとりでに虚栄心から遠ざかってゆくことを感じます。

終わりに、よく見られたいというのも、よくありたいという心から出ています。人の栄誉を愛する心は強いものです。まことの栄えでなければ虚栄でもほしいのです。過《あやまち》を見て仁を知るという言葉を思い出します。

（明治四〇年七月）

# 愛と寛容

自分は至らないものだと、だれでも一方では思っていながら、他人《ひと》に対する時は、多くの場合自分一人がよいものであるかのような気になって、他人の不行届きを不快に思い、心ひそかに咎《とが》めたてをしているものです。私どもがほんとうに他人を愛することの出来ないのは最もこのためです。世の暗黒な方面について考えてみても、大小すべての罪悪はことごとく他人を憎むこと、少なくとも愛していない冷淡ということから来ています。ひきかえてこの世の光明の側について考えると、すべての幸福が皆われわれの愛と同情から来ているのです。私どもがもしも本当に人を愛することが出来たなら——完全に愛するまでにゆかないでも、今より少しでも余計に愛することが出来たなら、それだけ多くわれら自《みずか》らが幸福になり、また他を幸福にすることが出来ます。さらに進んでもう少し余計に愛することが出来たなら、自他の幸福がまたそれだけ余計になります。そうしてこの愛するとは、あえて物を与えるのでもなく、また世話をやくというのでもないのですから、貧しい人にでも力のない人にでも心次第で必ず出来ることです。ただわれわれの心を愛深くすることが、賢い人にも賢くない人にも、一様に一番むつかしいことなのでございます。

さてどうして自分から数かぎりない得手勝手をしりぞけて、常に清らかな温《あたた》かな愛を湛《たた》え、どんな時にも、平和にして同情にみちみちた感情をもって、子にも親にも夫にもその他のすべての人にも接することが出来るでしょうか、めいめいに深く祈らなくてはならないことです。ただわずかに今の私の思い当たっていることは、愛と寛容ということです。私どもを愛に連れて行ってくれる最初の手引きは寛容の精神ではないかと思います。私どもは他を愛することの出来ない時は、必ずその人の行為に対して多少の不満もしくは軽蔑《けいべつ》の情を持っている時です。別にその人の自分に対する仕打ちが悪いという風なことでなくても、あるいはあの人が高慢な人であると思うとか、またあまり軽率で取るに足らない人だとか、またはどこと明らかにはいえないけれど何となく好かないとかいうようなことのために、いつでも私どもの他に対する冷淡不親切がはじまるのです。私はどうかこの時に、いつでも直ぐに、その至らない方面こそは違うかもしれないが、とにかく他の人の不完全であると共に自分もまた不完全であるということに思いおよび、その人を厭《いと》う心を起こす代わりに、同病相憐《どうびょうあいあわれ》むというような感情を起こすようにすることが第一ではないかと思います。そしてもしも人が自分に対して失礼な処置をしても、また軽率な批評を下しても、この感情さえもっていたならば、必ず寛容な心をもって待つことが出来るであろうと思います。

親兄弟夫婦のような近い間でも、相互いに不完全なものであることの悲しさには、ときどき多少の誤解はまぬかれません。一方は他を誤解して不満を感じ、一方は誤解されたことのために不満です。こういう事のために温かなるべき家庭が時に暫《しば》しの冷気を感じ、暗い気持のすることもあります。私どもはこういう時に、自分もまた幾多の人に対して多くの誤解を持っているであろうということに思い至り、我と人との誤り多き心を悲しむような感情を引き起こすことが出来ましたら、わが愛はこの場合において勝利を得たのです。親しい人の誤解はいうまでもなく、通り一片の友人の誤解でも、こちらの向こうを愛する心が、相手のその誤解の上を掩《おお》って注がれつつあるならば、どんな人でもどうして長くその愛に敵することが出来ましょう。私どもはこの寛容の精神をまず奮《ふる》い起こすことが出来たなら、やがて愛に至ることが出来るであろうと思います。

添えて記しておきたいと思うのは、他の欠点および落度に対して、寛容の心を持つと同時に、常に他の長所に注意して、これを尊《とうと》び喜び得るようにわが感情を鍛練するのは、また私どもの愛の心を深くするために最も有力なことでございます。私どもはこう心がけて、出来ない時には祈りましょう、冷たい心が温められるために。また私どもは以上のように心がけて、それが少しでも出来た時には、感謝の祈りをしたいものです。神を知らずしては、どうしてもほんとうに人を愛する気にはならないと思います。

（明治四〇年一月）

# 愛することの幸福

私どもが天を信じ、そうしてほんとうに人を愛することが出来ましたならば、どんな人のどのような生活でも、その時からすぐと幸福なものになりましょう。幸福というよりはむしろ高貴なものになりましょう。世界中の最も貴《とうと》い生活とは何でしょうか。知恵でもなく、事業でもなく、まして爵位や富ではなく、ただ深く天を信じ、ほんとうに人を愛する生活であります。そうして、それがただ私どもの心掛け一つによって、いつからでも出来るというのは、実に感謝すべきことではないでしょうか。私どもは、ただわが心の至らぬために、この最大なる幸福を享《う》けることが出来ず、かえって自身の境遇としては得るのに難《かた》い小さな幸福を追い求めて、時に多くの不満を感じたりしていると思います。

感情をもって長じて居る婦人の欠点は、ときどきその感情に支配せられて、憎悪《ぞうお》の念の深いことです。ある一つのことが気にいらないために、ついにその人全体を好まぬようになる



愛することの幸福

ことでございます。悪者といわれるほどの人間ですら、細かにその心中に立ち入ってみると、幾多の同情すべきところがあって、むしろ気の毒なものだということです。まして普通見る限りの人で、真に憎むべき心を持っている人はほとんどないのでしょう。たとい二、三の事柄について憎むべき行為があったとしても、その人全体を憎むというのは、実に戦慄《せんりつ》すべき罪悪でございます。いわんやすべての人類は、一様に神の愛し給うわが同胞であるということを深く考えてみたならば、人を憎むということは勿体《もったい》ないことです。

なおまた敢えて憎むというほどではないにしても、あの人は薄情な人だとか、高慢な人だとかいうように、人の価値《ねうち》を定めることをさばくと申します。聖書に、人をさばくなかれと厳重に教えてあるのは、われわれの限りある考えをもって、複雑きわまりなき人の心を推し測り、あの人は薄情な人、高慢な人などと勝手にきめて、どこまでもその人を薄情な人高慢な人としてとり扱い、あるいは他人にもいいふらして、知らない人にまでそのように信じさせるようなことをするのは悲しいことです。

もしも私たち自身、仮りに他人《ひと》から自分の品性を、前のように誤解され、何をしてもあの人のすることはあてにならないときめてしまわれ、高慢のためだと考えられたならば、どんなに苦しいことでしょう。よしそれが誤解でなく、真に自分にそういう欠点があるにしても、われとわが身の足らざることを悲しみ、どうかして改めたいと心の底でねがっているのに、始終薄情な人として取り扱われるなら、どんなに苦しいことでしょう。せっかく思い立った悔い改めの機会もついになくなるようなことにもなり、あたかも人一人の命をとるようなものです。十分信頼することの出来ない人から、事業の相談でも持ち込まれたときに、協力を断わるのは当然ですけれど、平日に交わりにおいては、謹んで人をさばくことなく、接する限りの人にまことの愛をもってつきあいたいと思います。別に表面《うわべ》には現わさずとも、心の中にこの人は好ましくないという気を持っているならば、何とはなしにその人に不愉快な感じを与え、前のようにせっかくの志もそれがために挫《くじ》けるようなことになり、こちらが心から愛をもって交わっているならば、邪《よこしま》なる人もいつとはなしに優しい心になるものです。すなわち一人の人の霊の生命《いのち》を助けてやるようなものです。「愛《あい》は、すべてを完成《かんせい》させるきずなです。」とはこのことだろうと思われます。

ことに私たちの日常において、たびたび遭遇する不快なことは、わが身に対する不注意な蔭言や、思いがけない誤解の耳にいるときでございます。心のせまい私たちはそのようなことのあるたびに、いつでもその人の罪をさばいて、実に許すことの出来ない人だというように思います。そうしてまたこちらからいや味の一言でも報いなければいられないというような気がします。しかし自分もまた他人に対して、知らずしらず悪をなしていることがあるかもしれないという謙《へりくだ》った心をもって自分を省《かえり》み、同時に自分に対して悪をなした人を心から許すようにしたいと思います。この心ある人は真に天よりの恵みを享《う》くるに足る人なのでありましょう。すべての善きこと悪しきことに向かってのさばきの力は、ただ神のみ手にあります。他人に対して妄言《もうげん》を吐く人は、悪口された人自身からは何の報いらるるところがないにしても、必ず天のさばきをうけているのです。それと同時に、わが心の中のよくない思いが幸いにして人に知られずにあるからといって安心していることは出来ないわけです。そしてまたわがよい行ないの隠れて現われないことを苦にするにもおよびません。われらは天を信じて、その審判《さばき》の下《もと》に安んじてよきことをなし、他人のわれに向かってなしたる数々の不快をも忘れたいと思います。これ何よりも愛の徳を積み得べき最初の土台ではないでしょうか。

（明治四一年一二月）

# 運の好い人悪い人

## 一

人はちょっとした心の持ちようから、運の好い人と運の悪い人が出来るように思います。たとえば妊娠した婦人が、男の子だろうか、女の子だろうかということを思って、いろいろな人に聞いたり、またこうすればそれが分かるといわれている、さまざまの方法をしてみたりして、多分男の子だとか女の子だとか思ったりすることはよくあることです。男の子を欲しいと思っている時に、男の子が生まれそうだということであったら、非常にうれしいでしょう。しかしそれがもしも生まれた時に、女の子であったらどうでしょう。一層失望するに違いありません。そしてその子を、一生涯他の子のように愛することが出来ずに暮らすというような、不幸な実例も、多くあるようでございます。教育をうけた今日の人々は、まさかにそんな愚痴なことはないでしょうけれども、案に相違したがっかりした気持で、生まれた子供を見、また取り扱わなければならないということは、ただに親子の不幸ばかりでなく、生まれた子供に対する残酷な侮辱です。そうして生まれたものは仕方がないと、間もなく心を取り直しても、男の子が生まれるつもりで、ああも考えこうも思っていたことを、何かにつけて思い出すたびに、親の心が曇るのは免れ得ないことでしょう。そうしてそのような心持は、何とはなしに、その子の運命を暗いものに思ったりする余計な思いにもなり、ひいてその子の自信をなくなすことにもなるのです。

男の子を欲しいと思っている人が、多分今度は女の子を生むと考えていて、生まれたときに男であったら、その喜びは非常なものでしょうけれど、それはまた前と反対の事情において、しかも不幸は同じことだと思います。女だと思っていたら男が生まれたと有頂天になる喜びは、真面目な厳粛な心持を欠いた喜びです。そうした浮わついた思いで見られ、また取りあつかわれる子供は、やはり不幸でございます。胎内にある母親の気持から考えてみても、男男と思っていて女を生むのも、女女と思っていて男を生むのも、不自然なのは同じことです。

男が生まれると思っていて男を生み、女が生まれると思い込んでいて、女を生んだ場合には、前の二つの場合ほどには、不自然でないのですけれど、自分はこの子の親である、われわれの家庭に、きょうからこの子を加えられたのである、授けられたのであるという、厳粛な覚悟と満足は、子供を生んで、目《ま》のあたりにその子を見、その泣く声を聞いた時に、はじめて深く感ぜられ、印せられるものだということは、多くの子を持った男女の、等しく経験しているところだろうと思います。ああ私たちは男の子を持ったのだ、女の子を持ったのだということも、その時その場合においてはじめて知るのは、ことに神聖な心持のするものです。前から男の子だと思ったり、女の子だと思っていたりすることは、それがそのまま適中しても、この親と子との初対面の、最も大切な印象深い場合の、主な一つの条件と興味とが減ぜられることになります。

生まれる子供が、男であろうか女であろうかと思うのは、だれでも皆考えてみることで、自然の人情でありますけれど、分かるべき時のやがて来るのを待たないで、強《し》いてそれを知りたいというような心持を持ったり、またはいろいろのことをして、多分、男だ女だと極《き》めていたりするのは、当たるにしても当たらないにしても、無益でしかも有害なことでございます。

私は、何につけても、先にこうなるああなると極《き》めたり、こうなろうああなろうと思って仕事をするたちの人は、運の悪くなる人ではないかと思っています。

商売をはじめても、是非この商売で金儲《もう》けをしようと、その商売のある一つの結果を目標にすると、まずどうしてもはずれる場合のほうが沢山あります。それはただに商売して大儲けをするよりも、そうでないほうが多いばかりでなく、よく考えてみると、商売の結果というものはただ儲けると儲けないとの、二つしかないものではありません。儲けることが出来なくても、それは自分のためにいろいろのよい経験や知識を得るためになることもあり、儲かることは儲かっても家庭の幸福と相容《い》れないというようなこともありましょうし、一つの商売を始めたことについて、現われて来る結果や現象というものは、その商売を始めない前には、とても想像することの出来ないほど多種多様であります。その多種多様な結果のなかの、たった一つである儲けるということばかりを目標にするのですから、はずれる場合が非常に多いわけになります。そうしてそれがはずれると、ひどく失望します。そうして儲からなくても、そのほかにどんな結果があったかということを、深く考えてみる余裕がなくなります。また幸いにして儲かっても、儲けるということばかりを眼中においてかかっていると、すっかりそれに満足し得意になって、儲《もう》かったということのほかに、なおどのような考うべき問題があるかを思ってみる余裕がありません。そうして儲けることばかりに油がのって、儲けるためにはどんな犠牲でも平気で払うようになったり、儲かると思って有頂天になっているうちに、何のわけとも分からずに店がさびしくなったりします。

だから望みはいつでも小さく持っていさえすれば、失望することがないという人もあります。すなわちこの商売をして大金持になろうなどと思うから失望する、子供を大臣大将にしようなどと思うから失望する。商売をするなら、それによって家人が心配なしに生活することが出来るなら、感謝すべきことだと思い、子供たちも尋常な人にしようとさえ思っていれば、失望することもなく、かえって少しでもよくなってくれると、どんなにうれしいかしれないという人があります。

儲《もう》けよう、立派にしようという目標は悪くって、それによって生活が出来れば十分である、水平線までの人間になれば満足するという低い目標を持つことは果たして差しつかえないでしょうか。高望みをすることが、例えば暴食して腸胃をこわす人のようであれば、低い目標をもって、失望すまいとする人は、丁度衛生衛生といって、いつの間にか体力の弱ってゆく人と同じことでございます。しばらくも一つ所にとまっていないで、ずんずん進歩してゆかなければならないのは、人各々と、この大いなる人生の上に与えられた、最も大きな責任なのですから、努力してこの責任を果たしつつ生きるところに、われらのまことの幸福も光栄も、生《いのち》の価値もあるものを、低い所に目標を置いて、失望しないということを私たちの仕事や世渡りの方針にすることは、全然間違っているのです。流れることや、動くことの少ない水はとうとう腐敗します。動くということが、水の性質だからであります。進歩して止まないのが、人間に与えられた性質である以上、進歩ということを熱心に努めないやり方は、どかりと一時《とき》に失望することがなくとも、日に日に衰えて行くやり方です。

二

商売をする時にはだれでも、この商売は成功するか失敗するかと考えてみないわけにゆきません。そう考えることは自然のことなのですけれど、それはどこまでも、一生懸命よいと思う方法によってやってみた上でなければ分かるものではないと思って、強《し》いて大儲《もう》けをしようとか、大儲けはしないでも、それで一家の生活が出来さえすればよいとかいったように、あらかじめ一つの目標をつくって、それに向かって歩もうという方針をとるものではないように思います。

日常の小さな事でも、今月はどこにも出ないで、これこれの仕事をしてしまおうとか、今月は出来るだけ交際費を倹約して、慈善芝居の切符を買おうとかいったような、ある目標をあまり心に描いていると、あいにく不時に病人があったり、吉凶があったりして、出掛けなければならなかったりすると、しようがないな、だれそれが病気になったので、とうとう予定の仕事が出来なかったと癪《しゃく》にさわったり、不断の月よりかえって交際費がかさんだものだから、とうとう芝居にも行けなかったなどと、他人《ひと》が憎らしくなったりします。

今月中にこの仕事をしてしまおうという予定をたてることは必要なことです。交際費が余ったら、芝居に行こうと思うのもよいでしょう。しかしそうした予定の、成就《じょうじゅ》するかしないかは、その時の来るまでは、人間には分からない問題です。その分からない問題までも、勝手にわれわれの予定の中に入れておくというのは、運の悪い人になる第一の条件ではないかと思われます。予定が成就するもののように思っていると、前のようなことになりますし、予定というものは、いつでも大てい成就されないものだといったように傾く頭を持った人は、成就すべきことも、成就し得ないようでございます。

妊娠すれば、男だろうか女だろうかということを、まず問題にする。商売すれば、儲《もう》かるだろうか、損をするだろうかということを問題にする。用事があって人を訪《たず》ねる時には、うまくこの話が行くかしら、行かないかしらということを、第一に気にかける。自分の生涯《しょうがい》の目的についても、果たして自分はこの目的を達することが出来るだろうか、出来ないだろうかと始終念頭におく癖が私どもの頭にあると、運悪く運悪くとまわり合わせて、とうとうだつの上がらない人になるのではないでしょうか。そのわけは、始終私たちの行為の結果にばかり心をかけていると、物事はよくゆく時よりも、よくゆかないほうが、どうしても多いのですから、そのたびたび失望する経験が、だんだんにその人の自信を傷つけて、進取の気象が著しく乏しくなってしまうからです。

## 三

いろいろな希《ねが》いをもって商売を始めたとします。しかしその希いの通りになるか、ならないかということは、やってみなければ分からない問題です。分からない問題は、どこまでも分からない問題としておいて、ただ一心に自分の計画を遂行し、一日商売をすればその一日の経験によって、第二日目の商売を熱心にする。二日すればまたその経験と発見とによって、一心に第三日目の商売をするという風にしてゆくと、自分の最初の見込みが違って、その商売は余りよい商売でなかったとしても、なるほど前に気がつかなかったけれど、これこれの理由で、自分にこの商売が不向きであった。この経験から考えると、どういう種類の商人に、自分はなることが出来るだろうという風な考えが出て来るでしょうし、幸いにして商売がだんだん思うようにゆくならば、ますます熱心に従事して、きのうよりもきょう、きょうよりも明日《あす》と、立派な腕のある商人になって行くことが出来るでしょう。すなわちこのようなやり方は、全然失敗しても有益な教訓を得て、新たな自信と望みを生じ、さらに次々と仕事をしてゆく活力の加わる仕方であり、幾分の成功を収めることが出来れば、さらにそれ以上の成功に至る道は何処にあるかと考えて、そうしてそれを見いだし得るやり方です。

商売のことばかりでなく、何につけてもこのように、自分の現在の心持で、よいと思うことは、一心にやってゆこう、そうして静かにそれによって得た知識と経験から、だんだんに自分の進路を見いだしてゆこうというやり方は、臆病《おくびょう》な心から、望みを低くしておいて、失望しないというのとは全く違った、健全な意味において決して失望することのないやり方です。そうして少しずつでも知恵と力がだんだんに加わって、ますます積極的に仕事をしてゆこういう興味と勇気の加わる仕方です。

ダリヤの根を植えれば、ダリヤが咲き、コスモスの種子《たね》を蒔《ま》くと、コスモスが咲くというのとは事変わって、私たちめいめいは、皆それぞれに人生の畑に蒔くべき種子を持っていながら、自分の持っている種子から、どんな植物が生えるのか、知る力を与えられてはいないのです。種を蒔く時節が来たら、ここかそこかと、よさそうな地面を捜《さが》して、心して植え、骨折って培養して、花が咲き実がなってみなければ、どういう花が咲くということも実がなるということも分からないのでございます。

しかもその花も実も、千差万別でありますのに、白い花を咲かせよう、葡萄《ぶどう》のような実をならせようなどと、自分勝手の目標をつくって培養したら、大概はあたらないわけです。子供が生まれてから、男であった女であったと、はじめて知る心持が一種深いものであるように、自分の持っていた種子と、あらん限りの力を出して培養した、われらの生《いのち》の木に、どんな花が咲くであろう、実がなるであろうということは、その咲く時まで実る時まで、私たちが長い間忍耐して、楽しみつつ待っているところに、心からこの生《いのち》の木の培養を疎《おろそか》にしてはならない、美しい花と実はわれらの努力によって報いられるのであるという、張りきった真剣な心持も生まれ、熱心な培養の工夫もおのずと凝《こ》らされてくるのではないでしょうか。そしてわれらの与う限りを尽くした報いの花の咲き出でた時には、黄にもあれ白にもあれ、私たちはおのずからにしてその花を愛し、その実によって慰められることが出来るものではないかと思います。そうしてそれはすなわち幸運の人ではないかと思います。

幼児《おさなご》のごとくならざれば天国に入る能《あた》わずということがあります。こういう風になりたいと思って働いているのだけれど、果たしてそうなるだろうか、どうだろうかというような、疑い深いいじけた心持でなく、すべての結果を神に任せて、賢く、しかし最も無邪気に、日々の労作をつづけ得る人は、最も大いなる幸運児です。

（大正四年一〇月）

# 迷信と禍福

一

俗にいわゆる迷信は教育のない人びとや、愚痴であったり欲張りであったりする人びとの中にばかり行なわれているものならば、取り立てて問題にすることはないのですけれど、わが国の社会は今や男も女も教育のある人もない人も、地位や身分などということを誇っている人びとほど、かえっていろいろの迷信に囚《とら》われているのは、実に思いのほかな事実のようでございます。

中には迷信迷信と、一概に冷笑に付し去る人もあるようですけれど、多くの人の迷信に落ちてゆく心持と、種々さまざまの迷信の内容について、くわしく考えてみると、迷信というものは馬鹿にするどころではなく、ほんとにいろいろの方面から多くの人の心を惹《ひ》きつけ得る性質と歴史を持っているものだということがわかります。私たちは決して迷信を侮ることなく、めいめいに注意して知らずしらずのうちに、迷信に囚えられているようなことがないようにしたいと思います。

## 二

第一に、長い間多くの人の心を囚《とら》えているほどの迷信は、非常に鋭敏な感覚や趣味の上から来ているものが多いように思います。冬の日の温《あたた》かな朝などに、家中のものがきげんのよい顔を合わせて、心うれしく食卓にでもすわった時に、障子に映《うつ》る木の枝に、ひょっと可愛いい鳥影がさしたりすると、ほんとうにその日は幸福をもたらす種類のお客でも来そうなような気がします。だれがいい出したのかしれませんけれど、何という微妙な感じ方なのでしょう。香ばしく焙《ほう》じたお茶を、余念なくゆっくり注《つ》いで、少し熱いようだと思ったりして眺めている時に、底まで澄んだきれいなお茶の中に茶柱のたつのもよい感じのするものです。出かける時に、穿《は》きよい下駄《げた》の出ているのは気持のよいものですけれど、それと反対に泥々のや鼻緒のゆるい履物《はきもの》を見るのは感じの悪いものです。ことに出かけようとして、履物をはいた時に、鼻緒がふっつりと切れたりすると、本意《ほい》ないような張り合いの抜けたような、いやな感じのするのは当り前です。鼬《いたち》に道を横ぎられると悪いということも、よくいわれることのようでございます。何気なく歩いている前を、鼬なんぞがきょろきょろとして横切ったりしたら、だれでもはっとして静かな心持も攪乱《かきみだ》されてしまうでしょう。

女が箒《ほうき》をまたいで通ると何々の病気になるの、出爪《でづめ》を取ると恥をかくのということも、ほんとうによくその感じを捕えていると思います。部屋の中に、箒が打ち捨てられてあるということからして殺風景な感じです。それを取りのけようとも思わずに、平気でまたいで歩いたりしている人は、隙《すき》だらけな不注意な人らしく思われます。これから出ようという時に、あわてて爪をとったりする心持は、落ちつかないものです。そういう時には、恥をかくという風なことを思わせられましょう。赤のご飯をお茶漬けにして食べると、お嫁に行くときに犬がほえるの、逢魔《おうま》が時に便所にゆくと、毛だらけの手に肌《はだ》をなでられるということも、よくその不調和な感じや、うっかりしている気持をいいあらわしていると思います。逢魔が時というのは六時のことだといいますが、日の長短によって六時が五時になっても七時になっても、ともかくまだ十分に、暮れきってもしまわない黄昏時《たそがれどき》は、どこの家でも混雑しているときですのに、便所などにいるというようなのは、ほんとうに何か馬鹿にされそうな感じです。

きょうは子《ね》の日、明日は丑《うし》の日、寅《とら》の日というように、毎日暦を見ていると、だれでもちょっと寅の日などといえば荒いように、卯《う》の日といえば、穏かな感じのするのは当然です。だから自然に裁ち物だの事を始めるのには、辰《たつ》、寅《とら》、午《うま》の日が悪いの、卯《う》の日未《ひつじ》の日がよいのというような心持が出て来ます。私たちの頭の都合でも、健康でも、また対人関係からも、仕事をするのに都合のよい日と悪い日と、物事の思い通りに行く日と、行かない日とがあるに違いありません。きょうは自分によい日だか悪い日だか知りたいような気がします。新聞に出る九星《せい》を、気にもあてにもするわけではないけれどもと言い言い、毎朝必ず見る人の多いのもそのためでしょう。

迷信のもとは多くこういう鋭敏な感覚から出て来たもののように思われるのです。私たちはこの微妙な感覚を、単なる感覚として味《あじ》わっていると、趣味のあることですけれど、鳥影がさしたから、よいお客が来るにちがいないと思ったり、ちがいないとまで堅くならないでも、何となくそういうことを、あてにするような気持になったりするのは、すなわち迷信に落ちたというものでしょう。

生まれた年月や、人相や骨相などで、その人の心の働き方や、運命などを、朧《おぼろ》に察してみようというようなことも、興味を持って研究する人には面白い問題なのでしょう。しかし結婚の相手を選ぶのにも、生まれた年月《としつき》から割り出して、幾つと幾つの人でなければならないときめてしまって、他に耳を借さなかったりするのは、同じく迷信に落ちてしまっているのだと思います。人々の名前にも、その人の感じにあっているのも、あっていないのも、あるのは事実です。子供に名前をつける時にはよく考えたいものです。しかし姓名判断などで、一郎という名を二郎になおしたりすることによって、運がよくなると思ったりするのは迷信です。

動機は迷信からでも、井戸端をよごしておくとどういう悪い事がある、台所には荒神様《こうじんさま》を祭って、道具の類が何から何まで光っているようにしていれば裕福になる。出爪をとっては恥をかくというので、爪は必ず毎日きれいにしておく、出掛ける時には、気持のよい履物《はきもの》が玄関に並ぶ、そういう風に生活している婦人などを見ると、だれでもその器用な気持のよい有様に、快い親しみを感ずるのでございます。これとは反対に、鼻緒のゆるい履物を引きずって歩いたり、迷信家は福を掃《は》き出すといって忌《い》む、夕方の薄暗がりに、手遅れになった掃除をばたばたとはじめたり、子供たちが鼻をつき合わせるようになっても、家の中に燈火《あかり》がつかないといったような、殺風景な感じの悪い生活をする人と家とに対しては、軽侮と不愉快とを感じさせられるのです。したがって昔はある種類の迷信は、婦人の趣味教育の一つとして、欠くべからざるものになっていたようでございます。

武陵桃源《ぶりょうとうげん》のようなのんきな世の中にこそ、卯《う》の日をえらんで裁ち物をしたり、寅《とら》の日には新しいことを始めないで穏かに暮らすなどということが似合ったことであっても、今日のような時代には、実に不調和な気持がします。散歩をしている時に走ってはならないと教えられ、あたりの景色などをめでながら、ほどよく歩むのを上品に感じたからといって、急ぎの用事のある時にも、同じような歩きかたをするのは、間の抜けた話です。急激な時勢の変化のために、今は一体に殺風景な有様に世の中がなっているのですけれど、調和の快感を望むのは人間の本性です。いつまでもこういう有様でおられるわけのものではないでしょう。しかし物の調和というものは、対象によって、変わって来なければなりません。春雨《はるさめ》の中に見出した蛇《じゃ》の目《め》の感じと、晴れた空のそれとでは全く違った心持がするように。今の世の中には、今の世の中にふさわしい趣味と感じが必要なわけです。

刺激の多い世の中になればなるほど、われわれの心に本当の落ちつきがほしくなり、よい趣味が入用になります。けれどもそれはただの感覚的の趣味や落ちつきではありません。

## 三

これからの世の中に生きて行く人は、いろいろの刺激を受けるたびに、落ちついてその刺激や圧迫の自分の上に来るわけを十分に考えてみなければなりません。そしてそれが他人《ひと》と世間の誤りであるならば、その誤れる周囲の改まってゆくように尽力することが、自分として有意義であるか、あるいはその誤りの囲みを脱出する工夫をするほうが、さし当たって取るべき処置であるかを考えて、適当と信ずるほうに向かって努力してみなければなりません。そうしてその実際に当たった経験から、またいろいろによい方向を見いだして進まなければなりません。私たちの世に処する羅針盤《らしんばん》はただこうした心であります。

こういう心持で今の世の中に生きていると、どう考えても、きょうはよい日だのよくない日だのということから、私たちの行動の方針や、活動の範囲をきめてかかるということは出来ません。日々《にちにち》油断なく健全な生活をつづけて、私たちの元気と気分の緊張をはかり、来る日も来る日も心をくばり、細かに自分の身辺を観察し、世の中の出来事にかんがみて、必要があると思う時には、いつでも動かなければなりません。商売が繁盛しないならば、どうして繁盛しないかを推《お》し究《きわ》めて、それに対するよい方法を見いだすことに、根気よく努めなければなりません。商売が繁盛しているならどうして自分の商売が繁盛するのかという自覚を、はっきりと持っているようでなければなりません。そうしていつでもその繁盛をつづける道がどこにあるかを絶えず考えて行かなければなりません。次郎という名を姓名判断で太郎としたお陰で、店が繁盛したり、次郎という名であったから、運が開けなかったのであるといったような、粗雑無稽《そざつむけい》な考えの上に、商売の基礎を置いたりすることのないようにしなくてはならないのです。

次郎が太郎になったから運が開けたり、太郎という名がよいものを、次郎といっていたから運が悪かったなどという理由の、あまりに滑稽《こっけい》であることは、だれにでも分かっていることなのに、立派な頭や人格を持っているといってよい程度の人々でも、ひとり姓名判断のことばかりでなく、日を見ることや、年まわりをいうことや、その他いろいろの迷信に陥ったり、または家族の迷信を黙認していたりするのはなぜでしょうか。

それは迷信の根本になっている最初の微妙な感じをうけいれて、家人が日を見たいなら見ても差しつかえはないだろう、次郎より太郎がよいというならば、そうしても別に差しつかえはあるまいといったような態度をとっていることから始まると思います。そうしてその事を黙認しているうちに、いつとはなしに自分でも、気にかかる仕事などのあるときに、きょうは一体自分の日はどういうことになっているのかなどと思うようになって行くのは人情でしょう。私たちはどこまでも感じを感じとして見るという程度を越えないように相戒めなければなりません。出掛けに下駄の緒が切れると張り合い抜けのしたようないやな感じのするのは確かです。しかしそれはその日の行動の暗示かもしれないと思ったりする心持は迷信の第一歩です。慰みに毎日新聞の九星《せい》を見るなどということも、恐るべき迷信趣味に私たちの感情を導いてゆく危険な慰みです。

趣味のすぐれた人は感じのよい家をつくり、感じのよい名をえらび得るはずです。明らかな理性と鋭敏な感覚を持っている人は、進むべき時に進み、静かに控えているべき時に、控えているように出来るでしょう。自分と趣味や性分の合わない人と結婚するようなこともないでしょう。感じのよい名を持ち、感じのよい家に住み、日々のめいめいの仕事について、緩急の処置を誤ることがないように、性分の合わない人と結婚したり、組合になったりすることのないようにというのは、実に私たちの熱心な希望です。どうかしてそういう風になりたいものです。この心持の対象として、姓名判断や今のいわゆる家相や方位や九星《せい》を繰るなどのことが盛んに行なわれているのです。しかも私たちの前の熱心な希望を満足させることの出来るものは、ただ私たちの感覚がもっともっと鋭敏になり、趣味は向上し、理性が明らかになることによってのみ達せらるべき、真実な望みなのです。数円の鑑定料などで、早速にかち得らるべき、夢のような願いではないのですから。われわれはまだにわかにこの熱心な望みを達することが出来ないのですけれど、絶えず努めつつ戦いつつこの望みに達せんとして祈りつつ努力するところに、信念という本当の落ちつきも、人生の味わいも分かってきます。

数円の鑑定料を払ったり、九星を繰ることによって、幸福になるわけに行かないこの人生は、おのずからにして児戯《じぎ》ではない無意味ではないということを示しています。私たちの行路を、望みをもって確実に歩んで行きましょう。

（大正五年二月）

# 運命は偶然か

寒い時分に道を歩いてみると、胸を出していたり足袋《たび》をはかずにいる子供が沢山ありま す。そうしてそれはみな鼻加答児《びカタル》にかかっています。咳《せき》をしているのもあります。それでも別にひどい病気になるようでもありません。子供の健康や家族の衛生などと多くの心配りをしたりするのは、全く愚かしい気のすることがあります。学校でどういうことを習っているのか、気をつけてもやりませんけれど、どうにか試験ごとには優等をいただいてまいりますと、無造作にいう方が沢山あるのに、おさらいのさせ方などと毎日まるで余計な心配のようにも思われます。学校で子供が何を習っているのか知らずにいても、子供はいつか読むことも書くことも覚えて来る、出来るだけの注意を払っても、そうそう人並みはずれて賢いものにもならないということ、これが実に人生の最も面白い、そうして大きな問題ではないでしょうか。

ひとり子供の教育のことばかりでなく、世の中のことは万事みなその通りだと思います。心を配ってした仕事にも間違いがあり、さほど思いを労しないでも、一から十まで間違うということはありません。骨折ってしたことよりも、無造作にしたほうがかえってよく出来る場合もあります。無教育な人と学校教育を受けた人との間に、人間として実際どれだけの差があるか。今日のことに不自由もなければこそ、正しくないことはしないなどといっているものの、実際飢餓に迫った場合は、どんな心になるものかと思えば、真人間《まにんげん》と悪者との間に何ほどの違いがあるでしょう。奥様と女中と巡査と盗賊と、赤裸々の人間を比べてみたら、ほとんど同じものかもしれません。そうして浮世のまわり合わせや、ちょっとした都合から、一方は奥様に一方は女中に、一人は巡査に一人は盗賊になり果てて、相対しているように思われます。実際一つの学びやに、名を呼びかわし、手を取りかわして、睦《むつ》び親しんでいた友だちの、ふとした縁談の出来不出来などから、たちまちその境遇に千里の差を生じ、同じほどの実質を持っていた友だちも、一方は何々夫人となって、不自由も知らずに取り澄ましている間に、自然に鷹揚《おうよう》な態度にもなり心持にもなり、味噌こしを下げる身分になった人は、おのずから自重する心も失せて、無教育な隣人と同化してしまうようなことになるなどは、世の中のことは大方運命の神の悪戯《いたずら》のようでございます。堂々たる新聞紙の、その貴重な紙面にも九星《せい》を記し、きょうは友引《ともびき》だの仏滅《ぶつめつ》だのと報道されているというのは、悪戯《いたずら》好きな気まぐれな運命というものに、私たちは支配されているという、人の心にみなぎっている強い不安の反映のように見えます。

世の中は運命の神のからくりで動いていると思ってみると、一人の人の生まれ出るのも、一場の手品の結果に過ぎないようでございます。娘ももはや二十歳《はたち》になるから相当の所があったらと、一人の親は申します。別の親はまた、宅の伜《せがれ》も学校を卒業してこの春からどこそこに勤めていますという話をしたりすると、相前後してこの話を聞いたある人は、ではあの家の息子とあの家の娘というような気になって、不都合な理由もなければ、そこに人生の結婚が成り立ち、結婚すればやがて子供が出来るのであります。甲の男子が乙の婦人と結婚しても、また丙の婦人を娶《めと》っても、同じように子供が出来るのでございます。人一人生まれるのもこういうわけです。まして名も知れぬ一本の草が生え、木が伸び、鳥が鳴いているのに、何の造作がありましょう。私たちの当座の考えは、まずこのようなものでございます。

しかしながら、いま少し私たちの理解を深くして、この世の中を考えると、アダムとエバがエデンの園に姿を現わすまでに、如何に多くの歳月《としつき》が、この最初の人類を生むための準備に費やされたか、そうしてその間のいろいろの事柄が、ことごとく造物主《かみ》の遠大なる経綸《けいりん》を語っているかは、今日の進化論によってその大体を証明されております。一人の人を生むまでの時と力と知恵と慈悲とは、測り知られぬものであったのです。最初の草木も動物も、水も火も、地球も太陽も、皆それぞれにいろいろの緻密な順序を尽くし、多くの歳月を費して生まれ来たったのであります。私たちは今、そうした基礎の上に立って、生まれもし、生活もしているのです。人はその上で手品も軽業も小刀細工もするでしょう。しかし人生の根本は根ざしの深いものです。造化の生みの苦しみが遠大であり、厳粛であり、忍耐と悩みの多いものであっただけそれだけ、人は尊貴なるもの、かりそめならぬものであります。かくして生まれた私ども人類自身も、また骨折って生活し、苦しんでだんだんに進歩しなければならないのです。

私たちはアダムとエバの時代から、人というものの生活をいろいろと営み来たって今日に至っているのです。今でこそ私どもの財布の中から、数円の金を支出すれば、美しい半襟《はんえり》も買われ、数十円の金を出しさえすれば、着物も羽織も買われます。富める人はその金庫の中から数万円の金を払いさえすれば、直ぐに大工が集まって、気持のよい家を建ててくれます。以前の人にはただ恐ろしかった雷《かみなり》や電《いなずま》と同じ力を利用して、種々の便利と幸福とを得ています。子供は十歳《とお》にもなれば手紙をかき、二十歳《はたち》にもなればいろいろな人生観を持つといったように、人間そのものも複雑になり奥深くなり、その衣食住も進歩したものになりました。金を払って半襟が自分のものになるのに、何の不思議もないのだと、ただそれだけに思っていれば、なるほどそうに違いないのですけれど、遠い昔の野蛮な単純な時のころに、美しい織物やぬいとりが、人間の夢にすら浮かび出ては来なかったのです。人は手紙も書かなければ、人生に対してあれこれとやかましい注文をも持っていなかったのです。人類はその造られた最初の日から、常にその現在の有様に満足せず、思いを労し力を尽くして、目に見えぬほどずつ進歩して来たその長い歳月《としつき》が、神の経綸《けいりん》に導かれて、今の世界を生んでいるのです。

そうしてまた今日のこの人の心の有様と、文化と文明とは、われわれの至り得べき最後の境ではないのです。人と人との心の中は、なお相互いに十分のよき了解を欠き、嫉妬《しっと》排擠《はいさい》、無智や無節操や無信仰のために、どんなに相互いに苦しんでいるかしれません。私たちの衣食住も、現在の有様にいろいろの不便や不満足を見いだして、何とかいま少し便利な、そうして高尚な服装はないものかと思ってみたり、住居もいま少し楽しげに、そうして簡易にする工夫はあるまいかと考えてみたりすると、ほんの少しの改良進歩ですらも、なかなかに早速私たちの思いに浮かばず、長い間思った末にやっと一つの新しい工夫が生まれて来る、それを事実にしようとすれば、はたの人に同じだけの理解がないので行きなやんだりします。服装一つでも、道具一つでも、現在の有様を少しでも進歩させようとすることは、たやすい業ではありません。いわんや幾千万年を費やして今の程度に達し得た人の生《いのち》の働きを、いま一段上の程度に進めて行こうということは、非常な努力とそうして多くの歳月を要することでございます。ここに子供の教育に注意する親と、しない親とがあったところで、甲の子供と乙の子供と、限りある年月の間に、そう飛び離れて賢くなるわけもなく、急にしんから愚かになってしまうわけもないのです。人はめいめいの正直な努力によって、目に見えぬほどずつ進歩して行き、めいめいの油断と怠りと思い違いによって、目に見えぬほどずつ遅れてゆく、その微妙な点が私たちの見のがしてならないところだろうと思います。

手品やからくりは覆《くつがえ》るべきものです。自分にほんとうに卓越した生《いのち》があるからでなく、何かの都合やはずみや他人の力で贏《か》ち得た幸福は、よしその転覆の日が眼前に迫っていないにしても、常に不安な気持のあることは免れ得ないのです。こうした根底のない幸福を追い求める生活と、何でも人並にさえしていれば大した失敗《しくじり》もあるまいという、臆病《おくびょう》な、熱のない生活と、高きに向かってなお限りなく進歩すべき、人生の理想を信じ、刻苦して生きる生活と、われらは果たしていずれを選び、いずれに生《せい》の意義ありと考うべきでしょうか。

（大正四年一月）

# 昔の女か今の女か

坪内博士が文芸協会をおたてになって、本気な人たちが沙翁劇《さおうげき》などと一緒に、いろいろの近代劇もはじめて日本で上演されるようになりました。松井須磨子の現われはじめたころです。新旧思想の衝突を痛烈に現わしている、ズーダーマンの『故郷』という芝居を観た日のすぐあとでした。

学校と幼稚園に二人の子供を送り出して、縁側から庭のすみのほうに咲きかけた百合の花を眺《なが》めながら、女中部屋のほうに響くのは、玄関の呼び鈴《よりん》らしいと思っていると、お客様は意外な方でした。

私はあなたにお目にかかって、お願いがしたくって推参いたしました。あなたのお筆で、今の女とやらを存分に嗜《たしな》めていただきたいのでございますと、御親類の中にも困った方があるという実例も引いて、松井須磨子の扮《ふん》した「マグダ」をご覧になったという、熱心な感想をもつけ加えて、心から今の女をお責めになるのでした。

もしも私が従順な記者でありましたら、早速お受けしなくてはならなかったのです。けれどもそれが私の思いと違うものですから、いたし方なく次のように思うがままのお答をいたしました。

「木と竹といったように、いわゆる今の女と昔の女は全く別のもののように私には思われません。けれども強《し》いて区別して、どちらに賛成するか、同情するかとおいいになると、私はやはり今の女に賛成いたします。」

「おやまあ、そうでございますか、何故でございましょう。是非承わりとうございますね。」

「あなたもやはり今の女でいらっしゃると、私は思っているのでございます。」

「いやなことです。どうして私が今の女でございましょう。」

「いわゆる昔の御婦人でしたら、御身分のある御年配のあなたが、お近づきもない私を、こうしておたずねになって、今の女を思いきり責めるようになどと御相談にはなるまいと存じます。」

「ホホホそうおっしゃられると、どうやら私もお転婆《てんば》の仲間入りを致したようでございますが、しかしこうして昔者の飛び出しますのも、今の若い人の心掛けや、することを見るに見兼ねるからでございます。」

「そこがすなわち時勢の大きな力だと存じます。以前のような太平無事なきまりきった世の中でございましたら、あなたが私の所に破格な訪問をなさろうというお気持も出ず、第一若輩の私などが、雑誌の上であなた方のお目にとまるというようなこともなかったろうと存じます。そういうことは、皆以前とは異《ちが》った、刺激の多い思うことの多い時勢のさせる業《わざ》でございます。住んでいる世界が暑くなると、だれでもひとりでに白地を着、夕方には散歩にでも行きたい気持になります。それに綿入れを着て閉じこもっているようにといっても、それは出来ない相談でございましょう。仮りに、はいはいと冬支度をして引っ込んでいるおとなしい人があったとしても、それでは全く厄介ではございますまいか。」

「なるほど、さすがあなたです。昔者の風向きが悪くなりましたが、しかし時世時節《ときよじせつ》とはいっても、教えというものもあり、めいめいの心掛けというものもあるのですから、それが確《しっか》りしていたならば、無暗にくずれるはずもあるまいと存じますが、教えも行届かず、心掛けも足るまいと思われますよ。」

「それはもう仰せの通りでございます。ただ若い人を教えるのには、どういう風に教えたらよいか、また今の若い人々自身は、どんな心掛けをもったらよいか、ということが問題でございますねえ。」

「家庭でも学校でも社会《よのなか》でも新聞雑誌でも、ぴしぴし今の女といいましょうか、わがまま放題でよいと思っているような気風を許さないようにするほかはあるまいと存じます。」

「私は何よりもそこのところを十分に皆様に考えていただきたいのでございます。落ち散っている塵埃《ちりほこり》なら、皆の力で掃《は》き尽くしてもしまえましょうが、根を持って地の上に生えている草でございます。きつい箒《ほうき》をあてるだけ、ますます醜い形になるばかりでございましょう。かりに一々抜きとるとしたところで、夏の庭には次から次からとまたやはり同じ雑草が生えて来るのでございます。自分の庭はぬき尽くしても、野にも山にも径《こみち》にも緑の草の茂るのは夏の天地でございます。あらん限りの人間の知恵と力を合わせても、この大いなる自然の力に逆らって、夏の世界に生え茂る草葉を除き去ることは出来ますまい。すべてのものの後ろには時勢という大きな力が潜んでおります。今の時勢に今の女の生まれるのは当り前のことだろうと存じます。」

「お転婆娘《てんばむすめ》が世界中に生え出して来るなどとはいやでございますねえ。時勢だから致し方がないと諦《あきら》めていよとおっしゃるのですか。不甲斐《ふがい》ないではございませんか。お転婆娘の生まれる時勢になったというのも、つまり親々はこの節の教育を受けていないのに、息子や娘は親の知らない理屈もいくらか知っている、そのために親や長上《めうえ》や、すべて旧《もと》からあったものは、風俗でも習慣でも皆つまらなく見える故《せい》でございましょう。それがつまり生意気になる元《もと》、間違いの元です。聞きかじりの理屈を一つか二つか多く知っていたとて、直ぐに親よりもえらい賢いと思うというのが浅墓《あさはか》です。ここさえ呑み込めたら、歯の浮くような今の女は、必ず消えてなくなる道理ではないでしょうか。」

「そういう心持も、老人の気にいらぬ女の出来る一つの小さな原因でございましょう。しかし今の女を引きつけて、知らずしらずのうちに、昔の女と違った傾向に押し出して行く大きな勢力はほかにあるかと存じます。」

「やはり時勢だとおっしゃるのですね。」

「一口にいいましたら時勢に違いないでしょうが、たとえば女の外形にしても、昔は目鼻立ちをやかましくいって、近まさりのするというほうがよかったのでございますが、この節は身体全体のつり合い、肉付き色艶《いろつや》というような方面が主になって、押し出しがよいとでもいいましょうか、見る人の感じを鮮かに強く大きくとらえるのが美しく思われるようになって来ました。目鼻立ちにしても、一つ一つに整っている点において申し分ないよりも、全体において活き活きと、何となく強い力のこもっているように見えるのが、心地よく思われるという風でございます。髪かたちにしても、毛筋を揃えて舐《な》めたように美しいのよりも、その人間につり合って趣のあるほうが、今の人にはよく見えるようでございます。

心の上でも、あの女は気随《きずい》だとか、わがままだとかいう消極的な欠点の穿鑿《せんさく》よりも、とにもかくにもどこにか纏《まと》まったところのある人間であるかないかという大体の輪郭が、主として考えられるようになりました。鮮かな人格を持っている人間かどうかということが、男にしても女にしても、人たるものの第一の標準になって来たのですから、気随でも構わない、わがままでもよいというのではないのですけれど、女は優しくして従順でありさえすれば、事足りるという考えで、社会も家庭も一生懸命に欠点のない女をつくろうと思い、女自身もまた一すじに、素直で親に頼り夫に頼るというところにばかり自分の立場を見いだしていた時とは、よほど趣が変わっているのでございます。

目鼻だちを一つ一つに穿鑿するよりも、大体の調和ということに目をつけるようになったのは、確かに進歩した見方でございます。一部分の細かな欠点を気にするよりも、纏《まと》まった人間であって欲しい、人格を持った人間であるかないかということが、まず何よりも大切な的であると考えられるようになったのは、確かに進歩でございましょう。この意味において、昔風の女と今風の女とどちらがよいかとおいいになれば、改めて考えるまでもなく、ただ素直である、わがままがないというだけの女よりも、纏《まと》まった女、人格のある女のほうが宜しゅうございますと申さなければなりません。」

「そう伺うとそれはもうその通りでございます。しかし昔でもあの人は押し出しがよいというようなことを申しましたし、だれそれは確《しっか》りものだということも、よくいったことですから、あながち目鼻立ちの末ばかりを穿鑿していたわけでもなく、おとなしい女ばかりが褒められたわけでもなかったろうと思いますが……。」

「たしかにそうでございます。前にも昔の女今の女とそうそうはっきりと区別の出来るものではありますまいと申し上げておきました。昔の女、今の女と全く別物のように、時として敵同士のようになど考えるのは、第一に間違っていると存じます。昔においても、決して女に人格がなくてもよい、纏まらなくっても構わないとはいいもせず思いもしなかったのでありましょうけれど、気随《きずい》ではならないとか、わがままでは困るというような消極的の方面に気をつけ過ぎたあまりに、それこそ人形のように両親の手に育てられ、人形のように夫の手に渡され、老いては子に従って、おとなしく人の世の深い味わいも知らずに終わる女が普通であって、それが別段下らない生涯であるとも考えられなかったのでございますが、時勢の進みにつれて今日は、結局目的を人格の完成ということに置くようになり、とにもかくにも纏まったところのある人間でなければならないということを主とすることになったので、どうしても細かな欠点を気にすることは疎《おろそ》かになり勝ちになります。今だといって決して女は気随でもよい、長上《めうえ》のいうことを尊重しないでもよいというような思想のありようはずはないのですけれど、つい昔の婦人に比べて慎み深くないというような傾きになるのでございます。つまり昔の女に対する思想はどちらかといえば消極的で、今日は積極的になっているのでございます。

そうして女に対する考えが、このように変わって来ましたのも、決して気まぐれな一時の流行ではなく、動かすことの出来ない時勢の要求と、今日の進歩した思想から出ている潮流が、直接に間接に世の中を動かしているのですから、今の若いものは生意気だ、おとなしくなれ従順になれと、叱《しか》ったり悪くいったりするようなことで、この大勢《たいせい》をどうすることも出来ません。どうすることも出来ないだけならばよいのですけれど、こういうことは若い人たちに、一層長上《めうえ》のものを分からずやと軽蔑《けいべつ》させ、なおさら反抗心を強くさせるもとになり、家庭としては、マグダ父子《おやこ》の間のような悲劇をも生み、社会としても、女全体としても、どんなにかそのために幸福な進歩が妨げられることになるのでございます。

私はいつもこの問題を考えるたびに、今日の教育家などの多数が、今の女の悪口をいうことを、めいめいの誉れのように思っているかに見えるのが残念でなりません。家庭でも学校でも社会でも新聞雑誌でも、子弟の指導者であるべき人は、みな熱心に新しい女の真意義と、その重大な責任とを自覚させるように、そうしてそのほんとうの意義において、若い人々は皆十分に新しい女にならなければならないと教え導くようでありましたら、確かに今の女の過《あやま》ちを少なくして、着々として本当に自覚した人格のある婦人を見出すようになるだろうと思われてなりません。」

「なるほど、私にもお話はよく分かりました。全く若い人たちの突飛な振舞いを見て、一概に昔の教えがゆるんだからだ、今の人はわがままだとばかり思い込んで、それ以上の大きな原因のあること、勢力のあることに気がつかなかったのです。気がつかないといえば少しは体裁がよいのでございますが、実は分からなかったのでございます。なるほど分からずやだったということがはじめてよく分かりました。あの芝居を見た時には、マグダばかりが憎く思われましたが、武士気質《かたぎ》の腹の奇麗な同情すべき人物ではありますが、全く父親の時代におくれた頭脳《あたま》があたら娘を捨てたのでございますね。」

「家庭から捨てられ、一度は社会からも捨てられても、マグダのような才能と強い誇りと精力とをもっている娘であればこそ、女というものの誇りに対して実に悔恨に価《あたい》する恥ずべき痛手を負いながらも、またその品性の上に種々《いろいろ》の悲しむべき影響を受けながらも、再び自分の天地を開拓して、一種の勝利を叫ぶことが出来るほどに、その生涯を造りあげて来ましたけれど、これが平凡な女であったら、ただただ暗黒な、やくざな、みじめな、社会のバチルスになってしまうよりほかはあるまいと思います。」

「目鼻立ちの穿鑿《せんさく》よりも、欠点のあるなしよりも、その人全体から受け取る感じや、人格を主とするのが、今日の考えだということが、お陰様でよく分かりました。そのほかにも今と昔の考えの向き方の違っている、肝要なことがございましょうか。」

「さようでございますね、内部生活の充実というようなことでしょうか。朝起きるとお早うといい夜はお寝《やす》みなさいといい、雨天には鬱陶《うっとう》しいことでといい、晴れるとつづきませば宜しゅうございますがと申します。悔《くや》みには御愁傷《ごしゅうしょう》といい、慶《よろこ》びにはお目出度うというというように、すべての規則（規則というのは適当でございませんけれど）のきちんとしていた昔の社会は、知らずしらずその中に住んでいる人間の生活が空虚に形式的になるのはやむを得ないことだったのでございます。お猿《さる》でも冠《かんむり》をかむっていさえすれば、お公卿様《くげさま》がつとまったかもしれません。その上規則がやかましいだけに、表面《うわべ》で守って内実で破っていることを、何とも思わない偽善者が多かったわけでございます。形式に拘泥《こうでい》して内容の空虚な社会は、同時にまた虚偽の世界になるのでございます。仕来たりや習慣や教訓にあやつられて、生きているのでなしに、私たちはどうかして、すべての場合に思うままにいってみたい、ほんとうにしたいと思うことをしてみたい、これが現代人の著しい要求でございます。」

「まあ何という険呑《けんのん》な、大それたことでございましょう。なるほどなるほど、あのマグダは全くそれでございますねえ。相互いにゆずり合い遠慮し合ってこそ、円《まる》く行く世の中でございますのに、それでは全く闇《やみ》になってしまいはしませんか、獣《けだもの》の世界同様ではありますまいか。」

「そこにもよく考えていただきたいことがございます。人間を規則や形式で縛るというのは、したいままのことをさせたなら、何をするかもしれないという懸念からも来ているのでございます。もっともなわけで、人間の一面は厳重な規則に縛られていなければ、たしかに堕落せずにはいないであろうと思われるほどに薄弱なものでございます。しかし他の一面においては、もっとよくなりたいよくなりたいといつも希《ねが》っているのが人間でございます。悪を恥じ善いことに向かって奮いたつのは、われわれの健全な本心でございます。ああしてはならないこうしなくてはいけないというのは、人の弱さを問題にしたやり方でございますが、これからの時代は、一方でどこまでもよい教育高い教育を施しつつ、他方では出来るだけいろいろの束縛から解放して、各人はそのきわめて自由な意志によって、よいことをするようにありたいというのでございます。道徳という名の下に人間を規則で縛った時代には、民は頼《よ》らしむべし知らしむべからずで、しつけだけで教育の程度の低いほうがしやすかったのでございます。今日でも女に高い教育はいらないという思想を持っている人々は、やはりこの習慣的道徳によって縛って置くというほうの頭脳《あたま》から来ているのでございましょう。縛られてするのではなく、盲目的に教えられた道徳の標準にしたがって暮らすのでなく、ほんとうに自分は生きているという自覚をもって暮らしたい、また暮らさなければならないと思う、今日の流儀を実行するためには、男女にかかわらず私どもは、どうしても出来るだけ、高く深く自分を教育しなければならないということになります。」

「思うままをいいたい、したいままを振舞いたいといえば、実に自堕落《じだらく》な無造作なことのようですけれども、かえってむずかしい出来にくいことなのですね。」

「ただ形式通りに、すべての事をして行くことほど、骨の折れない生活はありません。骨の折れない代わりに空虚です。子供の作文でも、昔のように題も大概きまっているし、探梅《たんばい》の記《き》といえば、一瓢《ぴょう》を携えて杖を郊外に曳くといったように、きまった文句を並べていると気楽なものですが、ほんとうにその場合に自分のうけ取った感じを十分に書き現わしてみたいと思うと、多くの努力がいるのでございます。子供を育てるにしても、家を持つにしても、ただぼんやりと人のするような真似《まね》をしているだけでなく、ほんとに考えて、ここと自分の思う所を実行するというのには、多くの努力のいることでございます。その代わりそういう生活は自分自身で生きているような気持のする生涯《しょうがい》です。すなわち充実した生涯でございます。だんだんにわが人格を確立し、そうしてそれを拡張して行く生涯でございます。そうして何日《いつ》かは完全に達し得べき、間違いのない道筋なのでございます。ほんとうに進歩した現代人とは、常に自分で生きているような気持をもって生きていたいと希って、強い努力をしている人をいうのだろうと存じます。

古い習慣の中にでも道徳の中にでも、腑《ふ》に落ちないことがあれば、習慣だから仕方がないと無造作にあきらめてしまわずに、どこまでも考えてみて、いよいよよくないと信じたら、何でも打ち破って、新しいものを立てて行こうというのは、現代人の大きな特色でございます。やはりお気には入りませんのでしょうか。」

「分かりました。私もほんとうに昔ものに生まれたのは残念でございます。知らずしらず仕来たりの人形で、ほとんど一生涯を通り越したのでございます。もう一度若返って、私も自分で生きているような気持のする生涯を送ってみとうございます。」

「これからでもお宜しいではございませんか。まずそのお心持で、前にお話しになりました困った娘子《むすめご》やその御両親をはじめとして、いろいろな世の中の有様を御覧になりましたら、あなた方のお仕事が沢山におありになるだろうと存じます。

現代を知らずして、現代を呪《のろ》う老人や、女子教育家や、現代式とは自分の自堕落なわがままをたて通して、親の言《ことば》など耳にいれないこと、恥ずべきしたい放題をし尽くして、日に日に人間の本性の荒《すさ》んで行くことをいうのだというような気持でいる若い人々が沢山にございます。一人でも多くほんとうの現代を解《わか》ってほしいと思います。」

老婦人も私も心から満足してお別れしたのは蒸暑い昼前でありました。

（明治四五年七月）

# 今の女の真相

「『昔の女か今の女か』あのお説は、伺ってみると、老夫人と同じように、なるほどご尤《もっと》もだと存じますが、一方で近ごろしきりに新聞に出るような、新しい女という人たちの噂《うわさ》を聞いたり、くだらない雑誌や、小説などを耽《ふけ》り読んで、目上のものが彼れ是《こ》れいうと、あなた方には分かりはしないとか、そんなに人を圧制するものじゃないのと、二言目《ふたことめ》にはいってのけるような娘たちを見ると、またやはり今の女が分からなくなってしまうのでございます。」

「書き方も至って不十分でございましたし、それに『昔の女か今の女か』は新思想と旧思想とを比較して、旧《ふる》い時代の考えよりも、現代の思想のほうが、はるかに進歩したもので、私たちがこの進歩した現代思想を消化しつつ進んで行ったら、たしかに女大学の理想とする婦人よりも、よりよい婦人になるはずであると申し上げたくらいのことで、その新しい婦人の理想が、どこまで現代の婦人に理解され消化され、また実現されているかということになると、またおのずから別問題になると思います。」

「女だてらに五色の酒を飲むの、不潔な場所にも遊びに行くのというようなことも、新しい思想では、何か理由《いわれ》のつくことなのでございましょうか。」

「家庭でも、社会でも、順序も規律もある中に、ときどき変わったことのあることや、破格なことなどをしてみるのは、その事柄が重大なことでも、また至って軽い無邪気なことでも、共に人の気を新たにして、気持のよいものでございますね。気持がよいばかりでなく、お天気つづきに雷雨があったり、日ごろはむしむししている主人が、思いがけない時に家族を誘って遠出をしたり、暑いので皆の気持のだれ気味になっている時に、何かしら気を引き立てるような刺激のあるのは、私どもの心身の健康のためにも、家庭や団体の元気のためにも、至って必要なことでございましょう。一人一人の人間にしても、こういう風にしたいけれども、だれもそうしてはいないようだ、あなたがなさるなら、私もするけれどというような、何事につけても影のうすい行き方よりも、思い切ってしたいと思うことをするほうが、自分でも気持のよい、ほんとうに生きているような心地のする生活ではないでしょうか。世間の人がしなければ、自分も出来ないというような因循《いんじゅん》な人にかぎって、世間の人がするといえば、わが家の事情も顧みず、流行《はやり》の衣服《きもの》でも着ずにいられないというような風になるようでございますね。」

「それではやはり五色の酒を飲むなんぞも、思い切っているからよいとおっしゃるのですね。では、私などはやはり今の女は大きらいときめてしまうよりほかはございませんわ。」

「待って下さいませ。人の生活には、ときどき大小の変化や破格のことがあるほうがよいと思います。これからの人は、男でも女でも、さまざまの変化にも堪え、破格のこともやってみるだけの勇気がなければなりません。しかも思い切って破格のことをするならば、思いきるだけの価値《ねうち》のあることに思いきりたいと思います。人をして仰ぎ見せしめるようなこと、少なくとも自分にも人にも心地のよい破格でありたいと思います。思いきってくだらないことをしてやったという人があったら、だれでもその浅墓《あさはか》さに驚かずにおられますまい。破格にもいろいろあります。山奥の人の東京見物に見るような、調子はずれの滑稽《こっけい》な破格は気の毒なものでございます。」

「ほんとうにそうです。全くでございますわ。新しがるというのでしょうか、酒を飲むの遊びに行くのと、全くくだらない思い切りでございますね。」

「その人たちにいわせると、思い切ったのでも何でもなく、平気でしているのだというのかもしれません。もとより気心も知らない人たちのことですから、私はその人たちを批評しようとは思いません。それにそういうことをする人は、そう沢山はないのですから、別段にあれのこれのと気にすることもあるまいと思います。」

「それはもうその通りでございます。世の中にはいろいろ変わった人がいるのですから、だれが仲間うちでどうしたこうしたということまで気にした日には、めいめいがお留守になってしまいますねえ。しかし世間には一体に、例の新しがる女や、小さく大きくわがままな女が多くなりましたけれど、その新しがるほどに新しいのか、わがままなだけにほんとうに一かどの実力を持っているのかと思うと、案外なのが普通でございますねえ。」

「私どもをはじめ、長い間遺伝的に空虚な生活をつづけて来た婦人は、一朝一夕に充実したものになることが面倒でございます。実質は昔の女と違わずに、気ばかり自由の女になったようなつもりでいるほうが多いのです。昔の女の形式に縛られて空虚であったのとは、趣を異にした空虚がたしかに多いと思います。このごろのある雑誌に、芝居を見に行って、居ならぶ人びとのデモ紳士面《づら》、デモ淑女面《づら》がおかしくなって、思わずプッと吹き出したとかいうようなことが、若い女と思われる人の書いたもののうちにあったのを読みました。」

「ほんとうに今の女は生意気でございますね。全く呆《あき》れかえってしまいますわ。」

「一概にそうばかりは行きますまいけれど……。」

「でも、それに違いないではございませんか。ほんとうにプッと吹き出したかどうだか知りませんけれど、吹き出したなどと臆面《おくめん》もなく雑誌などに書きたてるというのは、やはり生意気というよりほかはないでしょう。」

「だれでもほんとうに、すべての人を冷やかに罵倒《ばとう》するだけの自信があったら、ときに罵倒しても致し方があるまいと思います。マグダがフォンケラーを『光明さま』といい牧師をこの『聖人』といったように……。マグダのこの言葉は、彼女の流離顛沛《りゅうりてんぱい》、人と戦い世と戦って、血と涙でつくり出した（よしその中には見のがすことの出来ないいろいろの誤りがあるにしても）その人生観からほとばしり出ているのです。こういう場合に私たちは、生意気なマグダよというよりも、かえって罵《のの》しられた、あの偽善なケラーの顔を、痛快な気持で見てやりたいという気になるではありませんか。時に女の常法には当てはまらずとも、いいたいことが心のうちに充《み》ち充ちているならば、生意気だなどとこなしつけずに聞いてやりたいと思います。たといそのいうことは、一から十までは承服し難いことであっても、心ゆくまでいわせてやりたいと思います。

　ただ前の吹き出したという人に聞きたいのは、その人は果たしてほんとうに満場の男女を冷殺するだけの自信を持っているでしょうか。口さきで皮肉がったことをいうのは空虚です。恥ずべきことだと思います。」

「どうせ空虚なくらいなら、昔の女のように、空虚でもおとなしくて、正直に家のことを勉強する女のほうが、幾層倍ましでしょう。空虚《うつろ》の癖に、利いた風な皮肉はいう、わがままはする、おまけに家の中のことが何も出来ないといった日には、ほんとに厄介でございますね。」

「お話の通りです。何が出来るかといってみると、何一つまとまって出来るものもなく、深い料簡《りょうけん》のあるわけではなおさらなくて、眼前の欲に駆られてわがままをすることばかり一人前というような人々が多いのかもしれません。」

「だからつい今の女が何が出来る、生意気だといいたくなるのでございます。」

「そのようにしかりつけるよりも、時には皮肉もいわずにはいられないことがあるでしょう。しかもあなたは、果たしてそういう皮肉を世間に向かっていい得る自信を持っているかと常に自《みずか》らわが内容の空虚なことに心づかせるようにしなくてはならないのだと思います。私たちはめいめいがほんとうに自分自身の厳粛な責任の上に立って行動するものだということが分かるようになれば、おのずから自己の内容の充実につとめます。空虚な内容が充実されてまいりますと、人というものはおのずからわがままや生意気というようなことはなくなるものだと思います。」

「そうおっしゃると、それはもうほんとうにそうに違いありません。私ども自身も内容の空虚を充《み》たすように充たすようにと修養し、若い人たちに対しても、空虚から来るそのくだらなさや生意気を苦にするよりも、その空虚に心づかせるよう心づかせるようにと導きましたら、若い人たちももっと着実に進歩するようになるわけでございますねえ。」

「娘ばかりでなく、日本全体の女の中でも、少数の立派な婦人を除いたほかは、空虚な癖に生意気な女が三分、徹頭徹尾空虚でぼんやりしている女が七分というような現状かもしれません。三分の生意気な女、まして最少数の五色の酒を飲むような女などを気にするよりも、七分のぼんやりしている女を、どうしたものかというほうが、より大きな問題のようでございますね。」

（大正一年八月）

# 二つの家庭

私はかつて次のような、二つの家庭を見たことがございます。その一つは、三人の娘を持っている未亡人の家庭でありました。夏の夕方、懇意な人がちょっと縁先に腰かけても、母親が話相手に出て来る。三人の娘が、かわるがわるに座布団《ざぶとん》を運び、お茶をくむ、後ろから扇《あお》いであげるというような風に、和らぎと謙遜《けんそん》をもってすべてを包んでいるような家でした。部屋部屋を夏は涼しく冬は温かに整えて、戸障子の桟《さん》一つにも、かつてほこりというものを見たことがありません。親子の身じまいはいうまでもなくさっぱりしています。飲みほした茶碗《ちゃわん》に、もう沢山でという間もあらせず、うるさげもなく幾度も幾度も熱い番茶のつがれるたびに、ここに来る人は、恐らくだれでも女ばかりの家はさすがにつつましやかなものだとは思わない人はないでしょう。

いま一つは、やはりその近所に住んでいる、前の未亡人の家の親戚《しんせき》です。それこそ当世風の夫婦共稼《ともかせ》ぎの家なのです。夫が家に帰っても、妻はまだ帰らないこともあります。妻が夫より遅く起きる朝のあることや、ある日曜の日は、親も子も女中も一緒になって、朝から笑い騒ぐ声がして、きのうの雨でよごれた足駄《あしだ》は、そのまま玄関に放ってあったということや、その他いろいろの事柄が、すべて前のつつましやかな家庭から、軽侮《けいぶ》の目をもって見られているのでした。

それだのに、未亡人の家にはとかくよいことがなく、この共稼ぎの夫婦の家には、恵まれることばかり多かったのです。そうしてそれが何よりも前の家の、この世の中に対する不平不満のたねでした。それは親子四人の婉曲《えんきょく》な言葉の中に時々もれて来るので分かりました。

親子四人の家は裕福な家庭です。従って毎日これという用事はありません。親子はもちろん手まめな人たちですから、怠けているのでなく、几帳面《きちょうめん》に暮らしています。自分たちは几帳面で毎日の生活に行届いているものですから、内輪の話は、だれが雑誌を借りて行って、何日返しに来なかったとか、だれが女中の心当たりはないかといって来たから、こちらは正直に方々聞き合わして上げたのに、その後あったともなかったともいって来ないとか、だれそれに貸した傘はまだ返って来ない、あんなに朝から曇っていた日に傘を持たずに出かけたものだとか、そういうことばかりです。人が来れば丁寧にもてなしますが、心では何かにつけて、一々すべてのお友だちを責めています。こういう態度で暮らしている人は恵まれないものではないかと思います。

後の共稼《ともかせ》ぎの家庭のように、与えられた才能をもって、世間の人と立ち交わり、日々の生活のためにまた自然めいめいの使命のために働いていると、少しのことでそうそう人を毛ぎらいして、高くとまっているわけにはゆきません。真面目な正直な人であれば、そこに苦心もあり涙もあり努力もいるのです。そこに未亡人の一家の、思いおよぶことの出来ない、根《こん》をつめる世界が彼らにはあるのです。家の中ではどんなに行儀よくしていても、心では世間を敬遠して、自分勝手の天地を造っている人と、世の中の荒い浪風をまともに受けて奮闘している人とでは、よし後者の生活に、いろいろの不行届きな点があるにしても、どちらが一体尊敬すべき、同情すべき生活であるといえるでしょうか。恵まれてまわり合わせがよくなってゆくのは当然だと思います。

今の社会の老人や家庭の長上の、若い人々を観《み》ることは、あたかもこの未亡人の、夫婦共稼ぎの家庭を観る心と、似ている点が少なくないと思います。若い人の持っている重要な一面を了解しないで、他の一面ばかりを責めるような傾きがあると思います。子供の教育にしても、これからの世の中に生存して行くのに、最も重要な部分の教育を閑却して、枝葉の点にのみ気をもむ傾きがあります。むしろ多くの母親は、ほとんど子供の教育のすべての重要な方面に気づかずに、枝葉ばかりを見ているのではないかと思われるくらいでございます。

料理が出来なくては困る、裁縫が出来なくては困る、薄茶の飲みようも知らなくては恥をかくことがあるだろう、娘のしつけについて、何から何まで細かい注意を払うのは、母として当然そうなくてはならない心配りではありますけれど、料理や裁縫や、表面《うわべ》の体裁や、応接間で他人と世間話が出来るだけのことでは、今後の人間としての重要な資格が、全く忘られているのです。

私は決して玄関の乱雑な家庭や、すべてに気楽すぎる家庭をよいとは思いません。この夫婦共稼ぎの家庭でも、早くこのことに心づかなければ家人の衛生のためにもよくないし、子供によい習慣を与えたり、意志を強くしてやったりすることが決して出来ないのですから、そのままで行っては、いつか必ず苦い経験をしなくてはならないでしょう。ただ未亡人の家にくらべては根本的によいところを持っているというのです。

（大正三年七月）

# 器用と無器用と

昔の婦人は押しなべて実に器用であったようです。中流以上の婦人は、見事な手跡でうらやましいように達者な手紙もかき、裁ち縫いやお細工物の器用に出来るのはいうまでもなく、茶の湯にも遊芸にも達し、歌も詠《よ》むという風でした。その下の階級でも、糸を紡《つむ》ぎ機を織り、丈なす黒髪を一人でゆうという風で、食物の加減や裁ち縫いなどの立派に出来ない女は、ほとんど人並の人として扱われなかったということでございます。

今日といえども、器用に働く女の手の、どこの家庭にも入用でないところはありません。しかも入用なことは、ほかにも沢山に出来てきたのです。そのために、今日の女子は七歳または八歳から、昔の女であったら、とうに女一人前の修業をおえて嫁入りをしている、十九、二十《はたち》まで学校に通います。そうしていろいろな学科に、ほとんど全身をささげ尽くしているほどでございます。それから先の一、二年は、料理裁縫茶の湯生け花などのおけいこに、あるいはまた、英語や音楽や歌や習字などと、学校通いのころよりも一層忙《せわ》しく稽古《けいこ》ごとに費やしています。

人間一生の間の、最も学ぶに適する十三、四年の間をこうまで教え育てられたなら、多くの若き人々は昔の女に比べて頭も出来さまざまの女芸《じょげい》にも十分に達していなければならないはずのように思われます。しかし実際はそうは行っておりません。女学校出の奥さんといえば多くは家事に疎《うと》い、つまり実際的の頭のない、それならば学問思想のほうはといえば、新聞雑誌の肩の凝《こ》らない部分を好んで読むくらいのところに評価され、縫うことなどはことに昔の婦人に比べることも出来ないというようなありさまです。今後の社会の中堅たるべき階級の婦人が、多くこの有様であるというのは、考えなくてはならないことでございます。

老人たちは、昔の娘が非常な熱心をもって稽古ごとに身を入れた有様をほめて、それに比べると今の娘は上《うわ》の空《そら》である、頭髪《あたま》や着物のことばかり気にして、学問にも女芸《しごと》にも身を入れる人は少ないといい、またある人は、昔の人に比べて、今時の人は一体に根気がないといい、けいこするものが余りに多いので、どれもこれも身にならないのだとは、またよくわれわれの感じに上ることであります。

今の人は昔の人よりも、浮き浮きと根気なく生まれているわけではもちろんないのですけれど、昔の娘の境遇は単純でありました。習慣に従って、両親のしてくれるままのしつけ、親譲りの思想を疑わずして信奉し、年ごろになると、また親の嫁《かた》づけてくれる家に、安んじて嫁入ってゆくのが、すべての娘の運命で、嫁入った女は、また先に生まれて嫁入った女のしたようなことを繰り返すのであると、ほとんど先天的に信じておりましたから、あたかも導かれて、四辺《あたり》に見るものの何もない、一筋道を歩くようなものでした。ただ精出して道にある菫《すみれ》やたんぽぽを摘むことが、彼らの唯一の自由であったのです。種々の女芸《じょげい》はすなわち菫やたんぽぽです。あらん限りの力をこれに集中し、友だち同士はあたかも競争の態度をもって、だれの籠《かご》に香《にお》う菫や美しいたんぽぽがみちあふれるかを楽しみに、ほとんど摘むことの苦しさを忘れるほどであったのでしょう。

広い野原に立たされたようなのは、今の娘です。向こうには海も見え山も見え、そこに耕す人もあり、漁《すなど》る人もあり、一方にさびしい谷陰もあると思えば、輝く日光を楽しんで歌う人も舞う人も見えています。娘というものは、おとなしく下を見て、足元の摘草をするのだといわれても、どうしても四辺《あたり》をながめ、自分は果たして摘草をするために生まれたのであろうかと考えてみたり、自分もあのように歌ってみたい舞ってみたいと思ったりするのも当然のことではないでしょうか。

今の娘はとかくけいこに身が入らないといっても、それは娘の罪でなく、全く世《よ》の中《なか》の舞台が一と廻転《めぐり》したためです。今の人は昔の人に比べて、根気がないように見えるのも、全く根気を散らす機会と、心を労する事柄が多くなって来たためであります。

今の女学校には、根本的に考えてみなければならない、重大な問題が多くあるように思いますが、学科の多過ぎるというのも、確かにその一つです。しかし広々とした野原に立って、刺激も誘惑も多い、世の中に生きて行く頭や知識の入用なこれからの娘に、いわゆる読み書きそろばん、お琴にお針といったような、単純な教育を施すだけにして置くわけにはゆきません。今の女学校の学科は幾分減ずることが出来るとしたところで、今の女がどうしてもこうしても持たなければならない知識は、昔に比べることの出来ないほどに多くなっているのです。ただに持たなければならない知識が多くなっているばかりではなく、しなければならない仕事もふえているのです。

お針が出来て手が書けて、茶の湯と遊芸の出来る物静かな婦人は、過去の家庭を飾っていました。しかし変わって来た時代の勢いは、今の女に全く別種の要求をしているのです。それなのに、多くの家庭も母親も、教育者の多数までも、いまだに何となく昔の女の特色を頭に置いて、今の女を教え導いているように見えます。右にのびようとする枝を、左に持って来るならば、思うようにならないのは当然です。

私は複雑な時代に生まれて来た今の娘に、いろいろの芸までも仕込もうとする仕方は、どうしても見当違いの教育だと思います。器用は無器用に優《まさ》っているのは当り前です。しかし人間の精力は無限ではありません。十分確かな頭をつくり、上っ面《つら》でない知識を養い、そうして自分の最も長ずる唯《ただ》一つのことを仕上げるために、私たちは喜んで無器用に甘んじたいと思います。

大体からいえば、そういうものであろうけれど、さし当たり家の中の細かなことを器用にするのが、女の免れがたい日々の役目であってみれば、いくら頭が出来ていても、一芸に秀《ひい》でていても、無器用では困るわけだ、それはもう当節柄これという一芸のないのも心細い、頭の出来ていないこと、それはまた何よりも困るけれど、どうかして人間がしっかりして一芸一能のある上に、茶の湯生け花の心得ぐらい、またお琴の少しぐらいは知っているようにしたいものだとお思いになる方があるかもしれません。けれどもそれはあまりに虫のよい注文です。今日の世の有様を見るのに、娘を育てる親のほうでも、また若い娘のほうでも、いな、学校までも、ついついこれまでの習慣につらされて、皆この虫のよい注文を持っているので、共々にあちらこちらに気を散らして、とうとう何一つまとまらない、うわうわとした気持の人が多くなっているのだと思います。

家庭でも学校でもまた娘自身も、あまりにいろいろの稽古《けいこ》ごとに走るのは、どうしても間違いだと思います。これは少々極端な例ですけれども、現在私の知っております教育のある母親は、その小学校にいるお嬢さんが、すべての学科がよく出来て、学校のほうが至って楽だからというので、月曜の帰宅後は家のほうに先生をよんで絵のけいこをさせる、火曜日には西洋人の所に唱歌《うた》のけいこ、水曜日にはピアノのけいこ、木曜日には何、金曜日には何と、舞いのけいこまでさせるということでした。喜んでけいこして、何でもよく出来ればそれでよいわけですが、それも当座だけのことです。一つの業でも、本当に達するというのには、真にその中につかって行くというような気分になって、一心にしなくてはなりません。きょうはピアノ、明日《あす》は唱歌《うた》、明後日《あさって》は絵、そのあしたはまた仕舞いというようなやり方では、人の頭はどうして落ち着いて、一筋にあるものに引きつけられるというような境にゆくことが出来ましょう。ちょうど活動写真を見ているような気持であろうと思います。

教えてそうして物にならないものの多いのは、ただにそのものに時間と精力の費やし損《そん》ということだけでは済みません。私たちにはいろいろの緊要な、学ぶべきことと練習すべきこと修養すべきことが沢山あるので、あるだけの精力と時間を、少しも無駄なく十分に使って、ようよう一人前の人間になることが出来るのです。その肝腎《かんじん》の精力を、少しずつだと思っても、あちらで無駄にし、こっちで無駄にしたならば、とうとう自分というものがまとまらなくなってしまいます。やっとのことでまとまっても、無駄をしなければ大きく立派に出来上がるべき人が、小さいものになってしまいましょう。

この節は実に便利な世の中になりました。頭さえ出来ていれば、そうして物事に注意深くありさえすれば、新聞雑誌や人の話や、その他いろいろの見聞から、私たち日々の生活に入用なほどのことは、師匠《ししょう》どりをしないでも、自分一人で会得して行けるようになります。文化の進むに従って、人は大体において、ひとりでに器用になるものです。あれもこれも稽古させて置かなければ家も整えてゆくことが出来ないだろうと心配するのは、頭の出来ていない多くの人を見ている目の杞憂《きゆう》ではないかと思います。

山間の僻地《へきち》に住んでいる人は、たとえいろいろな稽古をしても、とかく都会の人のように日々の暮らしを器用にすることは出来ません。二十年前の女学校は実に無骨なものでした。今の女学生は、髪形から着物の色どり着こなしまで、器用な人が実に多くなりました。このことをもって以前の女学生が学問に熱心であって、今のはお化粧《つくり》に熱心だと一概に観察するのは違います。女学生ばかりでなく、文化の進むに伴ってすべての女が昔より器用な気の利いた身嗜《みだしな》みをするようになったのです。周囲と共にひとりでに器用になっただけのことなのです。

三越で万引をする教育のある婦人もいるから、人の心をそそるような、ああいう所はよくないといい、文学も危険である、演劇などもまあまあ見ないほうが安全だろうといったような具合に、若い人々を取り扱おうとする風も、まだなかなかに多いのですけれど、年ごろの娘でもおとなでも、真面目に真剣に自己の生活に従事している人は、その休息の時において、ときどきよい意味の演劇を見、文学的の読みものを楽しむことは、休息の目的を達すると同時に、趣味を養い得る仕方です。音楽を聞くことや、絵画をみることや、公園や近郊の散歩や、ときにはデパートメントストアに、流行の家具や衣服を見ることも、みな家を整える婦人のそれぞれの助けになることです。文化の広がりは、頭のない人にはただただ誘惑です。金のある人には幸福だといいますけれど、金があっても頭がなければ、やはり今の文化に引きまわされ、贅沢《ぜいたく》に疲れて、無益な生涯を送らせられることになります。しかし頭のある人、一芸一能のある人にとっては、文化も物質文明も、やはり便利と幸福との広がりです。文明を支配し文化を利用することが出来るだけの頭と腕をつくらずにおいて、あたりの文化に目を塞がせるほうの心配ばかりをするのは、無効で有害だと思います。開けゆくあたりの有様に注意して、よくこれを利用することが出来さえすれば、何もそうそう嫁入るまでにというので、朝から晩まで生け花の先生茶の湯の先生音楽の先生と回りあるく必要はあるまいと思います。

どうも私たちには、あれにもこれにも手を出したがる、また出し過ぎる癖があると思います。そうしてあれも出来る、これも出来るという人に無暗に感心する風があります。私の専門は裁縫だから、文学の話をなさっても馬耳東風です。音楽も楽しいとは思いませんし、絵も面白いと思いませんというようなのは、無器用な人間というよりは、むしろ頑固《がんこ》野蛮といわるべきでありましょう。詩歌《しいか》を諷誦《ふうしょう》して楽しみ、よき音楽を聞いて己《おの》れを忘れ、絵画の面白味を知ることの出来るのは幸いです。私たちの趣味性は、折にふれ事に当たって養えば、人によって深浅こそあれ、大抵ここには至り得るもののようでございます。しかしながら、ともすれば、人の歌に感心すれば、自分も歌を詠《よ》んでみようと思い、音楽を面白いと思えば自分も弾いてみようとするのは余計なことではないかと思います。

趣味は広く実行は専《もっぱ》らなるに越したことはありません。心を落ちつけて、堅実にして聰明《そうめい》な頭脳《あたま》をつくり、且つ自己の才能と境遇の許すかぎりにおいて、熱心に一芸一能をみがき上げることが出来るならば、その人はこの世の中に処する上に、一番大切な鍵を握っているのです。

老人はちょっとお琴も弾く歌もよむ、母親も同じように、またちょっとお花も出来る、お料理も出来る、娘も器用でちょいちょい何でも出来るというよりは、老人は音楽は出来ないけれども、お茶のほうは手に入ったもの、母親は実用的の方面にすぐれた人で、娘はまた音楽に堪能《たんのう》だというほうが、そうしてそれが協力したらお互いに自分のすぐれた長所によって家族を益し、家内の趣味を高め広めて行くことが出来ます。さらに遺伝として子孫におよぼす影響を考えてみても、頭の出来た人、忍耐努力して自己の最も大いなる長所を発揮した父母祖父母を有する子供は、多くの場合において、すぐれた資質をもって生まれ得るであろうと思います。

あれもこれも師匠《ししょう》どりでなくては出来なかったのは、社会に文化の行き渡らなかった昔のことです。今日は自分の住んでいる社会そのものの文化から自然に頭や手を器用にしてもらうことが出来るのですから、あれこれとけいこして器用になるという考えを捨てて、器用な人になるよりも、まとまった頭がほしい、まとまった人間になりたい、という風に考うべきだと思います。

（大正二年四月）

# 保全の力と進歩の力

一

古い女新しい女と盛んにいわれたのは十年前でした。しかしその十年前の新しい女というのは、ほんとうに新時代の思想がわかっていたのでなく、読みかじった新思想を、珍しいおもちゃを持った子供のように見せびらかすのがうれしかったのです。けれども今では、一知半解の新思想を珍しそうに振りまわす人は、少なくとも表面の舞台にはなくなって来ました。従って「私は古い女です」などといっていたような人びとも、いつの間にかその屋根の上の看板を取り下ろしてしまったように思われます。遅いようで早いのは時代の遷《うつ》り変わりです。旧《ふる》いの新しいのということが議論の題目である間はのんきだったのです。今日のわれわれは新時代の思いを生活するのでなければ、自分自身も家庭も国家も危いのだということが、めいめいの身辺の事情からも切実に分かって来たものですから苦しくなりました。こういうこともこれではいけない、ああいうこともあれではだめだと思いながら、さて思い切って改めてみようとすれば、旧《ふる》いままの周囲の事情と人びとと、旧いままの自分自身の人格とが、ちっともいうことを聞いてくれないのです。新旧の論議の時は過ぎてしまって、ほんとうに実戦の時が来たのです。私どもは落ちついてこの実戦の勝利者になるのでなければ、禍はわれらの子孫にまでもおよぶことになるでしょう。

## 二

新旧衝突の悲劇は、例えば嫁と姑《しゅうとめ》、親と子、先生と生徒の間にあるばかりでなく、自分自身の中にも、常に新しい自分と旧い自分との不調和乖離衝突《ふちょうわかいりしょうとつ》のあることを感じます。新たに自由恋愛説をうけ入れて実行している間に、正真正銘の自分が出て来て、ついに情人を斬《き》らずにはいられないようになった例《ためし》などは、その最も著しいものの一つだと思います。反対に今の時勢の向き方に反感を持って、昔々という人は、伯夷叔斉《はくいしゅくせい》のようにでもしているならば、なるほどあの人は全然旧時代の人かとも思われましょうけれど、水道の水を飲み電車にのって勤めに出かけ、三越や帝劇に行っても悪い気持がしないなら、やはり今日の世の中から幸福を受け取り得る一人に相違ないのです。その人格や思想の中に、旧い分子を比較的多く持っている人と、新しい分子を多く含んでいる人とあることは事実でも、全然新しい人、全然旧《ふる》い人というものの、同じ時代にいるわけでないことを深く味わってみると、我は新人なり彼は旧人なりといったような、どこに一つの通路も温か味もないような反感は、互いに起こらないはずでございます。

新しい人にも旧《ふる》いところがあり、旧い人にもどこかに必ず新時代と共鳴するところがあります。新しい家にも旧い家にも、ましてそれらのすべてを含むこの社会には、古い心持も新しい心持も存在しているのは、いうまでもありません。そうして自分自身の中にも、各々の家庭の中にも、社会の中にも、新旧の分子の含まれているのは、ただに今の時代ばかりではなく、過ぎ去った昔の時代でもそうであり、これから先のいつの世も、また必ずそうあるべきはずなのです。ただ世の中の進歩の遅々としている時代には、新と旧との隔たりはさほど目立つほどでなく、進歩の著しい時代ほど、同時代に住む人と人との間にも、また一人の人の中にも、その持っている新旧分子の隔たりが大きくなるのであります。

で一身を修めるということは、いつの世にあっても、自分自身の中にある新旧両分子を巧みに調和して、めいめいの精神生活の安全を保ちながら、その安全の立場から着実な歩みを進めて、絶えず進歩し向上して行くことであり、家をととのえるとは、一家の中の人びとの仕来たりや好みの中にある旧い心持と新しい心持とを、常に調和し按配《あんばい》して、一家の安全を保ちつつ絶えず進歩させて行くことであります。社会を治めるというのも同様に、その時代の中に含まれている新旧さまざまの分子を調和して、よくその所を得させ、世の中の安全を保ちつつ進歩させて行くことです。自分と他人《ひと》との関係も、社会と自分との関係も、またこのようにしてよくその調和を保つ所に、健全な進歩の足場がつくられるのです。新旧の戦いに成功する人は、常にこのバランスをとり終《おお》せた人で、失敗する人はそれの出来なかった人だと思います。

三

どうしたら私たちは、自分の中にある新旧と、人と自分の中にある新旧と、自分と社会の中にある新旧との按配を適当にし、すべての新と旧との衝突によって身を破ることがないように、そうしてその中から十分に進歩して行くことが出来るように、バランスを取って行かれるのでしょうか。

例えば白と黒との二つのものが一緒になるのは、白が黒に従って黒くなってしまうか、黒が白になるかしてしまわなくてはならないと思ったり、白も黒も共に互いに譲り合って、お互いに白でも黒でもない鼠色《ねずみいろ》になってしまわなければならないと思ったりしている人が沢山あるように思います。それでは二つの色が調和したのではなくて、一色になってしまうのです。旧《ふる》い考えの姑《しゅうとめ》と新しい思いの嫁と互いに譲り合って、鼠色になってしまうか、でなければどちらか服従してしまいさえすればよいと思うのは、新旧調和の必要をただ家内に波風の起こらないようにということばかりに置いているからです。ただ無事な日が過ぎて行くばかりでは、私たちの生まれて来た意義も、家庭をなしている意味もなくなってしまいます。お互いに調和を必要とするのは、そこに私たちが相助けて健全に進歩して行く足場を見いだしたいと思うからです。白がよいと信じているものは、その信じているままの色合で、他との調和を許らなければなりません。黒がよいと信じているものも、また同じことです。自分一人の中にある白と黒とも、それをよい加減につきまぜて、曖昧《あいまい》なものにしているのでなく、またその衝突し矛盾しているままに放って置くのでなく、その異なる二つのものを調和して、現在の生活の動揺と破綻《はたん》を防ぎつつ、その間に静かに自分の進むべき道を見いだして行かなくてはなりません。

違った道筋を調和するのには、どうしてもいろいろに工夫して、黒の中に白を挿入《そうにゅう》してみるのです。例えば一枚の着物としてみても、黒い着物の褄《つま》に白い模様を描いてみると、白ぎらいの姑《しゅうとめ》でも、黒ばかりよりはなるほど面白いという気になるでしょう。次に繻袢《じゅばん》の襟《えり》にまた白をかけてみて、それもまたうつりがよいと思うようになれば、今度は下着にも白を襲《かさ》ね、それもまた成功すると、頑固《がんこ》な姑もなるほど着物は黒いものだとばかり思ってはいられない、この節の人はいろいろに工夫して、着物に変化をつけるのだということに思いおよぶようになるでしょう。そこではじめて白と黒と一緒にした鼠《ねずみ》もよいと思い、茶や緑色もちょっとあしらって、小松でも描いてみよう、この着物にうつる帯はどんな色合か、ということも考えてみるという風で、真黒い着物がだんだん異《か》わって行くでしょう。私たちの生活もこうしてだんだん描き出されて行くように思います。

家のことばかりしていると、どうしても世間に遅れるとは思うけれど、ときどきでも出掛けることを夫も姑も好まない、また子供らもいつも家にばかりいる母親が、たまに出かけると変な顔をする、一体自分にどちらのほうがよいだろうという風に、白と黒との二つの心持が、向かい合っているような時に、やはり今までの少しも出なかった生活の中に、よい機会をとらえては、出てみるということを挿入《そうにゅう》してみるのです。二度三度とそうしてみるうちに、外に出るとなるほどさまざまの感じを受け取るものだということが、少しずつ自分を励ますようにもなり、外で得て来たさまざまの感じを、家の人たちにも上手に発表して、同感を得るようになれば、ときどき出掛けたいという新しい希望と、家にばかりいる人であったという旧《ふる》い自分と調和されて来たのです。自分自身の生活の中で、まずそのように旧い自分と新しい自分とが調和されて行きますと、自然はたの人の心持にも、それが少しも突飛でなく、安らかに受け取られて行くものです。そうしてまたそこに自分ばかりでなく、家人も新たに進歩して行く一つの道がつくられるのです。

とかく昔風のお料理ばかりこしらえようとする姑《しゅうとめ》と、今風の食卓にしてみたい嫁とがあるにしても、衝突を避けるために年寄りに従っていようとあきらめたり、何でも自分の流儀にしなくては気がすまなかったり、双方で遠慮して妙に譲り合ったりするのでなく、よい機会のあるたびに、自分の好みを姑の流儀の中に挿入《そうにゅう》しようと工夫するのが、嫁の本分にかなった務めであろうと思います。すっぱい蜜柑《みかん》をお歳暮にもらって持て余しているようなときに、ゼリーでもつくって出せば、すぐに採用されるのは当り前のことでしょう。ご飯のあまった時に、お菓子をつくったり、塩からい鮭《さけ》をコロッケにしたりすることには、だれも異存がないはずです。それと同時に、姑の得手な料理の中にも、きっと重宝なものが幾つかあるに違いないのですから、心からそれを習って、姑のほうからもそのよいことを、自分の生活のほうに入り込ませるようにすれば、嫁と姑の異なった料理の趣味が、各々その特色を持ったままで調和して行くことが出来るので、姑もときどき嫁に任せて食卓をととのえさせてみる気にもなるでしょう。そうして果たして、嫁の流儀が姑の流儀よりも、より以上に家人多数の嗜好《しこう》にかない、また時勢の色合いにも合ったものでありましたら、その家の古風な食卓が、いつの間にか追々に新しいものになって行くでしょう。

黒いばかりが着物だと思っている人は、褄先《つま》きに白で模様を描いても恐らくよいとは思わないだろうと考えたり、白襟《えり》もいやがりはしないかと心配したり、出掛けべきよい機会ではあるけれども、出るといったらあるいはいやな顔をされるかもしれないと案じたり、すっぱい蜜柑をゼリーにするのはよいと思うけれど、ひょっとしてそんなものといわれないとも限らないというように思ったりする人は、よくあるものです。そうしてその結果は、さわらぬ神に祟《たたり》なしというように、すべてのことに決して自分からは手出しをしないということになり、そういう人が一人いると、叱《しか》られることもないかわりに愛せられることもなく、親切をしないかわりに親切にもされないというように、冷淡の気が家中にみなぎるようになると思います。

## 四

前にもいったように、新しい旧《ふる》いのといったところで、同じ時代に生まれ合わせて、同じようなものを見たり聞いたりしている人間同士のことですもの、隔世の感があるというのは、ざっと見た形容詞に過ぎません。お互いに心と心とをふれ合わしてみると、学問があるのないの、性質はどうのこうのといっても、人各々の特色よりもさらに奥深い力強い、人類としてのさまざまの本能や感覚は、すべて一様に働いて、少しでもより真実なもの、より善美なものを探《たず》ねて同じように動いているのです。自分が思っていたよりも少しでもよいものや、自分の思いつきの中にはなかったことが、そこに現われて来たならば、どうして心の動かないことがありましょう。二度や三度は負惜しみをいうことがあっても、とうとう本心が現われて来ることは確かです。私たち自《みずか》らが地の上を歩いていることばかりを考えて、私たちを地面の上に引きつけている、さらに大きな力のことに思いおよばなければ、人は皆てんでんばらばらのもののような気がします。人各々の心持がいろいろの場合に当たって、その好むまま欲するままに動くことばかりを考えて、あたかも地球の引力のように、そのさまざまの心持を一つ所に引きつけて、すべての人間の心の底を通じて流れている、人生の大きな根本的の心持に思いおよばなければ、どうしても人は人、自分は自分という風になってしまいます。

着物だの食物だの、ちょっとした生活上の習慣だのというような卑近なことばかりでなく、自分とは異なった思いを持っている他人の心持の中に、自分の思いを挿入《そうにゅう》することもちろん出来ることでございます。人間の人格というものを少しも認めようとしない固陋《ころう》な人があるとします。もしもこちらがほんとうに深く人各々の人格の尊《とうと》さを自覚しているならば、一つの家に朝夕を共にして、幾年月も住んでいる間に、ちょいちょいしたさまざまの機会をとらえて、おのずから人格無視主義と、人格愛重主義との、異なった感じと優劣を知らせることが出来るはずです。この不断の注意と努力を怠っていると、あるいは結婚問題、あるいは子供の教育問題など、何か家庭に大問題の起こった時に、たちまち無人格主義と人格主義とが接戦をしなくてはならなくなります。新旧衝突はそれではないでしょうか。

私たちは子供については、よく教育的ということを申します。親が不断に子供に対して教育的で、何かにつけて、その考えを陶冶《とうや》してやることを怠らずにいれば、子供は事に当たって自然に無茶苦茶な振舞いをすることがありません。おとな同士の間でも、それと同じような心持で何事もなく起臥《おきふし》をしている日々《にちにち》を、決してぼんやりと送らずに、折があればすかさずに旧い人びとの心持や生活の中に、新しい自分の思いや生活を挿入してみよう、人の長所も受け入れようと緊張して暮らしていれば、真黒な着物のように陰気で単調であった姑《しゅうとめ》の心持を、白い自分の色や、他の茶色や緑色などもとりこんだ、上品な変化に富んだ着物のようにすることが出来ます。新人の旧《ふる》い家庭に入ったり、旧い社会にだんだんに新しい思想の生まれて来る意義はここにあるのです。世の中に旧いこと新しいことのあるのは、新人も旧人もいたずらに苦しむためではありません。けれども事実新旧衝突に苦しむことの多いのは、旧人の頑固《がんこ》なためだというよりも、むしろより以上に新人に腕のないため、ぼんやりしているため、怠りがちなためであります。社会の圧迫に堪えないという人は、社会の欠陥に向かって進んで自己を挿入《そうにゅう》するだけの誠と力のない人です。それでなければ挿入すべき自己を持たない人です。

黒い着物のような姑が、模様に変わって行くばかりでなく、白い一方であった人も、姑の黒い色を取り入れて、すっきりとした市松を織り出すことも出来るでしょう、さらに他の緑やお茶をその上に、いろいろの模様にして織り込むことが出来れば、立派な織物が出来るはずです。嫁と姑の間ばかりではありません。人の生《いのち》という織物は、いつでも自分の持っている持前の地色に、その周囲にあるさまざまの色を取り込んで、すぐれた模様を織り出し、完全な調和の美を発揮することが出来たところに、その貴《とうと》い価値《ねうち》があるのです。そのままにしておけば、敗滅に帰してしまうのが最後であるべきものも、それを新しい生《いのち》の中に取り入れて、自己の生《いのち》を完成し、同じようになくてならないものとして、さらに後の世にまで伝え、新たに生まれて来る後人の生《いのち》に、多くの寄与をするからです。そうしてこのように自他の生《いのち》の助けによって、優秀な生《いのち》を自《みず》ら織り出すことの出来る人の生涯は、常に感激と同情にみちみちた幸福なものであり得るはずです。

保全の力と進歩の力と――私たちは確かに、進歩し成長するために大いなる保全の力を持っていなくてはなりません。ほんとうに新しいものを生み出すために、旧いものを理解し利用しなくてはなりません。調和と称して鼠色《ねずみいろ》になってしまったり、旧《ふる》い色に降参して、自分も真黒になって、平和な家庭を持っているのは、くれぐれも大違いだということを、明らかに考えてみたいと思います。

（大正七年二月）

# 今後の社会と婦人の職業

昔は数頃《すうけい》の地面を持って、米を植え麦を植え、お茶も野菜も果物も、骨身を惜しまず作っていれば、食うに困るということはありませんでした。家には紡《つむ》ぎ車と、織り台と、臼杵《うすきね》が備えてあれば、そうして女が、それらの器具を絶え間なしに働かせて、野良から帰る男を待っていさえすれば、着るための心配もほとんどないのでありました。そうして家庭も平和安穏であったのでございます。

未開の時代は、多くの人が粟《あわ》も野菜も自《みずか》ら作らねばならず、糸を取ることも機を織ることも、自分でしなければならないので、日々の生活に多くの手数《てかず》がかかりました。そうして手数の多いかわりに、頭を使うことは少なかったのです。世の中が進んでくるに従って、鋤鍬《すきくわ》を持つかわりに商売をするものも出来、工業も発達して、私たちはたやすく商人の手を通して、食うものも着るものも手に入れることが出来るようになりました。毎日の暮らしに手がかからなくなっただけそれだけ、昔の人の思いもよらなかったほどに、多くの生活費がいるようになりました。

昔は自分の食べるものや着るものを、直接に自分の手が作ってくれました。分業がますます盛んになり、人間もまただんだんに複雑に奥深くものを考えるようになってくればくるほど、自分の生活は他人《ひと》がしてくれます。そうして自分は、自分の長所とするところに、自分の精神をも集中し、身体をも打ち込まなければなりません。自分の生活は他人《ひと》がしてくれるといえば、実に楽なものだと思われるかもしれません。しかし自分の生活を人にしてもらうのには、多くの価を払わなければならないのです。そうしてそれが自分の働きから出なければならないのです。

うどんを食べようと思えば、わが家の畑に出来た麦を持ってきて家中の女が朝から総がかりで打ったり切ったり煮たりする、いつもはいらない膳椀《ぜんわん》まで倉から出して来て使わなければならない。使ってしまえばまた大勢でそれを片づけなくてはならない。昔のこうした生活、今も地方の旧家などに見るこうした生活のかわりに、うどんはいつでもうどん屋にいいつけることが出来る。好み好みの品々は、すぐに運ばれる。日に三度のほかの膳椀を用意しておく必要もなければ、従って出し入れの手数もありません。呉服物はどういう品でも呉服屋の店に並んでいます。主人の着物は手入らずに洋服屋が届けてくれます。めいめいの家庭で米を炊く必要こそあれ、舂《つ》く必要も作る必要もありません。しかも素人の手織よりも精巧な織物、鮨《すし》でも菓子でも、めいめいの家庭でつくるよりも上手に上等に出来たものが得られるのです。和服の裁縫だけは、今日のところ普通家庭の仕事となっておりますけれど、それもいつまで続くことだか分かりません。

私の家は質素倹約である、器用に出来た織物の必要がない、不手際《ふてぎわ》なものでよい、鮨をつくるのに上等の材料もよい職人の腕もいらないといってみたところで、それなら昔のように、機も一人で織ることに、うどんも家で打つようにしてみたらどうでしょうか。第一素人《しろうと》が機を織る器械から材料から、どこでもちょっと調《ととの》えられるというわけにはゆきません。餅《もち》つきの臼《うす》までめいめいの家庭に用意しておくということは、今日の世の中では出来ないことなのです。

否《いや》でも応でも私たちは、玄人《くろうと》の手になった比較的精巧な織物を着なければならず、家でつくればもっと質素なものですむにしても、材料にあかせ、玄人の手で器用に出来た食物なども買わなくてはなりません。ランプでも我慢するといったところで、今は電燈の世の中になっているのです。かくして世の中が進めば進むほど、どんな頑固《がんこ》な人でも、手織木綿《もめん》やランプとは絶縁して、ぜいたくというのは適当ではありませんが、とにかくだんだん生活の度が高くなってゆくのです。上等のものを着、上等のものを食し、出るにも入るにも金のかかるようになるのです。自分で米を舂《つ》き機も織ってと思っても、どうしてもそれが出来ずに、皆それぞれに専門家の手によって私たちの生活の手数の大部分がなされるようになり、私たちはまた自分自身の専門によって得た収入で、それらの価を払わなくてはならないことになります。

どの家でもどんな人でも、耕すことから織ることから、自分の家の生活をすべて自分の手でしている時には、世の中に目覚ましい進歩というものはありません。たれも彼も同じようなことを考えているからです。しかし耕す人は耕すことを専門に研究し、織る人は織ることを、縫う人は縫うことを専門に研究するようになれば、世の中のすべての方面が、ずんずん進歩してゆきます。商人は商売の仕方について深く考えて見、医師は医術のことを、法律家は法律のことを、宗教家は宗教のことをほんとうに考えて、それぞれに奥深い知識に達し、またその知識を相互いに話し合い、相互いに利用しあう道も開けていって、はじめて人類の生活に必要な各方面の知識は日々に新たに、私たちの常識もいよいよ広くなり高くなってゆくのであります。

なるべく自分の家の生活に、他人の手をかけないようにする、そうして出来るだけ少ない費用で生活してゆく。こういう消極的の生活の仕方は、知らずしらず変わっていって、その向き向きの人の知識や労力を、相当の費用を払って、出来るだけ自家の生活に利用する。そうして自分もまた自分の知識と努力によって世に貢献し、それによって相当の報酬を得るということになるのです。世の中が進むに従って、ますます多く働いて多くを払わなくてはならない時代になりましょう。

払うというのは、物質ばかりではありません。得るというのも、また同じことです。私たちはただに自分の労力に対する物質的の報酬を受けて、そうしてまたそれをもって、他人の労力を購《あがな》うばかりでなく、私たちは出来るだけ自己の天分を発達させ、またこれを働かせることによって、他人の精神的労作をも、ほんとうに味わうことが出来るのであります。私たちは潤沢な生活費を得ることによって、物質的に幸福な生活を営むことが出来、自己の才能を多く用いることによって、精神的にも豊富な生涯を送ることが出来るのであります。真に健全なる生活、真に幸福なる生活とは、すなわちこれであろうと思います。

## 二

男は商売をするか外に出て月給を取る、妻は内にいて縫い物や料理をするというのは、今までの慣《なら》わしでありましたけれども、来たるべき時代の勢い――むしろすでに来たりつつある今の時代の進み方を、以上のように考えてみると、今はどうしてもこれまでの慣わしを変えて行かなくてはならない時になっております。

男子は職業本位に、女子は家庭の日々の生活を経営したり、ことに子供を教え育てることを、その天職の本位としてつくられてあることはもちろんでありますけれど、男子もまた子供の教育に無関係ではなく、家庭の仕事の中にも、男子の手をわずらわすべきことが少なくないように、この世の中にも女のなすべき仕事が実に沢山にあるのです。言いかえれば、われわれの住んでいる社会は、一の大いなる家庭であります。めいめいの小さな家庭に男と女が必要なように、世の中の経営にも進歩にも、男のほかに女がなくてはならないのです。男ばかりが外面の社会を経営して、女はことごとくめいめいの一家の中にのみその仕事を限られていた時代は、確かに片寄った時代、未開の時代、そうしてまた婦人の無力な時代であったのです。世の中が複雑になればなるほど、完全に近づけば近づくほど、すべての方面に、男と女の考えと、男と女の感情と、男と女の手がいることが分かってきます。

文学の方面に女がなくてはならないことは、早くから分かっておりました。演劇も男ばかりでは出来ないということが分かってきました。男の頭ばかりで作った法律の偏頗《へんぱ》なものであることも知れ、男子の手にばかり支配され、導かれて来た社会にも、多くの間違いのあることが、ありありと目について来ました。近代の婦人の運動は皆そのために起こっているのです。学問の方面にも女性の頭が必要であり、学校および社会の教育にも男と女の手を要し、工業にも商業にも多くの女が参加するようになりました。そうしてこれらめいめいの家庭以外の、婦人の仕事や領分は、最も多く職業の形においてなし遂げられるのであります。どうして婦人の職業に従事することが悪いのでしょう、不必要なのでしょう。どうしてまた婦人の天分にそむくものでしょう。かえって婦人が適当に家庭以外にも仕事を持つことによって、社会というこの大きな家庭が完成されるのです。婦人も職業を持ってもよいではなく、婦人も職業を持たなければならないのであります。

私たち一身一家の都合から考えてみても、前に記しましたように、世の中が開けてゆくに従って、毎日の生活がますます便利になり、少ない時間で暮らすことが出来るようになってきます。そうして私たちはその文明の利便を得るために、だんだん多くの生活費を払わなければならなくなります。家族を養うということは主として男子の責任ではありますけれど、家内の仕事以外の仕事の出来る婦人は、出来るだけその才能と時間とを利用して、収入を得るように努めることは甚《はなは》だ必要なことであります。

よしまた富家に生まれて、財力のあり余る人でも、夫の力でどんなに立派な生活の出来る人でも、人はただ衣食するためにばかり働くものではありません。衣食の心配がないからといって、働く必要がないということにはなりません。自分の才能を出来るだけ発達させ、またこれを出来るだけ働かせることを、一生懸命に努めない人は、あたかも運動をしない人のようなものです。その魂の光がだんだんに弱くなり、その力は衰えてゆくばかりです。これからの劣等人種は、どういうところから出来るでしょうか。全く空虚な内容を華美な衣食に包んで安居する種類の生活から生まれるのです。私たちはめいめいに気をつけて、劣等人種の祖先にならないように努めなくてはなりません。

私たちは出来るだけ物質文明を利用して幸福な生活をするために、十分な収入が欲しいと思います。そうしてまた出来るだけ、開けゆく世の精神的文明の空気を吸収して、日々にわが霊性の血を新たにするために、わが魂の働きをもっと活発に奥深いものにしたいと思います。私はそのために、多くの婦人が出来るだけよい職業に携わることを最も必要なことであると考えております。貧しき人の子も富める人の子も、男も女も一様に独立自活ということを、人間生活の大切な最初の出発点とするならわしは、私たちの学ぶべき緊要なことであると思います。

## 三

しかし実際に当たって現在の家庭の事情を考えてみると、ここに私のいうことは、あまりに理想に馳《は》せ過ぎたものではないかと思われる方々もありましょう。

大勢の子持ちであったり、特別に忙《せわ》しい家の主婦でないかぎり、今の悠長な生活法を改めて、本当にてきぱきと仕事を片づけるようにしたなら、あるいは一日に若干時間の暇をつくることが出来るかもしれない。また世間にはそうでなくとも暇のある婦人も少なくないようである。しかし、さて日に二、三時間でも、家を開けるということになると、女中は果たして自分も共に居るように仕事をしてくれるであろうか。子供たちを親切にしてくれるであろうか。二、三時間ならまだよいとしても、そんな都合の職業はどこにあるだろうか。学校に出ると一日仕事になってしまう。よしまた学校に出ることが出来るとしたところで、多くの主婦にそれだけの実力を持っている人は少ないであろう。婦人が職業を持つといっても、たかがお針や編み物ぐらいでは、いっそ女中をやめて、自《みずか》ら代わるほうが経済的に行くであろう。

あるいはどんなによい仕事の出来る婦人でも、一家の経済が、どうしてもこうしても苦しいというような現在の有様ならば格別、ちゃんとした夫があって、出るにも入るにも、妻の手を必要としているのに、女も外に出て働くということになれば、どうしてもその辺が不行届きになるであろう。夫は果たして喜んでくれるだろうか。学校の友だちが何年振りかでたまに尋ねて来ても、老人《としより》はよくは思わないようである。家の中にばかりいればこそ、これでも済むようなものの、人づきあいも思うように出来ないようでは、職業を持つということは不可能である。

なるほど娘たちは、一概にお茶だのお花だのお琴だのと、人まねのけいこばかりをさせるよりも、これからの婦人として恥ずかしくない、役に立つ頭を持つように育てるほうがよいかもしれない。実際それでなければ心細いような気もする。けれどもやはり今の場合、そういう風に育てては十人向きのしないものになるであろう。そういう女でなければならないと気がついている男も少なくないであろうけれども、必ずそういう夫に嫁《ゆ》かれるともかぎらない。ありきたりの型のほうは無難である——と思う方の多いのも本当に無理ならぬことであります。

実際今のような女中では、主婦は安心して家をあけることは困難でありましょう。教育のある女の従事すべき職業の数々も沢山はありません。学校に出るとすると今のところ時間の長いのに困ります。短い時間で相当の収入を得ることの出来る職業といえば、自然に多くの実力を要する仕事で、なかなかに今の婦人にそういう力がありません。夫の身のまわりにも多く手がかかります。今の婦人がいろいろの事情のために、多く職業をとることが出来ないというのは実際です。それならば、これからの婦人に種々の点から是非職業が必要であるというのは間違っているのでしょうか。ところがこの両立しない二つのことは、どちらもほんとうなのでございます。

考えてみるのに、婦人の職業に従事することを妨げる以上のさまざまの理由は、皆ことごとく目下の事情――事情というよりは目下の社会の不完全な点であります。私たちは努力してこれを改めようと思えば、決して絶対に出来ないことではないのであります。きょう明日《あす》に改めることが出来ないとしても、これらのことは是非とも改めなくてはならない今の家庭や社会の情弊なのです。

婦人の才能をすべての方面に出来るだけ引きのばし、家庭以外にもそれぞれ適当な仕事を持つようにすることは、奨励しなくてはならない、またどうしてもそうなければならない大切なことなのでございます。いつまでも眼前の情弊にとらわれて、進むべき道を誤るということは憂うべきことであります。

私たちは、きょうも袷《あわせ》を着ています。きのうも袷を着ておりました。明日《あす》もたしかに袷を着ると思います。目の前ばかりを見ていると、そんなに思われるのでありますけれど、いつの間にか冬になるではありませんか。袷を着ている間《ま》に綿入れの入用なことを思わなくてはなりません。目《ま》のあたり職業を持つ必要のない人も、娘をただただ世間並に教育して、それで済んでゆく人でも、考えてみなければならないことでございます。

婦人の職業は二方面から、十分に考えられなくてはならない時です。その二方面というのは、二つの相反した方面です。一つは女学校やもっと高い教育をうけた娘たちに、お茶だの花だのという悠長な稽古《けいこ》ごとをさせておく人々のために、子供が大きくなって身体がひまになる、緊張してするほどのこともないので、年中小さな病気相手に暮らしている階級の人々のために。他の一方面は子供を学校に通わせる代わりに長時間空気の悪い工場で働かせなくては生活の出来ない多くの人々、産後の婦人がすぐと車の後押しをしたり、分かりきった無理も背に腹は代えられない事情から来ている人々のために。そしてこの二つの方面は全然無関係のように見えて、実はこれほど密接な関係のあることはありません。一方に働かない人があるために、一方に働き過ぎる人が出て来るのです。前者に属する方々にどうかこの論文を読んでいただきたいと思います。

（大正二年一一月）

# 婦人の職業と収入

## 一　婦人の職業と家庭生活

一般的通俗的にいえば男子は収入を得て家族を養うために、職業に従事するのだといえましょう。けれども家に資産があるからといって、何もしない人があれば、今日の私たちには、もったいないつまらない生涯《しょうがい》だと思われます。ところが二、三十年前には必ずしもそうではなかったのです。何もしないで食べていける人は、かえって上等の人だと思われていたのです。それはちょうど道を歩いている人よりも、車に乗っている人のほうを上等だと見るような具合です。娘を嫁にやるのでも、何もしないで食べている家というのが、最も理想的な所のように思われていたこともありました。今日はだれだってそんなことを考えている人はありません。各自の才能に応じてよい働きをしている人と、食ってばかりいる人と比べものにはなりません。また男子は収入を得るために職業に従事するといっても、もしその人が、ただ収入に目がくれて、月給さえとればよい、金さえ儲《もう》かればよいというように仕事をしたら、決してよい働きが出来るわけもなく、だれもそれを職業をとるよい態度だと思う人はないでしょう。

女は家を治め子供を育てるという、先天的の仕事を持っています。この点男と同じではありません。それだからちょっと考えると、女が職業を持つといえば不自然なこと、夫に腕がないから女も出て働かなくてはならないのだという風に思いたくなるのですけれど、今日の事情と道理を考えてみれば、時勢に従って女の職業に対する立場も違って来ているのだということがよく分かります。

昔は女にお針や水仕事、そういう家の中の業《わざ》よりほかは教えませんでした。今日の学校教育と比べて雲泥の相違です。ことに才能のある人は、ずんずん伸びているのです。その才能のある人に、強《し》いて家内の仕事ばかりをさせておくのは不自然であり、社会からいっても損失です。また私たちの持つ子供の数は一様ではありません。一、二人の人もあり七人八人というような人もあります。また全くない人もあります。家内に老人弟妹などと家族も多く、仕事も忙しい人もあり、人数も少なく用事も少ない人もあります。才能が異《ちが》っても、家の中の仕事の分量が異《ちが》っても、何でも女は家の中のことだけすればよいというのは道理に合わないことです。それでこのごろは、家の中で用事も少なく子供も大きくなって、何もしないでいる婦人を見ると、もったいない、あれだから年中どこが悪いここが悪いと、身体の故障ばかりいいたてているのだと、多くの人が思うようになりました。

二、三十年前までは、男子でも何もしないで食っている人を上等な人だと考えていた世の中が、今日そこまで変わって来ているのです。そのほかに前にも書いたように、われわれの生活にだんだん金がかかるようになって来たのです。昔よりずっと高い教育によって伸びて来た女の才能を役に立てべき場所がちゃんと出来ているのです。世の中は人間ばかりで経営しているのではありません。人間以上の力はいつでも働いているのです。女も働かなくてはならなくなって来た、世智辛《せちがら》くなって来たと思うのはいじけた考えだと私は思います。世の中は不合理からだんだんに合理的に進んで来るのです。真理に近づいて来るのです。男も女もいつでも勇んで時勢を見そこなわず、時勢のさし示す最も健全な方向において生きなくてはなりません。

家事子育ての役目は、女性に負わされた仕事です。その仕事を主とたてて、そうして女は職業のことも考えてみるのが当然です。それには収入の必要という条件もまざっています。実際問題においては、収入の必要がさきに立って、婦人の職業心を目ざまして行く場合が多いのです。しかもまず収入を得るために働くと称せられる男子でさえも、月給さえとればよいという態度で仕事をしては不都合なのですから、なお家庭のつとめを本位とする婦人の職業は、収入本位になってはならないのです。それは何よりも婦人の職業をとる場合にしっかりと心に入れておかなくてはならないことです。

婦人がよい職業を持っているために、物質上よりも精神上に家庭を益し、子供たちの発達のためになったと、皆が感謝するようになれば、その婦人の職業は成功したのです。そうして家庭に対する十二分の責任も果たされたのであります。

## 二　収入本位の職業の弊害

世の中の物質的文明から、幸福を得ようとする心持を虚栄だとは思いません。従ってこの世の中には、どんなに楽しい生活があろうとも、それを取ろうとも思わずに、不自由な生活に甘んじていようとする心持を、少しも美徳だとは思いません。かえって前者は自然であり、後者はいじけた不自然な心持だと思います。しかし私は収入を得たい得たいが一心で職業に従事することには最も反対です。

夫を失って大勢の子供を扶養しなくてはならない立場になった人でも、その職業をとる心持は、どこまでもこの子供をよく育ててゆきたい、その一心でなくてはなりません。収入本位の気持で母が職業をとっていればそれは女性の堕落です。ことに若い娘たちや主婦たり母親たる人々が、収入をめあてに職業に従事することには、恐ろしい害毒を伴うものだと思います。婦人の職業の幸福な発達を妨げている大いなる事実の一つは、世の中の進歩に対して、出来るだけ娘や妻の眼を塞いでおこうという、固陋《ころう》な長上や男子の心持であり、他の一つは収入を第一のめあてとして職業に従事しているご婦人の非常に多いことです。

家にいて母親の手つだいをしていれば、まとまった小遣《こづかい》をもらうことも出来ないけれど、自分で月給をとると、かねてからうらやんでいるような、気の利いた服装も出来るというような心持で職業をえらぶ娘は、まずその出発点において、母に対する同情を金に換えているのです。自分のためにも社会のためにも有益な仕事に従事したい、自分の性分と境遇に適した職業に従事したいと熱心に思うよりも、さしあたって収入の多いその割に骨の折れない職業に気のひかれるのも、職業の目的を収入においている人の知らずしらずすることです。執務中でも、自分の受持の仕事に身を入れて、きょうよりは明日《あす》とよくなってゆく仕事の出来栄えを楽しむよりも、なるべく面倒なしに取り扱おうというようになり、怠けている仲間があれば自分ばかりせっせと仕事をするのは損なような気にもなり、上の人のいる前では、勢いそうした怠りをかくすために、勉強する風をしなければならないということにもなります。

母親の手つだいでもして、おとなしく家庭《いえ》にいれば、染絣《そめがすり》の着物をきていても、初心《うぶ》な可愛い気《げ》な娘でいられるものを、家に帰れば縦のものも横にしないような怠惰な、人ずれのした、欲張った娘になって、絹まがいの着物や流行の肩掛けが、そうした内容を包んで、罪のない染絣の娘たちを、眼下に見下すようなことになります。世の中の人は、これを職業の罪であるとして、出来ることなら娘に職業を取らせたくないといい、それには染絣で満足するように仕向けるのが、最もよい方法であると思っています。

収入本位で職業に従事している娘のうける害毒は、怠け者になったり人ずれがするばかりではありません。よい加減に仕事をしている日が、だんだんと積もる間に仕事に対する興味というものは全くなくなって、荒《すさ》んだ心持がそこに生まれてくるのです。いまさら染絣の娘になる気にもなれず、毎日の仕事はあきあきするほどにつまらない、退こうにも進もうにも道がなくなっている娘に、何がくるでしょう。いうまでもなく男子の誘惑の手なのです。その手の持主がどんな人間であるかを深く考えてみるひまもなく、あきあきしたつまらない暗《やみ》のような生活の中に閃《ひら》めいてきたたった一つの新しい変化は、たやすく彼女を虜《とりこ》にしてしまうのが当然です。こうしてものの皮相ばかりを見る世間の人は、婦人の職業はその貞操までも蹂躙《じゅうりん》するものだと思っています。荒《すさ》み果てた女、妻だの母だのという気持を滅ぼし尽くした女、一家の事務をとるだけの根気も能力もない女、それが職業の生む女であると思ったら、人形のようにして親から夫に渡すのは、まだしもよい方法であるということが出来るかもしれません。すべての女がノラになるわけでもないとして。

若い未婚の婦人ばかりではありません。すでに結婚して家を持ち、子供を持っている婦人にも、職業はすなわち収入であると誤解して、収入本位で職業に従事している人々が沢山あるように思います。そうしてそれが家庭の上にわずかの利益と、大いなる害毒とを与え、職業を非難する人々に多くの実例を提供して、家庭の婦人の職業をとるのは、やむを得ない場合に限るという論拠を助け、その結果は職業をとる家庭の婦人を見ると、すぐとその夫は意《い》気地《くじ》なしであると、世間の人が断定し、夫たる男子は自然妻の職業をとることを、自分の大きな恥辱と感じるようになると思います。

三、四年前に職業に失敗した一人の婦人について聞いたことがあります。それはある女学校で、最も勢力のある女教師で、学校を卒業する時の成績も人に秀《すぐ》れていたのでしょう。学校の月給も普通の標準よりはかなりに多額であった上に、何曜日はどこ何曜日はどこと、二、三軒も富家の家庭教師を引き受けて、学校の帰りにはそっちに回る、学校に会議などのある日には、夜になってそこにゆくというような風で、次々に生まれた三人の子供を女中任せにして働いていました。そうしてあの家の奥さんは、月に何百円の収入がある、もらいものが多い、目につくほどの服装をして、たびたび車で出入りをするなどと、近所の人々の羨《せん》望《ぼう》の的になっていました。それがだんだんに子供たちの躾《しつけ》の届かない様子や締まりのない家の様子から、あの家庭は変だというように外部の人も気がつくようになったころは、家内の実情は実に荒涼たるものでした。子供を放っておく母親に子供が親しむ道理もなく、多くの収入に見かえられた夫の心もまた妻を離れ、主婦に捨てられた家庭は、合宿所にも劣るほどの有様でした。こうした事情の夫と子供たちの、微《かす》かな温か味になっているのは、二人あるうちの一人の女中であったのです。夫と女中はついに二人をねらう誘惑の手にとらわれてしまいました。子供たちまで、母親よりもその女中を頼りにするので、孤立になった妻は、憤懣《ふんまん》のあまり事ごとに当たり散らすというふうであったので、家の中の空気は颷《はやて》のようにうず巻いているのでした。ついにその身も教職にあって、相当の位置を持っていた夫は、自分自身の良心にも、妻の口からも責められるのが、何よりもつらかった様子で、極端な神経衰弱の結果、とうとう発狂してしまったということでした。このようなことを世間の人は、女の職業の立派な犠牲者であると見ようとしています。それが果たして正当な見方でしょうか。

私は彼女がほんとうに自分の職業を愛重《あいちょう》する人であったなら、決して自分の家庭の上に、そのような結果を持ち来たす道理はないと思います。彼女は職業を愛するのではなく、収入を愛していたのです。自分の受持っている多くの生徒に、その受持の家事なり国語なりを、活きた知識として取り入れさせたいと思ったら、教科書はあるにしても、それにばかり満足が出来ないで、自分の家の家事の実際から、ここから教え込むと都合がよいわけだ、生徒に興味が起こるはずだ、どこから道をつけてやったら、生徒たちがめいめいの家庭の仕事に、その少ない時間を利用して、少しずつ携わってゆくことが出来るだろうと、それからそれと考えたり試みてみるべきことが数々あったはずです。彼女がほんとうに彼女の職業を愛していたら、ただ自分の家事をとるばかりが仕事である主婦よりも、学校の家事科を受持っているために、自分自身の家事についても、女中の使い方についても、一層深く考えることや発見することが出来るはずであったのです。

生徒を教えて、真にその発達を希望しつつ努力しているならば、自分の子供の教育にもほんとうの興味が起こり、その発達を喜び悪しき傾向を悲しむ心も人一倍強くなるべきはずです。国語を生徒に教えてみても、多くの生徒の頭脳《あたま》の働く傾向にいろいろの違いがあって、そこに大体の賢愚もさまざまの特色も現われてゆくのだということに気がつけば、自分の子供たちの頭脳《あたま》の働く傾向に、どうして興味を持たずにいることが出来ましょう。このように熱心に生徒を教え自分の子供を愛し導いているならば、金持の家庭教師になる時間は彼女にないはずです。時間がないばかりでなく、心の余裕もないはずです。月に何十円かの特別収入は、彼女を家庭と子供から奪い去る力はないはずです。職業が彼女をそこなったのではなく、その職業の命ずる真実の意義に冷淡で、欲にばかり熱心であったことが彼女をそこなったのです。

## 三　婦人の職業に従事する態度

男子が職業をとる態度と、婦人が職業をとる態度との間には、著しい違いがなくてはなりません。男子の職業は本業で婦人の職業は副業だからでございます。それで女が職業を求める場合に、その本業を妨げたり、本業の目的と相反するような心持の職業を選んではならないばかりでなく、注意して女性の本業と似寄った色合において、自分の副業を営んでゆく工夫を十分に凝《こ》らさなくてはなりません。学校の先生などは、いうまでもなく女の本業に最も近い副業です。しかもその副業を営んで行く態度が、前の失敗した女教師などのように、女の本業の心持とはかけ離れている収入本位のやり方であったりすれば、ついに本業を営んでゆく資格のない女になってしまいます。

新聞雑誌の記者の職分も、また婦人の本業と同一な多くの心持を含んでいます。けれどもその職業をとる態度が不注意で、知らずしらずこれまでの男子の記者の中にある弊風を学んだり、収入本位で従事したりしていれば、女性としての価値も幸福も同時に失ってしまうことになります。一つのものを書く時でも、疑わしいところや徹底しないところがあれば、自分の子供をごまかしてはならないように、自分の原稿もごまかしてはならないのです。金にさえなればよいというので、よい加減なことばかりしていると、よい加減が習慣になって、自分の子供もよい加減に取り扱うようになるでしょう。常にほんとうに自分をいつわらない、同時にまた人のためになるようなものを書きたいと思えば、料理一つを書くのでも、さまざまの手数と骨折りがいります。ましてそれよりもむずかしい問題を扱うためには、一層自分の経験を豊富にしたり、見聞を新たにしたり、思いを深くする必要があります。このようにして身を刻むような苦しみが、皆その人格や思想や才能の力の上に、多くの養いを持ってきてくれるのです。一つの骨折りを物にするごとに、自分の正直な実質が、少しずつ増し加わり、人のためにも何らかの益をなしたのだ、力になったのだと思う自覚が、追々に出来てくると、そこに自分の心の落ち着きを見いだし、自信を生じ、自分の職業を不安定なものだと思うような気持が少なくなって、自分の愛する職業は自分の子供と同じことに、やはり天与のものだと思うようになります。こうして私たちの副業である職業によって養い得た力が、遺伝となり賢い教育法となって子供を益し、進歩した常識となって家のため夫のためになってゆくはずです。

正直な心持で育《はぐく》まれ、生きた苦心の中にだんだんに強大になった職業的才能は、またひとりでにその職業の収入を増すことになってゆきます。収入をめあてにとっている職業は、その人の心も職業もだんだんに衰えて荒れ果てて行く運命を持ち、自分の本分とその職業の真意義に忠実であった人の職業は、ひとりでに、それに対する物質的の報いをも多く得るようになってゆくのはうれしいことだと思います。

育てべき子供が大きくなったり、夫がなくなって、子供の代になり、とるべき家事が自分自身にはなくなっても、天与の職業が死ぬまで私たちと共にあり、私たちの精力を有益に使ってくれるでしょう。男も女も年寄りも娘も、こうしてあらん限りの力を尽くして労作し、倦むことを知らずに暮らすところに、どうして乏しさがあるでしょう。

精神的の文明も物質的の文明も、またことごとくその人たちの手と心から生まれるのですから、思うさまその幸福にあずかり得る第一の権利者は、またその人たちでなくてはならないはずでございます。決心して職業を持つ最初の動機は、生活問題であってもそれは少しも差しつかえありません。職業を持った以上は、その職業の真意義を発揮したいというところに熱心なめあてがなくてはならないのです。人各々の才能は違っています。すべての婦人が前にあげたような精神的な仕事に従事することが出来なくても、人間の真面目な生活になくてはならない仕事なら、どんな小さい仕事でも、自分の才力にかなったことを、その職業の意味に忠実な態度でして行きさえすれば、それがすなわちこの大きな人生に対するその人の寄与となり、またそれだけその自身の生涯の幸福になるのだと思います。

## 四　家庭婦人の職業の限度

家庭を持っている婦人の職業のために用い得る時間と力の限度が、どの辺にあるだろうかということについて、また考えなくてはなりません。

自分の夫がこのごろどういうことを考えているのか、夫のしている仕事が、どういう状態であるのかということを深く知るいとまもないほどに、身体も心も忙《せわ》しいのは、妻としての職分にかけると思います。自分の子供たちは、日々《にちにち》どういう生活をしているか、学校で習っているものがどのくらい消化されているかというようなことを、自分自身の目では見ないで、留守番だの、家庭教師だの、学校の成績表からだけ聞いていなくてはならないほど忙《せわ》しいのは、母親としての職分に欠けると思います。それればかりでなく、子供というものは、どんなによい子供でも、また気をつけて育てていても、ふとしたことから周囲のさまざまの悪い傾向などに誘われたり、おとなは気づかずにいるほどの、家庭生活のさまざまの不備や不注意から悪い影響を受けやすいものですから、子供にそれらのことがあったら、油断なく教え導いてゆくだけの心の余裕と、学科の進歩を自分で監督して、適当な指導を与えるだけの時間の余裕がなくてはなりません。

この意味から、朝から夕暮れまで、毎日勤めに出る種類の職業は、子供のある婦人には不適当だと思います。学校の先生は、その職業の性質上においては最も母らしい仕事で、しかもその時間の上からは今のところ家庭の婦人に不向きです。こういう職業は、是非とも家庭の婦人に適するように、その勤務時間や受持の具合を定めなくてならないはずだと思います。裁縫、洗濯、炊事、掃除というような雑務は、決してことごとく主婦がしなくてはならないというはずのものではないと思います。

私は女の職業を副業と申しました。副業という言葉は、してもしないでもよいことのように思われたかもしれません。しかし男子の本業の具合と、女子の本業の具合とは、前に書いた通りに違うように、自然女の副業も普通の副業と違って来るのです。

女の本業は自分の家族ばかりを相手の仕事です。仕事の意味は深くても、その本業ばかりをつとめていると、社会を知る時がないのです。自分の修養のためにも子供を教え導くのにも、家政を按配《あんばい》するのにも非常に大切な、社会と家庭の微妙な密接なつながりの具合を、ほんとうによく感得する力がなくなってしまうのです。ちょうど日本の国だけのことが何ほどよく分かっても、世界の有様が分からなければ、日本の国の長短も分かるわけはなく、適当な政治も教育も出来るはずはないのです。社会を知るのには、夫の話で聞いたり、新聞雑誌で読んでいるだけでは、どうしても徹底することが出来ません。少しでも自分自身の生活が、広い社会に直接して、その味わいに触れることが出来たところで、はじめて夫から聞く話も新聞雑誌で読むこともほんとうに自分のものになるのです。ただ世の中を気楽に散歩し素通りして、そこには商売屋もある、学校もある、電車もある劇場もあるということを知っただけでは、世の中の味わいに触れたとはいわれません。小さくとも、自分の労作を世にささげて、世の中のためにもなり、世の中からも直接にさまざまの利害を受けてみなくては分からないのです。それが職業によってはじめてほんとうに出来るのだと私は思っています。

家内の仕事を本業とする婦人が、特別に大勢の母でないかぎり、それぞれの力量に応じて適当な職業をもつことは、自分の人格の完成のために、子供の教育のために、是非ともしなくてはならない一つの緊要な条件であります。

有り余るなかからその持物を割《さ》いて、ありがとうありがとうといわれながら慈善をするのすら、美しいことであるならば、家を持ち子供も持っている婦人が、社会のために心をこめて献じようとする直接の労作は、どうして尊《とうと》くないことがあるでしょう。そうしてそれが祝福されて一家の余慶とならないことがあるでしょう。女の職業というものについて、よく考えてみたいと思います。

（大正七年三月）

# 職業は才能の子供

一

私は今の筆を執《と》る仕事を始めてから、ほとんど二十年になります。職業をとる一人の女として、自分の真実な心持から、婦人の職業について論ずることは、今日の場合、ことに私の一つの責任だと思っています。

職業は苦しいものか、楽しいものかと聞かれたら、私は自分の心持を説明するのに、職業を持っているのは、子供を持っているようなものですとお答えするのが最も適当だと思います。子供を持っていることは苦労ですけれど、私は子なしであったほうがよかったとは思いません。どんなに自分は子供を与えられたことを感謝しているかしれません。子供があるために、どれほど自分は幸いだと思っているかしれません。職業と子供とは同じではないのですけれど、愛する職業を持っているものと、それを持たない人との比較は、丁度子供を持っているものと持たない方との比較のようなものだと思うのです。また子供は夫婦の全生活の産物であり、職業は自分の才能の産物です。夫婦の間に子供がなければ物足らないように、めいめいの才能にも特殊の産物がなければ物足らないはずだと思います。子供を愛する心と、職業を愛する心と、それは違っておりますけれど、実によく似通ったところのある心持です。もしも私の職業は、その結果、例えば富や名誉を得たいために忍んでしているのであろうと考える人があって、私に十分の富貴《ふうき》を与え、その代わりに私の職業を奪《と》って行くようなことがあったら、私はちょうど子供をすてて富貴の家の人になったような気がするでしょう。私の職業に就《つ》かなければならないと思ったのは、生活の必要からでありました。けれども私は職業に従事して、職業は私の才能の子供であるということを、だんだん深く思わせられて来るのです。自分の才能相応のつまらない子供でも、私は心からこれを愛惜しています。天下国家のために仕事をするという方もありますけれど、私は私の子供を育てるような気持で、私の職業に対しています。そうして女と生まれたその性情の故《せい》かもしれません、私はやはり女有志家というような気持よりも、母親らしい気持や態度のほうがよいとも好ましいとも思っています。私の職業が少しでも世の中のためになるならば、それはいうまでもなくうれしいのです。自分の子供の成功を見るような心持で。

世の中の多くの人は、女が職業を持ったりすれば、どうしても男性的になって、子供を可愛がったり家庭を愛したりするような、濃《こま》やかな感情が少なくなるように思っています。それで職業が女の天職と相容《い》れないという議論が起こって来たり、女にも何か一芸を覚えさせておく必要がある、万一の場合のためにという「職業万一論《しょくぎょうまんいつろん》」になったり、女の職業を持つことは、幸か不幸かは知らないが、とにかく女も働かずにはおられない時勢になって来たという「職業不得已論《しょくぎょうやむをえずろん》」になるのであろうと思います。最も進歩した部類に属する婦人職業論も、男女にかかわらず人間は、その天賦の才能や力を、出来るだけ発揮することが出来るように生活すべきものであるという、根本の道理を主張するばかりで、母という特に女に与えられた天職と職業との関係について、多くの人の実際に疑っている問題に、細かに適切な解決を与えてはいないように思われるのは遺憾だと思っています。

私自身は自分の経験から、以上のように、職業を自分の才能の子供だと思っているので、職業は私の母および女性としての心持を傷つけないばかりでなく、かえってそれを確かにし、且つ広くしていると思っています。いわゆる良妻賢母という範囲の仕事ばかりをしているよりも、大小にかかわらず自分の特殊の才能を発揮する生活の境地をも味わっていると、自分の子供たちの持っている才能に対して、ほんとうに深い同情をもって、熱心にその発達に努力することが出来ます。子供を持たない婦人でも子供の可愛さは分かるのですけれど、子供を持たない人の子供に対する可愛がり方は、子供を持ったものの子供に対する愛情とは、どことなく違っています。どんなに心を配って親切を尽くしても、何だか不自然なところがあります。自分の特殊の才能を、精一杯にひきのばしたり発揮したりする生活を持たない婦人は、母親としてその子に対する場合にも、子供の才能に対する愛と同情と尽力とは、ちょうど子供を持たない婦人の、子供を思い子供を世話するようなものだということを、私は多くの賢い母親について思わせられています。

## 二

子供を育てたり職業を持ったりする暇はないはずであるという人もございます。子供を持つ数は人によってちがいます。十人の子を生む人もあり、あるいは六、七人、あるいは一人二人の人もあります。十人生んでも育てられるものならば、五、六人生む人はそれよりも閑《ひま》なわけです。一、二人しか生まないものは、なお暇があるわけです。私などもたった二人の子供を持っているだけです。亡くなったいま一人の子供と三人のために、夜も昼も子供たちの面倒をみてやらなければならなかった時は、私の生涯の間に前後五年か六年のものでした。子供がひとり遊びをするようになれば、自分の身体がずっと閑《ひま》になります。ことに子供がみな学校に行くようになった今日では、土曜の半日と日曜日のほかは、毎日六、七時間、全く子供と離れています。にぎやかな子供たちが学校に行ってしまうと、家の中ががらんとなってさびしいものです。何もすることがなかったらつまらないでしょう。私は主としてこの時間に、自分の職業の重要な部分をしています。すなわち子供の留守の間を、自分の才能の子供と暮らしています。

二人ぎりの子供というのは、もちろん少な過ぎるほうでしょう。しかし三人四人五人六人ぐらいの子供を持っている方でも、もしも年子に生むとしたら、一時に忙《せわ》しい思いをする代わりに、早く手がぬけるようになるわけであり、二年置き三年置きに生むとしたら、間でちょいちょい身体にひまがあるでしょう。そうしてだれでも、四十を越えると、もう一人遊びの出来る末子《すえっこ》が一人ぐらい、家に残っているだけで、あとは皆学校に行ってしまうのは普通です。稀《まれ》にある非常な子福者でないかぎり、子供をそだてる若い女の生涯にもある、そのゆとりの時を、今の家庭の婦人は大概どのように暮らしているでしょう。四十さきになって、少なくとも子供が学校に行っている間を、ふたたび身軽な女になってからの月日を、どういう風に費《つか》っている方が多いのでしょう。

普通中流の子供の多い主婦であったら、子供が学校に行ったり遊びに出た留守を、一番仕事の出来る時として、洗濯だの張り物だの縫い物に費っているでしょう。静かな夜はことに縫い物の出来る時です。雇人があったりすると、主婦の身体はそれだけ閑《ひま》なわけです。暇があると知らずしらず心にゆるみが出来て来るのは人情です。「子供たちがまだ皆幼《ちい》さくて、非常に手数《てかず》のかかる時を、よくやって来たと今になって思います。決して遊んではいないのですけれど、今もそう余るという時間もないのでございます。」というようなお話はよく聞くことでございます。遊んでいるつもりはなくても、家の中のことのほかに用事をつくらないとすれば、女の一番忙《せわ》しい子持ち盛りの時が過ぎると、たといその人が三十を越えたばかりの若さであろうと、知らずしらず心をゆるめて遊び半分の日を送っているのです。もっと経済上の余裕のある家の主婦であると、暇と金とのある家を見のがさない呉服屋の番頭が、三日にあけず顔を出すようになります。そうして入用でもない反物を見たり、呉服屋の番頭と何ということもない世話話をしたりすることも、用事の少ない主婦の一日を過ごす一つの必要物になったりしているようです。通るたびに黒塗りやため塗りの呉服屋の小車の門前に見えない日はないというような家は、決して少なくはありません。もう一層豊かな家庭の、子供から身軽になった働き盛りの年輩の婦人たちは、どういう風に暮らしているでしょう。琴三味線謡曲や長唄などが近来の流行のようです。閉じこもって病気勝ちの日を送るよりも、三越や帝劇通いもよいでしょう。音楽の流行などもことによいことだと思います。たやすい仕事を遊び半分のようにゆっくりとしているならば、朝から寝るまで、一年三百六十五日休日なしでもよかったのですけれど、私たちがほんとうに緊張して、めいめいに根《こん》をつめた仕事をするようになれば、一日の中にも休息や娯楽の時が必要であり、一週の中にも休日が入用になって来ます。文化の進みに従って、音楽だの劇場も発達してゆくのは自然です。個人の生活にしても、強く働く半面に楽しく遊ぶ時のあるのはよいことです。しかし、する仕事が少ないために、暇つぶしに遊びごとをけいこするのは亡国的だと思います。

こういう風に細かに多くの婦人の実際について考えてみると、女は子供を育てるので職業に従事する暇はないというのは、実に粗雑きわまる事実に違った言い方です。世に時めく忙《せわ》しい夫の交際の一部分をも引き受けている上に、子供を八、九人も十人以上も持っているような、ごく少数の婦人にかぎって、実際職業を持つ暇はないでしょうけれど、その他のすべての婦人にはみな職業を持つ時があると思います。

## 三

前にもいったように、雇人も置かず縫い物も外に出さないで、一人で手まめに働いている主婦は、子供たちが学校に出かけた留守にも手のあくどころでなく、せっせと働いているでしょう。夫も子供も、妻や母の洗ってくれた肌着《はだぎ》、縫ってくれた着物を着て、その心をこめてととのえた食事を、団欒《だんらん》して味わう幸福は、何人も心を引かれる種類のことだと思います。しかし女の子が女学校を卒業するころにもなり、男の子が中学の二、三年にもなると、嫁入りをしてから二十年、めったに茶の間と台所を出たことのない母親は、話相手にも物足らないと思われるようなことはないでしょうか。おとなから見れば確かにそれは生意気です。娘や息子は今風の言葉は知っていても、その意味がほんとうに分かっていないことがあります。四十になった母親は、言葉は知らないでも、子供よりより以上にその言葉の意味合いを知っているようなわけだからです。けれども実際はどうであろうと、本人の子供たちに、母親が語るに足らないものに見えるならそれまでであります。母親にとっては不快さ歯《は》痒《がゆ》さこの上もなく、子供たちもまた自分たちの心持やら考えやらを真実に理解してくれる、母という有力な温かみを持つことが出来ないために、知らずしらずわがままな半可通《はんかつう》な人間になり、不良少年や貞操の観念のない女はまたその中から出ることになるのです。

親子兄弟が離ればなれになることもなく、先代先々代から懇意にしている人々や、その子や孫《まご》と心おきなく交わって、生まれ故郷で一生涯を過ごすような平和さもうらやましいと思います。しかし今日の世の中は、そういうことの出来る時代ではありません。兄は東京で商売をする弟は朝鮮で役人をするというような風に、それぞれの天分によってめいめいの境遇をつくってみると、小包のやりとりにも、時たまの対面にもまた一層の情愛のこもるものだということを経験するでしょう。妻や母親の炊いたご飯の温かみを味わうことばかりでなく、家政や育児のほかに職業にも忙《せわ》しい妻や母親に対する同情にも大いなる温かみがあり、自分の縫った着物ばかりを着せることは出来ないという物足らなさはあっても、日々に変化の多い緊張した生活から、自分自身の人格や経験の上に益を得ることが、妻たり母親たる自分の役目を、一年一年よりよく尽くして行けるようになることを自覚することが出来るのも、また大いなる満足であります。

まめやかに働く中流の主婦は、働くことのある間は、それでも幸いです。さらに年月が進んで行って、子供に嫁をもらうころになったらどうでしょうか。嫁が勝手働きを引き受けると、にわかに仕事が少なくなります。夫にでも別れているとなおさらのことです。慣れない嫁の不行届きが目について、心にもない口やかましい姑《しゅうとめ》になったり、一家の主婦である嫁をば、女中同様に使うだけで、姑の心一つに家事を切り盛りするような不自然なことにもなり、もしも嫁のほうが気が強かったり、才気があったりすると、することのない姑は不平を抱いて無聊《ぶりょう》に苦しみ、若い人たちの活き活きと楽しげなことが、かえって自分のさびしさを深くすることになったりします。もはや息子の代になってしまった富豪の老婦人が、話相手の女中をつれて別荘あるきをしたりするのを、この上ない幸福な身の上だと思う人も沢山あるようですけれど、徒食的生活は、女中や書生や別荘と手がかかればかかるほど、よくないことになると思います。

## 四

今は丁度方々の学校で卒業式の挙《あ》げられる時です。私はどうかして学校を卒業する方々は、皆何か職業がなくてはならないと真剣に考えて下さればよいと思います。女中をやめてほんとうに自分の当座の職業として、台所を引き受けるのもよいでしょう。お店のせわしい家なら、一人の小僧または事務員として雇われて、精一杯働いてみるのもよいでしょう。鶏を飼うとか山羊を飼うとか蜂を飼うとかいうようなこともあるでしょう。職業といえば何でも学校の口でもなければと思うのは違っています。お家《うち》のために多くの収入を得る必要さえなかったら、働いて得る金は少しでも、世間を知りたい、何か自分の才能を働かしてみたいということを第一の条件として、きっと仕事はあるでしょう。職業をとるかたわら家事の練習を疎《おろそ》かにしてはならないことはもちろんでございます。

学校を卒業してからも、相変わらず稽古《けいこ》ごとばかりしていたり、家の中の手つだいをするといっても、ほんとうの手伝いでいいつけられたことをしているだけの、責任のない生活をしていることは、若い人々の心にも身体にもよくないことです。真剣に責任をもって実務に当たる境遇をつくらなくてはなりません。それがどんなに若い人たちの心持を賢く堅実にするかしれません。主婦として家を持つ力はそれでなければ養われないわけです。料理だの裁縫だのは、一家の暮らし方を支配してゆく力とは別物です。

娘時代の職業は、かくして結婚後にまでつづくこともあるでしょう、また家を持ってから新しい職業を持つことが必要になるかもしれません。子供を持つとまたその仕事の分量を減らすことの必要な場合もありましょう。とにかく女の職業は、収入本位でなく、自分の才能を働かして、だんだんに少しずつのばして行きたいという考えで、誠実に従事していれば、子供がなくても少なくても、また子供が大きくなってからも、決して前のような時代に遅れた頭や、不健全な生活に陥るようなことはなく、だんだんにのびてゆく自分の才能を、楽しんで有益に使用して、健全な独立自活の生活が出来て行くと思います。

独立自活の生涯《しょうがい》は、男女にかかわらず、これからのすべての人間の理想でなくてはならないはずです。独立自活というのは独身生活というのではありません。結婚して夫を持ち数人の子供を持っても、自分の生涯は自分でちゃんと辻褄《つじつま》のあうように、なるたけ有意義に幸福に送り得られるように工夫し経営しなくてはならないはずです、そうしてそれはほんとうの独立自活の生涯です。自分の生涯の経営に苦心して、常に独立的の生命を持っているものこそ、夫や子供の生涯に対して、はじめて真実の同情を持つことが出来るのです。愛は自他無差別のものではなくて、めいめいの独立した生涯の自覚から出て来ると思います。自分の才能をのばして、独立的の自分を打ち立てたいという熱心な思いを、多くの婦人に持たせることは、またおのずからにして多くの良妻賢母をも、わが国の社会に見いだし得ることになると、私は思っています。

（大正六年四月）

# 親子の愛の完成

## 一

　人は結婚して夫婦になれば、だれでもどうしたら二人の間が常に幸福に結びついてゆかれるだろうかと考えて、出来るだけの努力をしようと思わない人はないでしょう。私たちが子供を与えられると、どうかしてこの子を立派な人になるように教育したい教育したいと思います。けれども誰も親子の間の愛情が進歩して行くように、限りなく続くようにと、祈ったり祝したりする人はないように思います。それは親と子というものは、いわゆる血を分けた仲なので、天然自然に本能的に愛し合っているものだから、愛情の方面は、お互いに濃《こま》やかなれと祈るまでもなく、希望するまでもなく、安心なものだという気があるからでしょう。しかし親子の愛を、ただその本能の力にばかり任せて問題にしないのは、差しつかえないことでしょうか。

親子の愛もまた親と子が双方から多くの努力をしなければ完成することの出来ないものです。近来いろいろと世上の有様を見るにつけて、親子の愛情の完成は、夫婦の愛の完成と同じように、すべての人々によって深く考えられ、強く主張されなければならないことだと、最も切に感じています。

## 二

昔は親の養育の恩義に対して、子供に至らざるところなき孝養の義務を負わせてあったので、子の幼い時は親は子のために働き、子供がおとなになると、今度は子が親のために働くので、親子の愛が一生涯温かにつづくことが出来たのでした。父母いまさば遠く遊ばずといってある通り、女はもとより男でも、一日の役目を終えて家に帰ると、まず父母の安きを問い、よもやまの話相手にもなり、特に親孝行といわれるほどの人は、二十四孝《こう》の芝居で見るように、肩をもみ腰をなで、洗足《せんそく》の湯をとり、寒中の筍《たけのこ》でも親の好みとあれば捜《さが》しに行くというように、老いて心の衰えた親の無理を、一つもそむかずに仕えました。それが父母恩愛の一端をせめて報いるゆえんであると考えているのでした。それに配する妻はなお、夫の親としてひとしおに傅《かしず》き仕え、幼い時に手塩にかかった子供が、今度は親を手塩にかけるので、人は生まれるから死ぬまで、親子という結びつきのために働くようなわけになっていました。そのためにとにもかくにも親子の結びつきは、おのずから堅かったように思われます。一つの家でも一つの社会でも、親子の結びつきの堅いところには、おのずから堅固な生活の基礎が据《す》えられるように思われます。家長がまずその老親に冊《かしず》き、その妻がこれに倣《なら》い、その子はまたその父母に従い、また自然に老人を尊敬して、一家は一団になるからです。

今日の親子はどうでしょうか。親は昔と同じように骨折って子供を養い育てておりますけれど、その骨を折る状態が大分以前と違っています。今の母親は手織布子《ておりぬのこ》を自分の子に着せてはおりません。父親の搗《つ》いた米を食べて、子供が成長するのではありません。着物は呉服屋にあり、米も味噌《みそ》も醤油《しょうゆ》もみな店から配って来ます。その米塩の資はもとより親の額の汗から出ているのですけれど、それはみな父親の職業を通してされることで、直接に親のつくった米味噌に養われるのでなく、その織った着物に寒さ暑さを防ぐのではありません。昔の父母は直接に子供の衣食をつくり、今の父母はそれを間接にしています。世の中の事情が違って、昔よりも生活が面倒になっただけそれだけ、子供を養うのにもかえって多くの力がいるにも拘《かか》わらず、親が子供の目の前で機を織ったり米を搗いたりして、それがすぐと自分たちを養っているのと、間接に供給されるのとでは、情味においては大分違って来るのです。

子供が大きくなって、学問武芸の教育を受けるようになっても、学問の先生武芸の先生と昔はそこに一人の先生があるのでした。今の学校は、受持の先生は一人でも、それは学校に属し校長に属し、学年によって代わり、または学科によって代わるというようなわけで、師弟の間の個人的情味もまた昔のようにはゆかないのです。

父親は職業に忙《せわ》しくて、一日一度の晩の食事も、子供らと一緒にすることが出来ないこともたびたびであり、中学校女学校時代の子供になると、学校から帰るとそれぞれに勉強があって、母の仕事を手つだうような暇も少なく、母のほうでもその身のまわりに手がかからなくなった子供に、別に世話を焼いてやる術《すべ》もなくて、つい離ればなれになっているうちに、息子や娘が母を時代おくれだと思い、父を俗物だと考えるようになり、友だちとは楽しそうに興ありげに熱心に話をする息子が、両親にはむっつりして、いうことがない。そういう例が今の社会にどんなに沢山あるでしょう。

子供が結婚して家を持ち、親がますます老いてゆく時に、自然に備わる親と子の情愛は、いうまでもなく心の中に燃えていても、それを通ずる道がないような悶《もだ》えをお互いに経験して、そこにいろいろの悲しい誤解も生じるようなわけになります。社会の上からこれを見ても、まず人倫の大道である親と子の間に堅い結びつきのない社会は、その大道を本としなくてはならない枝葉の道の、どうして滞りなく通ってゆくことが出来ましょう。てんでんばらばらで、あちらでもこちらでも行きづまり、万事に薄弱な、熱と感興に乏しいものにならなければならないのです。わが国の現在の人の心の最も大きな欠陥は、どうしてもここから来ていると思います。

三

それでは孝道の衰えたことを慨《なげ》いて、昔のように親孝行親孝行ということを私たちの子供らに求めたらよいでしょうか。年寄りの権力が強かった過去の時代には、知らずしらずすべてのことを、親の心持老人の都合からばかり割り出していたのだということが、今の私たちに分かって来ました。人の頭がもっと粗雑な時には、親の恩は海よりも深く山よりも高しと、物の本に書いてあれば、早速そのままにうけ入れていました。親が孝行をせよといえば、親のいうことだから違いがあるまいと思っていました。けれども今の私たちはどうして親に孝行をしなければならないのだろうと考えてみるようになりました。自分はほんとうに親に孝行をしたいかどうかを真実に思ってみるようになりました。粗雑な混沌《こんとん》たる頭脳《あたま》に筋道がついて来たのです。親に孝行をしなければならないと、書いたり言ったりするだけでは、今日の人間に親孝行が出来ないでしょう。しかし親がほんとうにありがたいと、自分から思い得るならば、おのずから親に結びついて来るでしょう。自分の両親は、自分にとって何よりの頼りであり慰めであり興味であるならば、心から親を愛さずにいられないでしょう。私たちはまずそういう親になるために強い努力をしなくてはなりません。

それについて思ってみると、私たちは子供のために価値のある、また心から愛され得る親になるのには、まず自分は子供よりも自分自身を愛しているものだということを、真実に自覚しなくてはなりません。といいますと、あるいは皆様は承知して下さらないかもしれません。そんなことはいわないでも、私は確かに自分自身よりも子供を愛しているとおいいになるでしょう。それが長い間のわれわれの考え違いではなかったかと思います。私たちは確かに子供よりも自分自身のために生活しています。子供を愛するのも自分自身を愛するからです。ある学者はそれだから、人間は徹頭徹尾利己的の動物であるといい、強いものは弱いものを蹴《け》落とし踏みにじるのが人生である、阿修羅《あしゅら》のようになってそうしたことの出来るもののは謳歌《おうか》され、それをなし得ない人は意気地がないと思う人や、子供を愛するの人のためを思うのというのは偽善だと思う人などが、今もなお沢山あります。しかし、私たちが親よりも子よりも自己を思うのは、利己主義ではなく、人はおのれ自《みずか》らの生活をほんとうに見つめ、ほんとうに抱きしめ、ほんとうにその価値を見いだすことから、はじめて他の生《いのち》をも愛し重んずることが出来るものだと思います。

子供が病気になると、親のほうが一層苦しいと、ほとんどすべての母親が申します。私もそう思っていたのでした。しかし私は長く子供の重病を看護して病院にいた間に、ちょっと廊下を歩いて涼しい風に吹かれたりすると、ああよい気持だと、心から思い得ることが幾度もありました。何かの事があると、他の人と一緒に静かに笑い得ることもありました。そうして私はそういう折々に、ベッドの上に少しの身動きも出来ずにいる子供には、こうした瞬間時の寛《くつろ》ぎすらもないのだと気がつくことがありました。それからは子供が病んでいると、親のほうが一層苦しいなどと思っていたのは間違っている。ただに涼風に吹かれる束《つか》の間の心地よさを、皆と一緒にすることが出来ないばかりでなく、重い病気を負っているものの絶え間なき不愉快さに、どうしてはたのものの苦しさなどがおよぶことがあろうかと思うようになりました。そうして、このことをたびたび思うようになってからは、自分のほうが子供より苦しんでいるつもりでいた時よりも、同情《おもいやり》の深い看護が出来てきたように思いました。

自分が歯の療治に通っている時は、きょうはまたその日だと思うと、あの不愉快な療治のことが、朝から気にかかるほどでした。そうして時が来るとずいぶん克己して家を出ました。しかし子供が歯の悪い時には、きょうはおいしゃに行く日だと思っても、決して朝から苦になるほどではありませんでした。そして、分別顔に早くおいでおいでということも出来ました。同じほどの苦痛でも、直接に身にうける苦痛と、間接に思いやる苦痛とでは、親と子の間ですらも、これだけの違いのあることを、だれだって承認しないわけに行かないでしょう。子供が大手術でも受けるといったら、親の身になるとどんなでしょう。しかもその苦しみは、直接にその局に当たろうとする子供自身よりも大きいものである、同じものであると考えたりするのは、間違っていると思います。

血を分けた親と子でも、すでに二つの身体二つの心に分かれた以上は、子供自身の身体に感ずる苦痛も喜びも、その通りに親が感ずるわけにゆきません。子供が罪を犯した時に、親の顔に泥をぬるといって怒り悲しむのは、今の多くの親の普通に持つ心持です。けれどもその当事者である子供の不名誉と苦痛は、自分のこの苦しみよりも不名誉よりも、どんなに大きいものであるかに心づいて、子供自身の苦痛のために泣いてやることが出来るのでなければ、子供がほんとうに親の情けを感ずることが出来ないのです。子供がよいことをした時にも、一番に私たちはそれは自分の日ごろの丹精のせいだという気になることが多いようです。それもやはり子供に同情の薄い自分勝手の考えから出ることです。たった一つのよい行ないでも、それが外部に現われるまでには、はたの人の気づかないことで、その当人はいろいろの用意いろいろの努力をしているのです。それはどんなに周囲の人のありがたい導きがあっても、自分が本気にならない以上、何一つ出来るものでないことは自分自身の経験からよく分かっているのです。それだのに、子供がよいことをした時には、自分自身が子供のためにしてやったさまざまの心配や努力のことを、ありありと思い出して、うっかりすれば大部分自分の手柄であるように思い、子供のために喜んでやる喜んでやると思いながら、よく解剖してみると、実は子供の人知れぬ努力に対して尊敬と喜びを感ずるよりも、自分の手柄を喜んでいるようなことばかり有りがちなのです。子供が罪を犯せば、私はお前をそんな風に教育してはいないといって、その責任を子供に負わせ、よいことをすれば、それが親の自慢になるのです。何という手前勝手な親でしょう。子供の恐ろしい直覚力は、親自身さえ自《みずか》ら気づかずにいる、そうした親の心持を何となく直感して、親の気持と自分の気持と、ほんとうに十分に浸り合っていないような、一種の物足らなさを感じるのでしょう。

私たちは自分の身よりも子供を愛していると思いながら、どのくらい自分の都合や気持のために子供を犠牲にしているでしょう。その子供自身としてよりも、むしろ家の子として自分の子として、あれでは困るとか、こうなくてはならないとか、私たちは一々自分を先に立てて子供のことを考えています。親子の日々の生活は一体このように過ぎて行くのです。寒中に筍《たけのこ》をほって来いといわれても、唯々《いい》諾々《だくだく》としていられるのは、一方では親という絶対の専制君主の下に生まれ落ちるから圧迫されて、極端に奴隷《どれい》的の心持を養われ、一方ではのんきな昔の時代の人は、今の人よりはずっとずっと鈍感であったからだろうと思います。今日の普通の人間は、親も子も敏感になっています。それだけ世の中が進歩したのです。この進歩を今少し徹底させて、また自分は親だから自分の身よりも子供を愛している、子供のことは何でもよく分かっていると思うような、軽率な間違いから脱出して、忠実に子供の要求を知りたい、そうしてそれによって子供を教え導かなくてはならない、子供に対して私たちの同情はいつも不十分である、もっと謙遜な忠実な態度になりたいと、心掛けて努めることが出来たなら、ほんとうに親思いの子供を私たちが持つことが出来るように思います。親思いの子供をほしいというのも、自分のためになるからでなく、子供自身の幸福のために、まず第一にそれを願って努めなくてはなりません。自分の愛し得る親を持っているということは、その子供自身の大いなる幸福だからであります。

私は前に、私たちは子供よりも自分自身を思うものだと申しました。そうしてそれが人の真実だと申しました。それなら私たちは何で自分のために孝行息子をつくらずに、まず子供のために、親を愛し得るようにしてやらなければならないのでしょう。それは私たちの結婚の結果として生まれて来た子供に対して、生まれたことが幸福であり価値のあるものであると、当人に思ってもらうことが出来るように、あらんかぎりの尽力をしなければならない義務を持っているからです。そうしてこの義務を果たすことが出来れば、それによって、自分は自分の生涯の大きな価値《ねうち》と幸福とを、そこに見いだすことが出来るからです。

## 四

いま一つ私の記して置きたいのは、私たちは如何に自分の子供だからと思っても、不良児を楽しい気持で愛するわけにいきません。そのためにも私たちはどうしても賢い義《ただ》しい子供を持たなくてはなりません。慰みのような結婚をしたり、努力のない母親であったりしてはならないのは、一つにはそのためです。それと同時に私たちの子供が、一緒に話しても面白くない、生《う》み殻《がら》のような父母を、親だからというので本当に愛し親しむことが出来るでしょうか。人間の神経が鋭敏になり、気持が正直になればなるほど出来にくいことです。これからの人は、男でも女でも死ぬるまでこの世の中の有用な人物でなくてはなりません。用のある人にはおのずから進歩があります。そうすると親も子も互いに忙《せわ》しい中でも、いろいろに繰り合わせ、少しの暇を見つけては親が子の顔を、子が親の顔を見ずにはいられないというように、常に湧き立つ興味と愛情が親と子の間を結びつけてくれるでしょう。それが親子の自然であろうと思います。親子の間がこのようになることが出来れば、一人ぼっちのような、離ればなれのような心持から、さまざまの悪に陥りやすい今の人の心も、落ちついた明るい強いものになるはずだと思います。そうして親子の間をこのようにする努力は、最も多く母からはじまるのだと思います。

（大正七年六月）

# 継子となれる若き婦人へ

手紙はここに載せません。ただこの婦人は、妹と共に女学校に通う何不自由ない家の娘で、三年前に母を失い、二年前に今の継母を第二の母とした方でございます。ままし い母は、別に姉妹に辛くするわけでもありませんけれど、さまざまの社交に関係して、多くは外出勝ちに暮らしているので、自然二人の娘に対する注意もおろそかになりやすく、友だちから肉親の両親のあたたかい恩愛についての話を聞くたびに、自分たちの身の上が情けなく、共に泣くこともあるという大体の趣意でございました。

私はあなたのお手紙を読んで、一人前にならないうちに、恩愛の化身ともいうべき母をなくすることの、どんなに不幸であるかを、今さらのように痛切に感ずることが出来ました。まことの母を失うことは、継母《ままはは》の手にかからなくてはならないために不幸なのではなく、母を失うことそれ自身が、どういう方法でも補うことの出来ない不幸なのです。悲しいお二人のお手紙は、実に母をなくした子供の声で、第二の母上のせいではないと思います。決して今の母上をお恨みになってはなりません。母上のためにお気の毒なばかりでなく、それはまたお二人をますます寂しく、ますます悲しくするものだからでございます。

私の知っております婦人《ひと》の中に、善良な性質と、十分な教育と、また立派な理想をもって数人の子女の継母になった方があります。そうしてまたなかなかに子供のために賢い教育をしておられます。しかし何となく慈母という名を許すことの出来ないような気がします。その婦人の子供に対するどういう仕打ちが、母らしくないかといわれてみると、私は何とお答えすることも出来ません。また自分はその婦人よりも、子供に対して、いつもよりよき扱い方をしているのかと聞かれると、かえって恥ずかしいことが沢山にあるような気がします。またこの婦人よりも一層優しい性質をもっている私の一人の友だちは、子供がないためにまだ満一年という愛らしい女の子をもらいました。子供を育ててみたいというのが何よりの願いであったのですから、それはそれは愛《いと》しんでおります。それでもあの方はやはり本当の子持ちのようではなく気楽だと皆がいいます。義理の子供となった方々に、第二の母はどんなによい方であっても、慊《あきた》らない思いのあるのはやむを得ないことでしょう。まましい母を冷やかに思うのは、すべて世の母と、そうして世の母の子とのただ思うだけのことでありますす。少数の例外はあるとしても、多数の継母は前に記《しる》した婦人たちのように、義理の子供に対して出来るだけのことをしておられるのです。ただ生まれないさきから、その胎内で育てて来た子供のように、自然に行かないのです。それはだれでも当り前のことではないでしょうか。わが生みの母によって成長し得る子供は幸いであるばかりでなく、わが生みの子を育てることの出来る母もまた幸いでございます。ままはい母をもった方は不幸です。そして、ままはい母となった方は、あるいは一層の不仕合せであるかもしれません。ままはい母に対して、母の愛情を要求するのは無理でございます。

単に妻を失った男子としては、第二の妻によってその損失を補うことも出来ましょう。しかし継母となる第二の妻も、義理の子となる子供たちも、自然の親子にはなれません。ことに第二の妻に対する夫としての感情が満足であればあるだけ、母を失って癒《いや》すに道なき寂しさを抱いている子供たちは、一層その身のまわりの冷たさを深く感ぜずにはおられないわけなのでしょう。かくして継母は知らぬ間に父子の間をも疎隔《そかく》するのです。つつましやかに記してあるお手紙の中にも、どことなくこの辺の消息がほの見えております。その苦しさはどんなかと思います。しかしあなた方はもう大きくなり、お父様はまだ若うございます。あなた方は数年のうちには、結婚してにぎやかな家庭に入ることが出来るのですから、母を失ったお二人の不幸は取り返すことが出来なくても、妻を失った夫の不幸だけはいやし得たことを、父上のために喜び、今の母上に感謝して、いじけずにますますよい娘に育つようにして下さいませ。

今の母上ばかりでなく、ほとんどすべての母にあらざる婦人に、母たるほんとうの責任の尽くせるものでないことを、十分お心にお入れ下さいませ。そしてまたそれと同時に、真実の母ならば何の苦痛をも感ぜずに安らかにすることの出来るほどのことすらも、母にあらざる婦人にして、それだけのことをするのには、非常な克己がいるのだということもお考え下さいませ。すなわち受けるお二人の身になると、始終不足に思うほどの仕方でも、する母上の身にとっては、なかなかの面倒であるということをお考え下さいませ。

ことに私ども人間は、不満足の中にあっては出来るはずのことまでも出来ないもので、衷《うち》に満足をたたえていると、むずかしいことでも、意外にたやすくすることが出来るものでございます。あなた方の今の母上に対する不満足は、知らずしらずの間に現われて、それがまた母上の心に不満足となって残るのです。そのためにそれでなくてもむつかしい母の務めが一層に苦しいものの厭《いと》わしいものになるかもしれません。たとえどのような婦人でも、子供のある家に後妻《のちぞい》として嫁《かたづ》く時には、必ず熱心によい母になることを心に期していないことはありますまい。しかも母たる務めは予期以上に困難であり、まことの母の膝下《しっか》に慰め多く暮らした子供たちは、何かにつけて満足してはくれないので、いつか当初の決心を忘れ、子のために尽くすむずかしい務めよりも、知らずしらず夫に冊《かしず》くという割にたやすい仕事に偏《かたよ》り、さらに責任の重い家にあるよりは、むしろ外出《そとで》を喜ぶという風になるような傾きもありましょう。子の身になっても無理のないことではありますけれど、自分たちの前ほどに幸いでないのは、母上の亡くなられたためで、今さら何と考えても致し方のないことですから、ましい母の世話になるとしては、これほどのことでも十分感謝しなければなるまいという気になって、出来るだけ母上に優しくなさること、また手助けにもなって上げること、夜の食事の時などは、学校であったことなど打ち解けてお話しになるようになさったら、お家の中も自然ににぎやかになり、かつ母上にもあなた方の事情がよく分かり、自然に隔てもとけて行くことと思います。お手紙の様子で考えても、あなた方の今の母上は決して心の悪い方ではないと思います。

ことにあなた方二人は年齢も近く、互いに相談相手としてもこの上ないご姉妹なのですから、お二人で弱い母上を助けて、よい母になるようにしてお上げになったら、お家の幸福はこの上もなく、あなたがたの績《いさおし》はまた実に大きいものになるのです。よい企て、よい骨折りの上に、常に豊かな天の恵みのあることを信じて、どうかお努め下さいませ。継母子《けいぼし》相互の感激によって、まことの母子《ぼし》とはまたちがった別種の美しい親子の情を見る例《ためし》は、またこの世の中に少なくないことでございます。そして人生の感激は、いつもいと小さき一人の人のよき心掛け、よき苦心より起こって来るものだと思います。

（明治四二年四月）

# 継母継子論

## 一

継母《ままはは》は継子《ままこ》をひどくするという心持は、わけの分かった人の間にはなくなってしまって、継母継子というものは相互いに気の毒なものと、みな同情ある推察をするようになったのは、人情の一進歩で、継母継子の心も自然それだけ明るくなってくるのは喜ばしいことです。けれども古い昔から、継母といえば継子につらく当たるもののように思わせられて来た頭は、いざという時に、ひとりでにその人々の理性を裏切って、継母子《けいぼし》の間柄を無邪気でない目でながめたり、継母自身も継子自身も、我にもあらずひがむ気になったりするのは、人情の弱点でございます。どういう風に考えていったら、少しも早くこうした弱味《よわみ》から脱することが出来るでしょうか。

## 二

父、母というものは、世界中に一人よりあるはずのものではありません。その一人を失った子供は、人の手では到底どうすることも出来ない損害をうけたのです。その取り返すことの出来ない不幸に同情して、その周囲の人々がどこまでも、祖父母は祖父母として、父は父として継母《ままはは》は継母として熱心にその親切を尽くしていれば、そこに母を失った子供にとって少しの無理もないきわめて自然な境遇がつくられるはずでありますけれど、祖父母の心も父の心も、知らずしらず母を失った子供のために、母を探してやろうという心持になり、継母として来る人も母を失った子の母になってやろうという心持であり、子供自身も新しい母を得たように思うのは、第一に継子継母の間を気まずくする不自然のもとだと思います。祖父母も父も子供たちに母を与えたいという心なのですから、新しく来た継母が果たして子供に母の愛をそそいでいるかどうかということが、ひとりでに気にかかっておのずから監視を怠らないような態度になるわけです。ところが第二の母はどうしても第二の母なのですから歯痒《がゆ》いことが沢山あるはずです。子供もまた本当の母の手に育てられていた時と比較して、物足らない思いをするはずです。継母のほうでも、本当の母の気で十分子供を愛してみようと心を砕いているのですから、その誠や骨折りを当の子供や夫や姑《しゅうとめ》が一向満足に思ってくれないというのは、実に苦しいことに相違ないのです。祖父母も父も子供自身も、子供の母はもうこの世になくなってしまった、そのために第二の母のお世話になるのだという心であれば、生みの母親と第二の母親を比較する気にならないで、何を一つしてもらってもうれしいありがたいと思うことが出来るでしょう。

第二の母のしてくれることを生みの母のしたことと比較したら、血を分けた子供の自然の情として、亡き母のしてくれたことがなつかしく、第二の母のしてくれることが、どうしても物足らないのは当り前です。ただに血筋のつながりばかりでなく、馴《な》れた料理はまずいものでも気持よく、流儀の違ったご馳走は落ちつきにくいようなもので、生まれない先から馴れて来た生みの母のさまざまの癖までも、子供には心地よいものになっているでしょう。第二の母は如何に親切でも賢明でも、どうしてそれを満たすことが出来ましょう。生みの母親よりもよいことをしてやった時にも、子供がかえって不満らしく見える時に、第二の母親は本当に果敢《はか》ない気持になるのも人情です。癖《くせ》ですら馴れて来た生みの母のは心地よく感ずるのですもの、生みの母親の長所は、子供にとってどんなに大きく感じているかしれません。反対に馴れないものは上等の料理でもおいしく感じないくらいなのですから、まして第二の母親の短所は、子供にとってはどんなに不便不快なものでしょう。そうして人は持って生まれた長所の陰に、そこから出る短所が大概ひそんでいるものですから、子供はその過大に見える第二の母の短所を通して、その長所にも反感を持つような場合も、ありがちなことです。

三

こういうわけで、一口にいうと、継母ほど割の悪いものはなく、継子ほど扱いにくいものはないのですけれど、深く考えてみると、それもこれも、子供自身も継母自身も夫や舅《しゅうと》姑《しゅうとめ》も知らずしらず先の母と今の母とを比較し対照するところから出て来る悲劇ではないかと思います。まず父や祖父母から、子供の生みの母はこの世から永久に失われたということを、心々《こころごころ》に確かにして、第二の母を絶対の人として見ることを心がけ、前の母というものを、決して二人の仲に置かないで、子供の人格と第二の母の人格とが、自由に直接に無邪気にふれ合って、だんだんに興味と親しみを感じ合うように子供を導いてやったなら、継母継子の間はどんなに自然になるでしょう。継母自身も、知らずしらず子供の生みの母親を対象にして行動しているので、どんなに自己の天真を傷つけ、いじけた心になっているかしれません。そうして子供の満足しない顔を見ては、自然に先妻をよく思うことが出来なくなるのは人情です。自分が子供の母になったのだという気でなく、子供の母は失われている、その不幸な子供を、どうしたら自分の手で幸福にしてやれようかと、端的に自分の人格を子供のそれに触れ合わして、喜びをも感じ悲しみをも感じ、共に練磨する必要をも痛感して、どこまでも頼もしい友の真実を湛《たた》えていれば、母を失った子供にとってそれほど力になる人はないのです。母になろうと思うから不自然になるので、不幸な子の友になろうと思えば、きわめて自然にいくのではないかと思われます。子供のほうでも私に母様《かあさま》がない、しかし頼もしい友だちは今の母様だと思えば、自然な感謝をささげることが出来るでしょう。人は独立的の心をもって独立的に行動するときほど、無邪気に真実に自他にとって心持のよいことはなく、いろいろな対象を置いて行動するときほど、窮屈にいじけることはありません。無邪気な心から出るものは親愛であり、いじけた心から出るものは憎悪です。継母子の間を冷やかにするものは、子供のほうも生みの母という対象を通して第二の母を見、継母のほうも先妻を対象にして行動するからだと思います。

## 四

現在自分を生んでくれた母親を、どうして忘れることが出来よう、夫もまた子まであった先妻をどうして忘れられよう、老人にしても幾年も親しんで来た嫁を、新しい嫁《ひと》にどうして見かえられようと思う方もありましょう。それはもちろんのことです。子供に母を忘れさせ、夫から先妻の記憶をとり去ってしまうことは出来ることでもなく、そうしてよいことでもありません。かえって前に記したように、後妻自身もその周囲の人々も、先妻と後妻とを対照して見るのでなく、先妻は先妻後妻は後妻と、その位置と人格とを独立的に扱うことが出来れば出来るほど、折にふれて子供が母を思い出しても無邪気にその思いを語ることが出来、夫も老人も第二の母も、めいめい思うままにそのうけ応えをして相互いにいやな心持が少なくなるはずです。こうして失われた人の追憶も自由に無邪気にすることが出来ると、家人各々の気持がだんだん過ぎ去った日の不幸や悲しみを薄くして、暢《のび》やかに温かになることが出来るばかりでなく、後の妻もそれらの家庭的の談話を通して、先妻の人格や家族の一人《いちにん》としての生活を明らかにすることが出来、子供の性格のある点や、善い悪いいろいろの習慣のよって来ているゆえんをも知ることが出来、どんなに子供に接して行く上のよい参考になるでしょう。夫についてもやはり同じことだと思います。なおそのほかに、亡き人の追憶が、後から来た人を加えた席でも、こうして自由に出来るようになれば、自然亡き人の罪のない失策も生まれつきの短所も無邪気に語り出されるようになり、ひとりでに後《あと》からの人にも親しみを持たせるようになるはずだと思います。反対に子供も夫も年寄りも、第二の母親の気をかねて、いつでも心の中でばかり以前の人を思い出したり、ひそやかに噂《うわさ》をし合ったりしていると、その人の長所ばかりが思い出されて、一層今の家庭に不満を感ずるようにもなるでしょう。

先の人を全く対象にしないということは、よほどむずかしいことかもしれません。しかし今日の継母のように、是非ともまことの母のようになってやりたいと、どうしても出来るはずでない不自然な思いを持ち、夫も老人も、子供のために再びよい母をほしいという気で、子供にも母様が出来る母様が出来るというように教えたりすることの間違いであることを覚えて、母というものは決して再び得られないもの、その不幸な子供の世話をしてくれるありがたい人だという感じを、継母に対して持つことが出来れば、少なくとも今の継母子ほどに不自然な因果な結びつきになることはないばかりか、継母子間の特殊の人情美がそこに熟して来るはずではないかと思います。幼い子供を遺《のこ》して、父母の死んでゆくのは悲しいことです。どうかしてそういうことのないようにしたいものでもあり、また人間の心身の生活が進歩したら、それは遂げられ得べき希《ねが》いではないかと思うのですけれど、不自然に若死をする人の多い今日の有様では、まましい親子の出来るのは、その不自然から出て来る自然です。継母子間の人情美という特殊の人情美がなくてはならないはずだと思います。

## 五

ついでに私は再婚について、一つのことをつけ加えておきたいと思います。結婚というものはどういう場合にでも本人同士のための結婚でなくてはなりません。親のために妻を迎えるのは不合理であるのと同じに、子供のために妻を娶《めと》るのも一様に不合理です。子供を遺《のこ》して妻に先立たれた場合に、どうかしてこの子供らに、せめてよい第二の母をさがしてやりたいと思うのは、一面の人情の美しさではありましょうけれど、前に書きましたように、子供の母は決して二度とは得られないものです。母になった気、母を得た気になるところから、お互いの不満が芽を出して、大きな悲劇にも成長してゆくのです。再婚する方たちはどうか子供のためでなく、めいめいの愛——少なくともあの人となら結婚したいという本人同士の引力で結婚するようにしなくてはならないはずだと思います。はたの人たちも、あの人なら継母にしても大丈夫だという風に、子供本位の考えからいろいろの候補者をすすめるのでなく、どうかして妻を失った不幸の人に、さらに相愛し得る新しい妻を世話したいものだという気になってほしいと思います。夫婦の間に本当の愛があり、同情がありさえすれば、夫に対するその愛と同情とを通して不幸な子供の同情者ともなり得るはずです。子供のためによい母を得ようとして結婚するのは、一種の政略結婚だと思います。

（大正九年三月）

# 何のために働くか

皆様のお察し下さるように、今年は実に私どもの一家にとって涙の年でありました。洋々たる希望をもって迎えた明治三十九年は、今もなお忘れることの出来ない悲哀のうちに暮れようとしております。私どもは悲しい年の一日も早く過ぎ去るようにと願うほど、淡泊な感情を持つことが出来ません。残り少なになっている日取暦を見るごとに、暦のまだ厚かった日を思い出して、二人の子供とはがしたこともあるこの暦と別れるのは実につらい思いです。私はむしろこの悲しい年のいつまでも暮れないことを望みます。そしてこの日取暦の終わりの一つでも、長く私どもと一緒にあってくれるならと思います。涙の年は私どもに多くの悔いと多くの教訓を与えてくれた年です。この記念多き年のために、私はわが与えられた教訓を正直に語らなくてはなりません。

一

何を目的《めあて》に働いているのかと尋ねる人がありましたなら、私は今「天国に行くために」とためらわずして答えることが出来ます。愛児を失った当時私どもは、ただただ感情的に死後の天国を望んでおりました。けれども今は冷静にあらんかぎりの考慮を尽くして、ますます深く天国の実在を信じ、人たるものはすべてことごとくこれに向かって働かなくてはならないものと信ずることが出来ました。

すべての義務も責任もこの心がけによって果たし得られ、あらゆる幸福も光栄も、この心がけを行なう中に存するのであると思います。

## 二

私どもはわが終生の目的は天国を得ることであると信じ、きょうも明日《あす》もただそのために働くのであると思うようになってから、事に当たって危惧《きぐ》と不満の感情が著しく少なくなって行くことを感じます。人と世間を相手であった間には、あるいはわが骨折りの世間の人に認められることの少ないことや、自分の仕事の成功するかしないかということが、実に心にかかりましたが、本当によい働きをするならば、よし世上の賞讃を得られないにしても、神の目にとまらない何物もあり得ないかぎり、天国を得ようとするわが目的の幾分は、それによって達せられつつあることを信じて、安んずることが出来るからでございます。天国を得ようとして働くものは、人の目を頼まずに神の審判《さばき》を恐れます。わが善い事の認められるか否かという心配でなく、果たして自分によい事がなし得らるるか否かとの心配です。

また私どもは天国を得ることを、唯一の目的《めあて》とするようになってから、著しく世上の成功をうらやむ念慮が乏しくなりました。わが家の出版にしても、世の人心の気に入っても入らないでも、自分たちに今授かっている思いを、勇気をもっていつでも正直に語りましょう。仕事によって富や人気を得るほうの側に立とうとするのはわれらの誘惑です。知らずしらず物欲に思いをかけるのは肉体につけるわれらの弱点です。しかもわれわれの肉の命が幾年続くかということに思い至り、限りなく生き得る霊の命を、世間の人は与えてはくれないことを考えると、わずかに数十年にして滅ぶべき肉体と、それに属する愉快のために、空《くう》な仕事にうき身をやつし、肉体のある間こそ、それによって来るいろいろの楽しみに励まされて、あるいは霊性の不満足を忘れていることが出来ようとも、わが霊の一たび肉体を離れたときに、わが霊性のために何の貯《たくわ》えるところもなかったら、自分はどんなになるだろうか。かぎりない霊の命の栄えをば、五十年間の飽食暖衣に見かえて、悔いのないはずはありません。しかもわが肉と共にあるこの世の生活の間でも、われらを支配するものは決して肉体ではありません。私たちは常に肉体とそれに属する満足を犠牲にしても、わが霊性の満足を得んとする側に立つほうが幸いです。天国は単に来世に属するものでなく、現世来世の区別なく、人の霊の存在するところには、必ず陰府《よみ》と天国と二つの国があると思います。私たちがもしも天国の道を歩んでいるなら、この世においてすでに天の民であります。滅びの道に立つ苦しみは、必ずしも肉体を離れた来世においてでなく、すでにこの世から始まっているでしょう。ある人はパンの問題が何よりも大切で、霊の生《いのち》だの天国だのということを考えるのは、ひまな人のすることだと思っています。けれども多くの場合、日々の生活に苦慮するような境遇に立つというのは、必ずその人の不《ふ》徳懶惰《とくらんだ》の結果で、特別の神意ある場合のほかは、神は決して天国を望んで日々正直な勤労をしているものを飢えさせはなさらないと思います。清貧に甘んじて奢侈《しゃし》な生活を希《こいねが》わぬかぎり、われらはただただわが霊のかぎりなく生きんことを望んで努めつつあるうちに、われらの肉の生活はおのずから安全に保証せられているものと、堅く信じて疑いません。パンを得ることの出来ない人は、多くただパンのためにのみ働くものだと信じている人です。かぎりない命を望んで正直に働く人は必ず飢えることはないと思います。

三

ただこういうと、天国を望んで働くということは、大層気楽なことのように思われるかもしれません。なるほど強《し》いて富みたくもなし、人にうらやまれる境遇に立ちたくもないといえば、そのほかに何の思いわずらいもあるまいと思われるのですが、天国を望むものは、世につける野心のために苦しめられない代わりに、天国に入るために骨折らなくてはなりません。肉のために思いわずらうのも、霊のために苦労するのも、骨折るという点においては同様です。否むしろ肉の栄えを重んじ過ぎている社会にあって、肉を軽んじて霊のために経営するのは一層重い骨折りに違いないのです。しかしこの世の虚栄のために苦労したその骨折りは、十分に成功しても肉の命のあらんかぎりです。私どものこの世を終わる瞬間時に、この世における成功はことごとくわがために価値《ねうち》のないものになってしまいます。もしまたこの世のために骨折った働きの成功しなかった場合には、あるいは世の人の嘲笑を買い、あるいは生涯の立場を失うようになるのが常です。霊のために苦心する人の労作は、骨折っただけ少しも無駄《むだ》になりません。私たちがそのために本当に骨折ることが出来ましたなら、天国においてより大いなるものになるでしょう。その骨折りの小さかったものも、それ相応の報いのあることは確かです。だれでもこの事を考えてみれば、この最も安全で栄え多い事業をすてて、申し分のない成功をしたといっても、その成功の寿命の至って短い、しかもはなはだ危険な仕事をしようと思う人はないでしょう。私どもはくれぐれもこの世の虚栄に眩惑《げんわく》せられて、この分かりきった事柄の判断を誤ることのないようにしたいものだと思います。

## 四

天国を望んで働くべきか、この世の成功を目標として行動すべきかということは、ただただ私たち一人一人の生活の二大方針であるのみならず、また各家庭にとってその栄辱のよって別れる二大方針でございます。ことにわれわれの家庭がこの二大方針中のいずれに属するかということは、子弟の感化と教育に最も大きな関係をもつところのものであります。私は皆様がこの年末において何よりもこの事について、深く考えて下さることを希望いたします。どうぞこの際一切世間体を標準《めじるし》となさらずに、一意天国を望んで進むということを、各自の行為の目的となし、家庭の理想として、骨の折れる代わりに一分一厘の無駄《むだ》もない、この意義ある勤労に従事なさることが出来るように、切に切に望んでおります。

## 五

その次に起こるべき問題は、意義ある勤労とは何であるかということでございます。そしてわれわれは皆ことごとく境遇を異《こと》にし天分を異にしておりますが、この境遇と天分のちがったものが、すべて明日よりその意義ある勤労に移り、天国に行くべき道に立つことが出来るであろうかという疑いも、また生じ得べきことであります。

私はまず真面目になることは、天国の人となるべき第一の捷径《ちかみち》であると思います。真面目《まじめ》になるというと、多くの方々は、現在においてすでに自分は真面目であるのにとお考えになるでしょう。そしてまた私ども自身も、お世辞や政略で世を渡る利口な人々と、全く相反した性行を持っているものであると自《みずか》ら信じております。しかし私どもはお互いに世の詐《いつわ》り多き人々に比べてやや真面目であるというに過ぎません。むしろ静かに考えてみると、我ながらその真面目でないことに愛想が尽きるほどです。本心にはこれをこうすることは大切だと思っても、そうすることは非常に面倒で、またそれをしないからといって、別に他人に笑われることでもないと、一日延ばし二日延ばしとうとう一生しないことにもなりましょう。

例えていえば、社会のために有害な職業に従事している人など、その職業をやめるのは自分のために実に大切なことであると思っても、なかなかやめることが出来ないのは、われわれの弱点です。そうして一生の間その有害な仕事のために、心身を使役してしまいます。反対に利と名をもって誘われると、現在自分のしている仕事のほうが、はるかに意義があると思っても、いろいろさまざまの理屈をつけて自《みずか》ら欺き、断然その勧めを退けるだけの勇気を奮い起こそうと努めなかったりするのは、実にわれわれすべてのものの不真面目さでありま す。このようにして私どもは限りなく生くべき霊の栄を失ってしまいます。

以上のような大事にかぎらず、日々われわれのする仕事もそうでございます。よいと思ったことは面倒でも、また骨折甲斐《ほねおりがい》のはきはきと見えないことでも必ずするという、真面目な覚悟を持っている人、自分の義務だと思うものは、大きい事でも小さい事でも、人の知らないことでも、必ずするという十分真面目な決心をもって、毎日暮らしている人は少ないでしょう。固《もと》より仕事をするのには人の知恵にも人間の体力にも限りのあるものですから、したいと思ったことが皆ことごとく出来るわけのものではありません。しかしこれはよい事である、自分の義務であると信じたことは、是非とも本気でしてみようとする真面目な考えと正直な決心を、すべてに対して持つのでなければ、私どもはどうしても理想の天国を得ることが出来ません。尽くすだけの力を尽くして、なお出来ないことは仕方がないと思います。神は決してわれわれの成就した仕事の分量によって、われわれをお審《さば》きになるのでなく、ただわれわれが果たして日々《にちにち》最も真面目に出来るだけのことをしているかどうかということが、天の審《さば》きにかかるということです。一つの才能より持たない人が一つだけのことをしたら、その人の生涯は実に立派です、そして幸福です。しかしもしもわれわれが八つだけの仕事をしても、わが天賦の才能が十であったら、残る二つのために私どもは罰せられるのでしょう。すなわち、心に身体にさびしさや苦しさを感じるのでしょう。

私は数年前に岡山孤児院を見舞ったことがございます。そして院内に十六ばかりの知能の遅れたような女の児のあることを聞きました。しかもこの哀れな女の児は院の男子部のために、日々一石に近い米と麦とを洗い、また炊《かし》いでいるのだそうで、楽しみきってその職分に従事している結果、非常な熟練の域に達し、毎日毎度過《あやま》たず、岡山孤児院の麦飯というほとんど外では味わうことの出来ないほどの加減のよいご飯を炊きあげるのです。それでたまたま病気等の故障のために他の人が代わってすると、食卓にすわった数百の子供たちが皆失望するということでした。私は今もなおこの事を思い出して、知能の遅れた少女の生活を実にうらやましく思います。世の中には別段他人《ひと》のために働かない人もあるのに、自分は多少世のためにも尽くしているからなどと考えて安心することは出来ません。人各々の天分に従って、天のわれわれに求め給うところが違います。何ほどは一人前というように区切りのあるわけではありません。私は実にこの知能の遅れた少女に幾倍する天分を授《さず》かっておりながら、真面目に自分の大小の職分を尽くすことにおいて、この少女の何分の一にもおよぶことが出来ないことを思います。自分のよしと信ずることを、あるいはきまりが悪いとか、またはこういって家人のいやな顔を見るのもつらいと思ったり、あるときは処置に窮して打ち捨てておかれないことを放っておいたり、あるいは面倒をいとったり、負け惜しみの感情のために、早速にあやまちを改めることが出来なかった場合も多くあります。真剣な祈りがまだ足らないために、日々自分の思うほど真面目な生活が出来ません。ときどき自分は天国を望むに足らぬものだと思うことがあります。特別に重い責任を与えられている人も、骨折りの多いことをつぶやかず、かえってその特別な天職に向かって感謝して祈りつつ進みましょう。

（明治三九年一二月）

# 眼前主義を改めよ

「安かろう悪かろう」ということがあります。安かろう悪かろうほど、私たちの生活をわずらわしていることは少ないでしょう。

私たちの用いる日用品は、とかくだんだんに品物の悪くなることを感じます。木炭などもその著しい例です。またこのごろ山の手には味のよい浅漬《あさづけ》がなくなりました。この間も日本の布でさっぱりした子供の春向きの洋服を、社の洋服部のために作りたいというので、機場を見に行きました。糸の色にはいろいろありました。上手に取り合わせると、洋服らしい柄が織れるのです。しかもその染色は黒などを除くほかは、焼けやすい褪《さ》めやすいものばかりでした。褪めないようにはどうしても染めることが出来ないのですかと聞いてみると、藍《あい》ほどにはいかないでも、ほとんど褪めないというくらいまでに染めることが出来るといいます。なぜ染めないのですかと聞いてみると、お高くつきますからといいます。どのくらい高くなるのですかと聞いてみると、決して驚くほど高くなるのでも何でもないのです。勝手道具を買おうと思っても、思い切って粗雑な脆弱《ぜいじゃく》な物ばかり沢山あります。もう少ししっかりしたものはといえば、何しろこの辺は一番多く出るものですから、この上となると御注文でなければといいます。

優勝劣敗は人生の大いなる法則であると思いのほか、悪い木炭がよい木炭を追い退け、口にはまずい、身体には毒になる浅漬《あさづけ》が良質の浅漬の位置を奪っています。こわれやすい家具や、一度洗えばすっかり色の落ちてしまう織物が、市場にはびこっているのです。そうしてそのわけはいわゆるお安いからであります。

何でも彼《か》でも安いということを条件として、物を売らなければならないと信じているように見える日用品の商人は、以上のように争って粗悪な品の製造を促すばかりか、さらに一俵の炭を二銭三銭安く売り、一樽《たる》の醤油《しょうゆ》を五銭十銭安く売るために、目立たないようにあるいは数量を少なくしたり品質を悪くしたり、いろいろに面倒な手数をするということです。そうして私たちはまたそのために毎日毎日どれだけ無益な心づかいをするでしょう。直接に多くの家庭の勝手元に出入りする商人ばかりでなく、製造元はすでに年々に品質を落として行く上に、仲買いそのほかいろいろの關門を通るたびに、あるいはつめ直し、ぬき取り、まぜものというような風に、変わり変わって来るものばかりであります。同じ店から同じ品物を買っていても、たびごとに同じ調子に行かないのは当然のことです。前と同じであるべきはずの醤油の味が悪かったり、炭の入りが少なかったりするのは、だれの罪かは分かりませんけれど、私たちとしては、直接の売込人である出入り商人に、すべての責任を着せるよりほかはなく、やや大げさな人にいわせると、あたかも罪人でも監視するような気持をもって、出入り商人を見ているようなことになります。自他のために何という厄介《やっかい》な不愉快な仕事でしょう。そうして実に日用品を買うことは、主婦の役目の恐らく三分の一でしょう。主婦の役目の三分の一は、言い換えれば疑いの目をもって人を見ることです。

さらにこれを私たちの家庭が、朝晩に疑いの目をもって見なければならない多くの商人と、頻繁《ひんぱん》な交渉をしなくてはならないという方面から考えてみると、そのことの子供におよぼす感化は実に恐ろしいものでなければなりません。

それとこれとは種類が違っておりますけれど、ある時何心なくそんな所にほどきものを出して置くと、屑屋《くずや》に持って行かれると、女中たちにいいました。すると子供は、家に来る屑屋もやはり悪い人なの、もしもそうでなかったらどうするの、と申しました。実にもっともなことです。子供は無雑作に人を疑うということについて、おとなよりも鋭敏な神経を持っています。しかし、これから二年三年と譎詐瞞着《きっさまんちゃく》に満たされている周囲の中に大きくなる間に、これらの子供の清らかな心も、皆私たちと同じに平気で屑屋を疑うようになるでしょう。

私も屑屋の中には、悪いことをしない人もきっと沢山あると思います。しかし悪い屑屋も大勢いるものだから、どれが悪い屑屋で、どれがそうでない屑屋だか分からない。それでどの屑屋にも用心をしなければならないのです。よくないものがあるために、よい人までもよくないもののように思わなくてはならないことになるから、皆が骨折ってこの世の中に一人もよくない人がないようにしたいものです。一人の人でも同じことです。あなたでも時にワシントンでないこと（私どもの子供たちは真実を語ることをワシントンといい、そうでないことをワシントンでないと、いつごろからか言いならわしております。嘘《うそ》とか嘘をついたとかいう言《ことば》の代わりに、よい言だと思います）をいうことがあれば、ワシントンをした時でもやはりワシントンでないのだろうと人が思うようになるでしょう。だから骨折っていつもワシントンばかりしたいものですね、といっていると、玄関に苦学生だといって、是非奥様に取り次いで何かを買って欲しいというのが来ました。女中は旦那様《だんなさま》も奥様も今は留守だといっています。今度は子供は、苦学生だの何だのって、ワシントンでないことをいって来るものだから、女中も母様が留守だってワシントンでないことをいわなければならないのね、といいます。こういうことでどこまで苦しめられるわれわれの生活でしょう。

向こうの人がワシントンでないことをしても、こっちもワシントンでないことをしてよいということはありません。私どもではそういうものは買わないことにしていますといえばよいのです。これからそういうことにしましょうといいはしましたが、かかる周囲の感化のために、子供らの頭はいつしか虚偽を常のこととして平気でうけ入れるようになってしまいましょう。

このような社会で、明白な生活を望み、真実な行動を希《こいねが》うなどということは、夢に類することとして冷笑する人の多いのも、怪しむには足らないと思います。近ごろのシーメンス事件に類する千百の事実は、今の顕官紳士《けんかんしんし》紳商政客《しんしょうせいかく》の社会に行なわれる珍しくない慣わしであると取沙汰《とりざた》されるのも、考えてみると驚くべきことでもないように思われます。瓜の蔓《つる》に瓜の実が出来ただけのことです。大河《たいが》の源をたずねて行くと小さい岩間の一と雫《しずく》であるように、使った上での価値《ねうち》をほんとうに考えてみる前に、眼前の安いということにひかされるという、多くの人の浅はかな弱点は、集まって渓流となり、流れ流れて大河となって、ついに社会を溺《おぼ》らしているように思います。

ただ眼前的に日常生活を営んでゆく心の癖《くせ》は、ただに毎日の買物ばかりを支配してはおりません。商人ばかりを支配してはおりません。さまざまの事業は愚か、人と人との交際の仕方も、一国の政治も、子供の教育も、めいめいの一生も、ほとんど眼前的にばかり取り扱われているように思います。

女子の教育についてなどは、両親は公然と、女の子ですからとにかく落第しないで卒業が出来さえすればと、どこの家でもほとんどおきまり文句のように、そういっているのを聞きます。男の子は女とちがって、卒業試験の成績が悪ければ職業を求める場合にも困りますからといいます。女の子はこの節女学校を卒業しないと相当のところに嫁入りが出来ないというので、学校教育が身になっていようがいまいが、落第しさえしなければよいというのです。男の子は学科の出来不出来を心配します。それも何のためかといえば、早速職業にありつかれるという眼前の必要のためなのです。男の子の教育も、女の子の教育も、共に人間としての実質を立派に豊富にしてやりたいという立場に立っての教育ではありません。いわゆる立身出世――その意味をくわしくいえば、世に時めく人にしたいというのが、すべての親々の最も熱心な希望のようでございます。

自分自身の一生についても、また固《もと》より同じ願いを持っております。そのために立身出世にさし当たり都合のよいことであれば、知らずしらずどんなことでもしようというような立場に立つのです。上官の収賄の手助けもするでしょう、国家に対して粗悪な物を高く売る手先にもなるのです。そうして、このような事を機敏にする人は、目下の社会においては、確かに早く立身出世をするのです。ときどきシーメンス事件のようなことが起こるとしても、真に罪跡が判明して罰を受ける人は少数です。その内心に常に如何なる不安の横たわりつつあるかは別問題として、同じ幾多の経験ある人々は、とにもかくにも紳士紳商の仮面を冠りつづけて、墓場に行く人が多数なのでしょう。眼前主義は、その名のようにその時々の場合で見たり、一人一人の限られた生涯について思ったりする時には、如何にも都合がよいようですが、大小さまざまの事についての眼前主義が、どんなに社会を毒しつつあるかを思ってみると、実に寒心にたえないことでございます。社会に毒を流した人々も、また自《みずか》らその毒流に浸されるのです。

私どもはどうかして、まず私どもの日常の生活よりはじめて、安かろう悪かろうの眼前主義を改め、おのずからすべての商人をして、実質本位の品物を供給するのでなければ、その商店は成り立って行かないことを覚《さと》らさせるようにしたいと思います。日々《にちにち》すべての家庭に、幾人となく出入する商人を正直なものにすることは、ひとりでによい日用品の製造を促し、私どもの生活を愉快に安心に、且つほんとうの意味において経済的にもすることが出来ます。そうしてことに虚偽に囲繞《いにょう》せられて、ついには自分も虚偽を隣人の如くに思わせられてしまうような恐るべき生活から脱出することが出来るのです。

かくて私どもは精神的の眼前主義をも把持《はじ》することなく、子供を育てる親々の眼も、ほんとうに真実にその子の実質にそそぎ、一時の成敗に心を乱さず、落ちついてその本性を養い助けてやることが出来、自分自身の事業も生涯も、また同じく実質において優《すぐ》ることを楽しみとしたならば、無事に寿命を保っても、人生わずか七、八十年、私どもの霊性が肉体の命《いのち》と共に仮りに潰滅《かいめつ》に帰するとしても、努めはげんだ実績は、決して無益には終わらないのです。いわんや私どもは小なりといえども、出来るだけの心を尽くし、力を尽くして、あらゆる虚偽と戦い、まずわが心とわが家とわが社会とに真実を打ち建てたいという、切なる願いに、長き年月を重ねている間に、どうしても私どもの霊性に死ありとは思われないようになります。われとわが霊性の終わりなきことを思うて、はじめてほんとうに眼前主義に惑わされないことが出来ると思います。そうしてせち辛いように見える人生の中に、神の恵みのただようていることにだんだんと思い当たって、敬虔《けいけん》の情《おもい》に満たされることが出来ると思います。

（大正二年四月）

# 天然の教訓

私どもの鎌倉の仮りの住居は、海と小山に近く、田と畑の中に町を離れてたっております。朝《あした》に夕《ゆうべ》に、清らかな天然の教訓に接することの出来るのは、不便な生活に伴う、大きな幸福の一つであります。

× × × × ×

粟《あわ》の穂は重く垂れ、稲もはや色づくばかりになりました。麦の切株がすきかえされて、小さい種子が播《ま》かれ、鏡のような水の中に早苗《さなえ》が植えられてから、まだ幾日もたたないような気がします。きのうもきょうも同じであるとばかり、ながめ暮らしていた間に、いつこのように楽しい秋が見舞い来たったのでしょう。思えば夢のようです。わが心の願いが、果たして天の意《こころ》にかない、わが日々の業《わざ》がまたよき事であったなら、一様な神の恩恵《めぐみ》は、また私たちの知らないうちに、自分たちのする業の上に、注がれているでしょう。きょうもあすも、同じように見えるわが心わが身のまわりの状態も、収穫時《とりいれどき》を神に任せて、一心に灑《みずそそ》ぎ耘《くさぎ》る間に、ときには困難もあり、時には小さい失望があるにしても、ついに種々《いろいろ》の喜ばしい実を結ぶようになることは、私どもの半生においても、たびたび経験したことです。

知らない間に米が実り粟《あわ》が熟する様を見て、正直にわが業《わざ》にいそしむものの幸福を思い、今さらのように希望と感謝に充《み》たされるのでございます。

× × × ×

胡瓜《きゅうり》を植えて西瓜《すいかと》を穫るつもりだという人があったら、何人もその愚を笑い、その邪《よこしま》な考えを卑しむでありましょう。耘《くさぎ》らないで耘ったような体裁を装い、耘ったものと同様の結果を得ようとするものがあれば、何人もその虫のよいのに呆《あき》れるでしょう。しかし世の中には善い心、偽りのない実質、真実な努力によらず、いろいろの他の方法、すなわち巧みに世を渡ることなどによって、真《まこと》の幸福を得ようとする人が沢山あります。それは胡瓜を植えて西瓜を穫ろうとするのです。天然は欺かないけれども、人の世はごまかしのきくところだと思う人があれば、それは間違いでしょう。人の目はある時の間くらますことが出来ます。そうして邪《よこしま》な心も、浅墓な知恵も、富の力も、時にまことの栄えのように輝くこともありましょう。しかし、人生もまた明らかに神の田畑であって、個人と社会との罪悪によって真によい実を結び、善良な努力によって悪い実を結んだ例《ためし》はないばかりでなく、善良な努力も罪悪も、すべてそれぞれの力の大小によって、いかに適切に報いられているかは、ひとり歴史が私どもに語るばかりでなく、思いを潜めて、狭いわれらの見聞の中をたどってみても、明らかに了解されることでございます。

× × × × ×

夏作は一日おくれると半月の損と、このあたりの農業では申します。あたりよりも四、五日早く植えつけた一つの甘諸《いも》畑は、果たして他に先だって収穫《とりいれ》をはじめました。新たに市《いち》に出る野菜は、一日でも早いだけ、よい価をもっているのです。そうして次に播《ま》くべき菜や大根も、ゆっくりと天気都合を見はからい、最も適当な日に植えつけることが出来ました。そうして収穫のおくれた他の畑が、あわてて次の種子をまき、折悪しくも照りつづきにあい風にあって、辛うじて生いでた弱い芽とは、ほとんど同じものとは思われないばかり、威勢のよい葉を茂らせております。

賢くて勤勉な農夫は、同じ一枚の畑でも人一倍に利用して、多くのよいものを作りだすことが出来ます。私ども各々の才能も、これを養いこれを用いることが、熱心で抜目がなければないだけに、他の同じほどの才能を与えられた人よりも、一層価値《ねうち》のある生涯を送ることが出来ます。私どもの心の畑は十分に開拓され、そうして無駄なしに利用されているのでしょうか。次から次とよい知恵をうみ出すべき心の畑が、とかくに打ち捨てられ勝ちになっていることは、実に大きな不幸不利益なことであります。甘藷《さつまいも》の畑は、私どもに心の畑を出来るだけ利用せよと教えてくれました。

× × × ×

低い垣根《かきね》に朝顔の花が咲き、小さい畑に茄子《なす》が瑠璃《るり》色の実を結びました。夕な夕なにしぼんだ花を摘み、伸びすぎる蔓《つる》のさき、茂り過ぎた葉を去って、つとめて無用のものに幹を労《つか》らせないようにしました。今もなお朝々目さむるばかり数多く咲きほこっています。茄子もみずみずしく実っています。

（明治四二年一〇月）

# 休　息

遊ぶための人生でなく、勤めるための人生であり、休むための世の中でなく、働くための世の中ではありますが、勤め働くためにまた楽しい休息が必要です。人生における休息はあたかも沙漠の中のオアシスのようなものです。見渡すかぎり眩《まばゆ》い日光に照らされて、焼けているかと思うように茫々《ぼうぼう》たる砂原の中に、たまに見いだすことが出来ればこそ、緑樹の陰のオアシスが、真に旅人のいのちであり、歓喜であるのですが、もしも沙漠の大部分がオアシスであったら、オアシスの価値《ねうち》は全くなくなってしまいましょう。私どもが朝早く眼を覚ますと直ぐにかいがいしく身支度し、日の暮れるまで熱心に働く仕事をもっている人にとっては、しばらく手を休めて一杯の渋茶に渇《かわ》きを忘れる時すらも、いうべからざる慰めですが、きょうはどうして暮らそうか、何をして遊ぼうかと考えなくてはならない人にとっては、終生の間前者の少憩と一杯の渋茶に相当たるべきほどの慰めをもうけとることが出来ますまい。まして不断の勤労の中に生活する人が、休らいの夜において与えられべき熟睡、その他数々の幸福をどうして味わい知ることが出来ましょう。言いかえれば幸福な休息は勤労の裏面であります。まずその表面の勤労の布を織らないでは、どうしても裏面の楽しい休息を得ることが出来ません。

また夏休みということは、ひとり学校ばかりでなく、一体に夏こそ最も休息の味わいを知ることの出来る時だと思います。夏は大概のなまけ者でもたやすく早起きをすることが出来、よほどの無精者でもおのずから潔癖にならずにはおられません。輝き渡る太陽に呼び覚まされ、浅き朝露の置く庭を、蚊帳《かや》の中から想像すると、夏の早起きは何人にも楽しいものです。起きて生気のみちみちた夏の植物や、眠りを覚まして心地よげに舞い遊ぶちょうちょうなどを見ると、だれでも自然に身体を動かし、頭をつかって働いてみたいような気になります。食事の前の朝の仕事が思いの外にはかどると、その後の時間も無駄《むだ》にするのがもったいないという気になって、しばらく働いているうちに、日中近くなって来ると随分堪えられないとは思いますが、自堕落《じだらく》に横になりでもすると、一層身体のだるくなることを知っている人は少しこらえて暑さを忘れ、仕事に精を出すと、やがて浴《ゆあ》みの時になり、食後は一日の勤労にいうべからざる満足を覚え、晩涼を逐《お》うて悠々と散歩することも出来ます。要するに夏は暑くとも、少し奮発すれば、あたりの発剌《はつらつ》たる生気につれてかえって働きよい時です。働きよいのはすなわち最も休息の真味を解しよい時であります。夏において特に私どもの前に、多くの楽しみの与えられてあるのもこういう意味であるかもしれません。もしもわれわれが、夏の大部分をほとんど理想に近く働いたという自信をもつことが出来たら、さらに一日もしくは数日にわたる家族的のやや大いなる休息を、涼しい海岸、あるいは静かな山の上などに試みて、雑踏した人寰《じんかん》にはいまだ通い来ぬ初秋の香をききながら、疲れた心身を養って帰るのは、さらにどんなに楽しいでしょう。

(明治四一年七月)

### 夏を愛す

暑くても、夏は明るいから私は好きです。草も自由にのび、虫も勝手に飛んでいます。そうして私たちは、重くるしい着物に包まれている必要もないのですから。

(大正四年七月)

# 秋

## 秋の日

夏は暇の多い人のためには、暑くるしい時逸楽の時であったでしょう。しかし忙《ぜわ》しい中流の主婦にとっては、活動の時希望の時でありました。しかも残暑は、盛夏の間に暑さを忘れて働いたわれわれのためにも、また実に苦しいいやな時でした。夏中にこれこれと思った仕事を片づけて、まずやれやれと安心したところで、にわかに暑さが気になりはじめたのでもあり、秋草に虫の音に朝夕の涼しさに、人をしてたびたび秋を思わせながら、日の中はまた照り返し蒸し返して、容易に秋は来ないからでもあったのでしょう。要するに残暑は夏のだれた時です。だれた不快な夏の終わりが過ぎ去って、天は澄み気は清く、日の光のやわらかい秋になることが、どんなに楽しいことでしょう。「もののあはれは秋こそまされと人ごとに言ふめれど」と、昔の法師も春の悲哀をいっています。糸をひくような春雨や、誇りをきわめた花の姿がほろほろと散ってゆくのは、言いしれず悲しいものでございます。そうしてむしろ騒々しい夏の後に来て、寂しくあわれ深い秋の日は、その寂しい中に平和をつつみ、そのあわれ深い中に感謝を湛《たた》えています。春の歓楽は、人の心を悩まし、秋の寂しさは平和な静けさの中から来ています。

夏の間の勤労によって、清らかに縫いなおされた袷《あわせ》をまとい、塵《ちり》のない質素な部屋に縫い物をしながら、わがそばに笑みつつ眠る幼児《おさなご》の顔を喜び、秋草の咲き乱れた前栽《せんざい》にとんぼを追う、上の子供の余念なき有様を感謝しつつ、わが事、他人《ひと》の事、すべて神の嘉《よみ》したもうべき清らかな思いにふけることの出来るのは、本当に静かな秋の賜ものです。われらは感謝して深く思い、この時において何らかの得るところありたいと思います。

## 秋の夜

月見れば千々にものこそ悲しけれともあるように、秋の夜は一きわ趣の深いものです。家の仕事子供の仕事は、宵の間にかたづけて、読むものにふけっていると、おのずから書中の人と語るような気がします。もしも聖書を読むならば、信仰の薄い自分も、時として神の黙示に接するような思いがあります。その他歴史、伝記、名ある小説、すべて読むものの心々に、常よりも深い影響をおよぼすように思われます。秋の夜は実に読むべき時であり、読んでそうして思うべき時です。

われらは秋の夜に親しみ、秋の日に感謝したいと思います。

（明治四一年九月）

# 生活の自由と愉快

一

田舎に住んでいる人は、都会に出るとだれでも窮屈だといいます。八百屋《やおや》から茄子《なす》や胡瓜《きゅうり》を買うにしても、今夜この茄子が幾ついる、胡瓜はどれだけもんで、どれだけはあすのお香の物にしようという風に、一々使いみちとその数量を考えてみての話です。よさそうな茄子を売りに来たから、笊《ざる》で一つも買って置こうといったように、のんきな買物をしつけている気持から見ると、如何にもこせこせとした窮屈な話です。

塩は小さな袋に入れて、お味噌《みそ》はぽっちり竹の皮に包んで時々台所に運んで来る。大きな樽《たる》に沢山の味噌を貯《たくわ》えて、何の苦もなく使ってゆける我々の境遇に比べて、何という窮屈なことだろう。あれでは朝の味噌汁もうっかり余計には吸われない。忙しいことは忙しいけれど餅《もち》つきと味噌煮は、かえって楽しみの一つにもなる。都会の生活ほどいやなものはない。

戸外《おもて》に出ると縦横に電車が通る。車道だの人道だのという。三越前で下りて買物をしようと思う。木綿類《もめん》は何階だ絹物は何階だという。大勢の人が集まっているけれども、知った顔があるではなし、時々知った人に会っても、都会の人は簡単に言葉をかけあって、素気《すげ》なく呆気《あっけ》なく別れてしまう。やっと出口まで来たと思って、ほっとして下足札を渡してみると、これはそちらの出口からでございますといわれる。後《あと》がえりをして上を見ると、何々の札はこちら、何々の札はこちら、靴の方はこちらなどと、そこにもややこしいきまりがある。

のんきな道を、連れの人と話しながら気楽に歩いて、知り合った店で、ようこそお越し下さいましたと、こちらの望むものを何でも出してもらって、見立てには熟《な》れている番頭と柄の相談でもして買って来るほうが、はるかに買物らしい心持がすると思うようでございます。

ひとり片田舎の人が、都会の生活を呪《のろ》うばかりでなく、のんきであった時から日ましに繁劇になって行く世の中のことを思ってみると、すべてのことについて、だれでもそれに似よった気がします。ことに欧州戦争の影響から、日用品の価までが非常な騰貴して来たきょうこのごろは、全く世の中の窮屈さを呪いたいようになるのは無理ではないと思います。戦争はある時日の後《のち》に治まっても、物価は前ほどには下らないのかもしれません。のんきでは暮らされなくなって行く世の中だということは、すべての人が覚悟しなくてはなりません。

のんきでは暮らせなくなって行くこと、それは私たちに悲しい心細いことなのでしょうか。前にいった片田舎の人に似たような気で、文明の心持を理解することが出来ず、常に開けて行く世の中に追っかけられて行くように暮らしていると、文明文化ほど窮屈な、私たちの平和の破壊者はないでしょう。まず都会の生活と片田舎の生活との上で、文野《ぶんや》の心持と状態を比較して考えてみましょう。

よい茄子《なす》を売りに来た時に、いつ幾つ使うというはっきりした目的はないけれど、笊《ざる》に一杯買って置いて、だんだんに煮たり焼いたりして食べるという生活はのんきです。考えて買物をするという世話もないのですから。八百屋からきょういるだけの野菜を勘定して買うのは、それに比べて窮屈なように思われます。しかしあすになって南瓜《とうなす》が食べたければすぐに南瓜《とうなす》を買うことが出来ます。枝豆がほしければ枝豆を買うことが出来ます。南瓜や枝豆にも飽いたからもう少し変わった野菜をと思うと、それも手に入れることが出来ます。片田舎の幸福というのは、考えることも何もいらない骨の折れないところにある代わりに、さまざまのものを望みに従って得ることが出来るという、本当の自由な幸福ではありません。私たちの望みの自由自在に達せられる社会がすなわち文明の世の中で、人間の生活が窮屈からだんだんその自由な有様に向かって進みつつあるのです。片田舎よりも都会のほうが開けているだけそれだけ自由であり、自由に何でもが得られるだけそれだけ物の価は高くなるのです。交通の便を利用して、遠方から運んだものや、温室などで特に心を入れてつくったものなどを集めてあるからでございます。その高い品物、骨折りのかかった品物を買うためには、自然よく考えて無駄《むだ》のないように気をつけなくてはなりません。片田舎の人はそれをさもさも堪《たえ》がたい苦痛のように感じ、そうして甘藷《おさつ》の出来る時は毎日甘藷《おさつ》ばかり食べていてもよい、西瓜《すいか》の出る時は毎日西瓜の顔ばかり見ていてもよい、窮屈な目をするよりはと思います。精神的にも物質的にも自由は価なしに得られるものではありません。無駄のないようにと心を配るだけの価を払っても、得るところの自由の価値は大きいものだということが分かれば、だんだんにのんきでなくなって来る社会は、悲観すべきものではなく、希望の社会、働いて賢く生きる価値《ねうち》のある社会なのだということがわかるはずだと思います。

竹の皮に少しばかりお味噌《みそ》をとったりする都会の生活は窮屈だ、毎朝のお汁《つけ》でもうっかり食べ過ぎたら明日のが足らなくなるだろうというのは、頭を使うことを嫌《きら》いな心持です。うっかりしなければよいのです。うっかりした気持で仕事をしているというのは、人間の自由でも幸福でも誇りでもありません。うっかりしないで要領を得た生活をするところに、初めて人らしい自由と幸福と誇りとが生み出されてゆくことを考えてみると、一年分は愚か、もっと長い間の味噌や醤油や漬物《つけもの》や炭や薪《まき》やを貯《たくわ》えて置くために、倉だの小屋がなくてはならず、きょうは大根洗い、あすは味噌《みそ》つき醤油《しょうゆ》の火入れと、大勢の人が寄り集まってごたごたして、食うこと飲むことにばかりに日を暮らす生活に、野生のままの気楽さがある代わりに、味噌や醤油や薪炭の世話は商人に頼んで、倉も小屋もなくっても、それがあるのと同じことに、自分の家の必要に従って、それらのものを供給してもらう組織の出来あがっている都会の人には、餅つきや味噌煮よりもずっと進歩した楽しみを持つ時と機会があるのです。人間にとって本当の窮屈というのは、眼前の食うこと着ることにのみわずらわされて、それ以上のことを見たり聞いたり考えたりすることの出来ないことです。都会と田舎との生活のこういう方面を比較することからも、文野両様《ぶんやりょうよう》の生活の心持を考えてみることが出来ます。

## 二

さびしい田舎の町を歩いていると、道で会うほどの人は大概は知り合いであり、知り合いでなくてもなつかしい心持がします。広い建物の中に一杯になって、多くの人が買物していても、お互いに無関係であり、その中から知っている人を見つけても、ちょっとした挨拶《あいさつ》をするだけで、互いに右と左の人群れの中に見えなくなってしまう。ようこそお越し下さいましたと、一人一人のお客が注目されるのとちがって、物を売る人も特別にお愛想をするではなし、だれが来たやら、行ったやら、物足らないほどに落ちつき払って、手ばかりせわしそうにしている。出口で、何の札はこちらで、何の札は向こうだなどとややこしい。そこにも理解しなくてはならない文明の一つの重要な心持があります。

人の心の幼稚な時代野蛮な間は、自分一人の都合よりほかは考え得ないものです。私たちはその適例を子供に見ることが出来、山出しの女中に見ることが出来ます。人類の歴史について考えてみても、人間はてんでんばらばらの生活から地域の生活になり、地域が発達して国家になりました。人の心が発達するに従って、自分と他との関係をだんだんに見いだして行くのです。自分と自分の周囲にある人々との関係を見いだしたことが自然に地域をつくり、国家をつくりました。自分の国の中ばかりで暮らした人民は、だんだんに自国と他国との関係を見いだして、人の心が世界的になりました。地域と地域とが交通をはじめ、国と国とが貿易をはじめて、ますます自他の関係の密接緊要なものであることを知ることが出来るようになります。人と人との関係ばかりでなく、私たちはまた時間とわれわれとの関係や、諸種の労力とわれわれ自身の生活との関係や、世上の物資と生活との関係なども、よほどよく分かるようになって来ました。

会う人ごとに言葉をかけて、くどい挨拶《あいさつ》をして、悠々と道を歩くのを幸福と思ったりするのは、時間と人間との関係がまだはっきり分かっていないからです。皆と自分との関係がよく分かってくると、足早に歩いたり、町の四方を通っている電車を重宝に感じたりする心持は自然に出て来ます。西から東から一つの店に集まって来た人は、自分に必要な品物のある所に自分で行って、お互いに事務的にさっさと買物をすまして、混雑しないために、ちゃんと考えて適当に用意された出口から出て来るほうが便利です。呉服屋の店前《みせさき》に腰をかけたら動かずに、浴衣《ゆかた》が一反晒布《さらし》が一反紅絹《もみ》が一反というままに、応接している番頭が一々小僧を指図《さしず》して持ち出される。眼前の自分の都合ということばかり頭にある人には、如何にも便利に思われるでしょうけれど、一人のお客に一々こうして多くの労力をかけるやり方では、どうしても大勢のお客を一時に引き受けて、呉服ものもある家具もある食料品もあるというような店の出来ようはずはありません。限りない広さと、限りない番頭小僧がいるからです。

一定の場所にそれぞれの品物を陳列し、出口にも入口にもちゃんとしたきまりと順序があればこそ、相互いの時間もむだにならず、労力も資本も場所も割合に経済的なデパートメントストアが出来上がって行くのです。不完全な呉服屋が立派なデパートメントストアになるような具合に、すべて私たちの生活が精神的にも物質的にも進んでゆかなくてはなりません。そうしてこの世の中の目ざましい進歩は、どうしてもてんでんばらばらでは出来ません。すべての人が心を合わせて、自他の時間のむだにならないように、必要な物資の無益に費やされないように、組織立った賢い生活をしなくてはなりません。

大勢の人が一つ所に集まって買物をしていても、めいめいにただただ自分の買物のことを考えるばかりで、互いに無関係にしているといえば、如何にもてんでんばらばらな非社会的な心持のようで、人の顔さえ見れば笑いかけて話をするのは、如何にも人と人との関係を重んずる社会的なことのようですけれど、そこにいる人はめいめいに買物をするという目的を持って来ていること、相互いの時間の貴《とうと》いことに気がつくと、すなわちめいめいが自他のそこに来た目的に気がつくと、知っている人にあったからといって、いたずらに辞令を交換したりしているよりも、互いの時間と目的に都合のよいように行動することが、めいめいの利益であり人に対する義務でも厚意でもあるのです。てんでばらばらのように見えて、実は最も社会的なまた最も自他に忠実な行動なのです。

文明というものは、発達した個人を基礎にした社会的組織だともいえましょう。私たちが一人一人に文明の心持を理解して行動するのでなければ、我々の社会は到底自由な幸福な文明の社会にはなり得ないはずです。人込みの所で左側を歩くのが、互いの便利だというようなことですらも、窮屈なことに思って、注意を払って実行する人が、東京の真中にすら少ないことを思うと、日本人はなお世界の舞台での田舎《いなか》ものであることを自《みずか》ら承認しないわけに行きません。

三

私たちはまた私たちの家庭を省みてみたいと思います。あのデパートメントストアぐらいの規律でも、我々の家庭に出来ているでしょうか。多くの家庭はまだめいめいの起きる時間眠る時間、食事の時間出入《はい》りの時間執務の時間からして、きまっていないほうが多くはないでしょうか。起きる時間寝る時間などといったりするのは家庭らしくない。のんきな所に家庭の特色があるといったりする人があります。私たちは片田舎の生活のような野蛮的なのんきさからは、一日も早く足を洗わなくてはなりません。集まって一家をなしている以上、てんでんばらばらでは相互いに累《わずら》わされるばかりです。一つの身体のように、心地よく一家の毎日の生活が運転して、相互いに妨げられることなく、せっせとめいめいの職分に励みたいものです。そうして夕食後の一時間ぐらいを、一日別々の職分に真剣に働きあった家族の親しむ時間として持つことの出来るくらいにはしたいものです。電車や自動車や電話や汽車の音などのうるさいのも、文明の我々を虐《しいた》げる一つの力であると一概に気短に感ずる人もあるようです。私たちは六日の間、せっせとその中で働きましょう。賢く働いて倦《や》まなかった私たちを、その汽車や電車や自動車が、海にでも山にでも運んで行こうかと待っています。そうしている中に私たちは、今のようにうるさくない交通機関を発明することもできるでしょう。

いま一層私たちの生活に筋道がついて来ると、そうしてせっせと働く習慣と精力とが、私たちの心と身体に出来たなら、五日の間働いて、六日目を健康保養のための日に、七日目はめいめい霊性のために特に考えたり、そういう方面の意味にこの心を使うことが出来るでしょう。そうしてそれによって私たちの文化はまた必ず高まって行くでしょう。

自分だけもっと日々《にちにち》筋道のある生活をしたいと思っても、はたの不規則をどうするかと男子はいい、子供を育てる女の生活に、どうしてきまりがつくものかと女は申します。汽笛《きてき》の鳴る工場のように家庭の時間をきめることは出来ないでしょう。しかも子供も育てようです。赤ん坊の時から筋道のある取り扱いをして身体のはっきりした子供を持つことが出来れば、母親の生活にも、大きな筋道はちゃんとつくものです。世間の不規則のためにどうしても自分だけ筋道立った生活の出来ない日もありましょう。しかし徹頭徹尾そんな日ばかりのようにいってしまって、私たちの愉快な文化的の家庭生活を打ち立てる第一歩に、そう不熱心にしているような人々の多いのは、何よりも残念なことだと思います。筋道のある家庭生活が何を持ち来たすか、反対に筋道のない生活が、どういうことを生み出そうとしているかという、その背後のものを洞察することが出来たなら、そうして真実に少しずつでも筋道のある生活に歩みよりたいと、父と母とが熱心になったなら、子供たちはおのずからその風になるはずです。

私たちは、きょうよりもあすとまず自《みずか》ら進歩して、そうしてよい組織の家をつくり、幸福な社会をつくって、そこに住むことの出来る人間になりたいと思います。愉快な生活はすなわちそこにあるわけになるのです。

（大正七年八月）

# 囚われざる生活

故西有穆山《にしありぼくざん》師は、いつもその奥深い禅味を、だれでも日常手近に見聞きする、いろいろの事柄に照らして、実に適切に話して下さいました。

これは至って平凡な例ですけれど、初めて立派な新しい靴をはいて、人を訪問した男が、座敷に上がっても靴のことを忘れずにいる。犬にでも持って行かれはすまいか、靴泥棒にやられはすまいかと、まるで靴をぬがずにすわっているようなもので、その窮屈さは思いやられる。世の中の富や名誉を持っている人も、はたのものが思うほど、よい気持ではないようだ。寝るにも起きるにも、物をいうにも、金と名誉が当人の自由を押しつける。こうしては人望が落ちはしないか、どうしてこの上名誉を得たものだろうか。財産を失う場合があるとしたら、どうしたものだろうかというようなのは、金と名誉の鎧《よろい》を着ているようなもので、浴衣《ゆかた》がけで寝ころんでいられる平民の涼しさとは雲泥のちがいがある。新調の立派な靴とは反対に、厠《かわや》の草履《ぞうり》をはいた時を思ってみたい。はいたとも思わずにはき、脱いだとも思わずに脱いでいる。靴にとっつかまったり、金にとっつかまったり、自分の持っている権勢に押しつけられたりするのが、何よりの妨げだといわれたこともありました。

私たちも、やはりめいめいの生活に囚《とら》われてはならないと思います。生活に囚われて、身動きもならないような心持は、どこから来るかと思ってみると、皆自身の力一ぱい、時としては力に余る生活をするからだと思います。先ごろも私どもの家を建てた大工さんが見舞って来て、新しいお家は、どうしても一年くらいは、なるべく締めておく締めておくという風にしなければいけません。日当たりのよい家をこうあけてばかりおいては狂いがくるなどといろいろ親切な小言をいって帰りました。私どもの家は、実にがさつに建てられた家でございます。あたりの清らかな空気と日光とが、思いきり差し込んで、そうして静かに考えられ、楽に寝《い》ねられ、楽しく食べられるようにありさえすればよいというのが、最初の目的なのですから、そうそう宝物のように抱いてかかえているつもりはないのです。大工は家を思い、私どもは自分自身の都合を考えるのは面白いと思いました。そうして新調の靴のように、私どもの自由を束縛する家でなく、家人の日々《にちにち》の生活と健康のために、十分に役にたてられるような度合の家を持ったことを感謝しました。私は第一にこういう意味で、自家の実力に比して簡素な生活をすることを愛します。立派な着物を着た人は、ついその着物が気になって、自由な運動をすることが出来ないように、立派な家に住む人は、家を大切にするあまりに、雇人に年じゅう掃除ばかりさせていたりするようなこともあるでしょう。

ただに金銭上において、ありたけ一杯の生活をするばかりでなく、自分の思いのあらん限りを尽くして、たとえば服装にしても、どこに点のうち所もなく、住居《すまい》にしても、どこからどこまで自分の工夫のありだけを尽くして経営するということになれば、私たちはほとんどそのために、他を思う暇がなくなってしまいます。あまりに毎日の生活に凝《こ》り過ぎず、心の働きにも余地を存して置きたいのです。毎日の生活は大事なものですから、厠《かわや》の草履《ぞうり》ほどに無雑作に扱ってはならないのですけれど、せめてはきなれた靴ほどにして置いて、私たちはその靴をはいていながらも、靴のことは別段に気にかからず、悠々として道を行き得るようにしたいのです。そして野を行けばその自然の趣を愛《め》で、渓川《たにがわ》のほとりを行けば、その閑《しず》かなせせらぎに耳を借し、大路を行けば煩雑な人の世の様にふれ、独りある時には、その時々のわがほんとうの思いをよく見ることが出来るようになりたいのです。

ある人はわが資力を尽くし心力を尽くして、現在の暮らしの様を楽しく体裁よくしたいと思い、またある人は心のあらん限りをもって、質素倹約の工夫をします。目ざすところは別々でも、全く目《ま》のあたりの生活に囚《とら》われているということにおいて一致しています。あたりの風物も、人事の変遷も、自家の心の奥深い要求も、知らずに月日を過ごしてしまいます。そうしてその結果は、役に立たない空虚な心と、疲れた肉体が残るばかりになってしまうのではないかと思います。

（大正三年八月）

# よく忘れること

## ——ある年末に——

死にたるものに死にたるものを葬らせということがあります。私どもは忘れてはならないことを覚えていることが大切であると共に、また忘れなくてはならないことを忘れ得ることが大切です。無用な記憶が心の中に沢山あると、あたかも重荷を負っているのと同じわけで、身軽に快活に前を望んで進むことが出来ないからです。

過去の過失の中で、償い得るかぎりのものは、もちろん償わなくてはなりません。しかし、どうしても今すぐに償う道のないことは、落ちついて時の来るのを待たなくてはなりません。現在の人の力で、到底どうすることも出来ないことは、ほんとうに深い悔恨をもって、その償いに代えなくてはなりません。過去をふりかえってみると、私どもには実に多くの過失があります。泣いても足りないような落度もあります。死んでしまいたいほどのこともあるでしょう。しかし、取り返しのつかないことを何時までも思っているのは愚痴です。いろいろの愚痴で、私たちの心がいっぱいになっていると、知らずしらず多くの幸福と進歩の機会を取りにがすようになります。ことに自分の過去の過《あやま》ちを、かれこれと取りつくろって人の前を飾ろうとするのは、卑劣なことです。卑劣なばかりでなく、そうして過去の亡霊に引きまわされている人は、その人自身生きながらの亡霊です。

私どもは一日の終わりの夜において、一年の終わりの歳晩《さいばん》において、よく考えて、この日この年のすべての過ちを明らかに葬らなくてはなりません。正直な心をもって、同じ過ちを再びしないようにと、堅く心に誓いつつ、すべての過ちを忘れてしまわなくてはなりません。そうしてまた、同じ心で他人の自分に対する過ちをも許してやらなくてはなりません。心から許した他人の無礼や過ちは、心から忘れてやらなくてはなりません。私どもはかくして心すがすがしくなり、毎日毎年幸福にして望みにみちた日と年とを迎えることが出来るのだと思います。曇りの少ない、よい心を持っている人は、毎日毎日よい日を迎え、悪い日は、無用な記憶で心を重くしている人に、いつでも来るのではないでしょうか。

（明治四〇年一二月）

# おさなごの如く

## 一

私たちは身だしなみのよい人を見ると、ほんとうによい気持です。そうしてうらやましいと思います。洗いたての頭髪《あたま》、清らかな軽い単衣《ひとえ》、取り合せのよい帯をきちんとしめて、しかもそれが年中健康で、よく働くことが出来るなら一層気持よく、一層うらやましい心持がするでしょう。また身ぎれいなばかりでなく、その肉体が健康で、思うままに働き得るばかりでなく、その思いがさらに一層健全で凝滞《ぎょうたい》する所なく、その人の言《ことば》を通し肉体を通して、その鮮かな働きが流れる水のようにさわやかに心地よく、その霊妙な力を発揮することが出来るなら、それがどんなに美しく私たちの目に映《うつ》ることでしょう。他人《ひと》の目にさえ心地よく映《うつ》るなら、その快感を親しく自分の身と心に経験することの出来る人は、どんなに幸福なものでしょう。自分の心の泉から滾々《こんこん》と湧き出してくる力の音を聞くときに、それが全身の脈管にひろがって流れてゆく勢いを感ずる時に、人生の価値と幸福は、恐らくそこにあるのだろうと私は思っています。私たちの身も心もそうした境地にまで運んでゆきたいと思うのは、われらの大いなる憧憬《あこがれ》なのです。そこに行く道は一体どこにあるのでしょうか。

## 二

早春のころ、後庭《うら》の運動場を散歩して冷たいベンチに二、三十分も腰かけていると、身体が冷えてなりませんでした。座ぶとんがほしくなったりするのですが、そこにテニスの試合でもある時には、同じベンチに三時間以上も腰かけていても、少しも冷えはしないのです。ただに冷えているのを忘れているのではありません。実際少しもさわってはいないのです。巧妙な球の行きかい、瞬間ごとに勝敗の形勢の変わって行くコートの上に、一生懸命になって見入っているせいでしょう。同じ一つの身体でもただベンチに掛けているだけの時は、寒さ冷たさの刺激に堪えて行くことは出来ませんけれど、全身緊張してそこにある時には、前と同じ寒さも冷たさも問題にはなりません。何の工夫をしたわけでもなく、ひとりでに刺激に堪えられるのです。ただ堪えられるばかりでなく、冷たい戸外に数時間を過ごしたために、著しく元気の加わったことを感じます。

ある方がおいでになって、親戚《しんせき》に嫁と姑《しゅうとめ》の不和な家庭があって、その若い奥さんは時々ほんとうの病気のようになって、食事もすることが出来ないといって、二、三日も寝込んでいることがある。それだのに気の合った友だちでも訪ねて来ると、おすしもお菓子も一緒にたべて笑ったり話したりするのをみると、やはり老人のいう通り、仮病《けびょう》なのだろうと思うということでした。私は早速に思い当たるような気がしたのです。同じ一つの身体でも、不和な姑とさし向かっている時は、せいのない悩ましい病気のような気持になって、珍しい友だちが来てくれて自分に興味のある話題が、それからそれと出て来ると、ひとりでに緊張して食欲も力のある声も出て来るのでしょう。

子供が大きくなったり、物質的に豊かになったりすれば、多くの婦人たちは、大概元気がなくなるようです。そうしてどこへ行っても身体の弱い話を聞きます。ちょうどそれは、からっぽの運動場のベンチに腰かけて、身体の冷えるのを覚えるようなものでしょう。一生懸命試合を見ていると冷えないばかりでなく、一層元気を増してゆくのです。身体も心も緊張して暮らすこと、それは人間の最大最要の健康法だと思います。

三

私たちはどうしたら、いつも緊張して暮らすことが出来るでしょう。緊張したい緊張したいと思っても、からっぽなコートをながめているようなわけでは緊張することができません。そこに熱心な試合の舞台が出て来ると、別に緊張しようなどとは思わないでも、ひとりでに一生懸命に身体も心も引き締まって来るのです。私たちはどういう時にも、自分の心身を引き締めるだけの力のある舞台に面して暮らさなければなりません。きょうは張り物もある洗濯もある、あれもして置かなければ、ついでに髪を洗ってなどと思うと、自然私たちの心持が引き立って、ずんずん仕事の捗《はかど》って行く楽しい一日がおくれるのでも分かります。しかし考えなくてはならないことは、では私たちは、一生涯精一杯に洗濯や張り物をして暮らしたら、常に緊張した日々《にちにち》を送ることが出来るでしょうか。いうまでもなくそうではないのです。テニスの試合も毎日毎日見ていたら、それが私たちを緊張させることが出来ないことにおいて、からっぽのコートと同じことになるはずです。その日その日の仕事としては、私たちを緊張させることでも、生涯それをつづけることによって、緊張した一生は得られないのです。女が家事に没頭して、一生を送るとしたら、やはりそれは、私たちがそれに面して生涯緊張しつづけることの出来ない舞台であることを知らなくてはなりません。

単調ではいけないというならば、きょうは張り物をする洗濯をする、あすは芝居を観《み》る、あさっては本を読むというような生活は、年中私たちを緊張させてくれるでしょうか。あすは芝居にゆくと思えば、張り物は二日分も出来るでしょう。働いたあとで芝居を見るのは一層楽しいでしょう。人込みのどよめきを過ぎ去った幻のようにして、きょうは静かな部屋で読んでいたら、それも頭の中に浸みこむかもしれません。かりにだれでもこういう生活が出来るとしても、こうした舞台の転換は、また私たちを一生涯緊張させてくれるでしょうか。走馬《そうま》燈《とう》は面白いものです。しかし幾度も幾度も回っているうちには、いやになってしまいます。同じものが出て来るのですから。

## 四

私たちの面している舞台は単調ではならない、といって走馬燈のようでもいけないとすると、ほかに私たちの持ち得る人生の舞台にどんなのがあるでしょう。だんだんに成長してゆく舞台、芽出してゆく舞台、ただそれがあるばかりです。

緊張しようとも、何とも思うわけでなくっても、おのずから緊張して、毎日元気にうれしそうに暮らすことの出来る子供のことを考えてみても、それがよく分かります。かれら自身の成長と共に、彼らの生活の舞台は日々成長し、且つ新しい働きが芽を出してゆくからです。きのうまですわることの出来なかった赤ん坊がきょうはすわることが出来、すわるという働きがだんだん確かなものに成長して行くと、いつの間にか立つという働きが芽を出して来る。それが確かになると、歩く力が生まれてくる。その単純な叫び声の中から短い言《ことば》が生まれ、またそれが成長してゆきます。赤や青の鮮《あざやか》な色どりや、そこにある物体の置いてあることをわずかに意識するだけであったのが、おもちゃの形を見分けるようになり、花とリボンを区別することが出来、静物と動物とが分かり、彼らのうちにある力が一つ一つ芽を出して伸びてゆくだけそれだけ、彼らの生活の舞台が広がって、そうして複雑になって行くのです。それがどんなに楽しいでしょう。緊張して活動を続けた日が暮れると、疲れて快き眠りをむさぼり、あすはまたその楽しい新しい生活の舞台に立とうとして日の出るのを待ちかねて目をさまします。何という幸福な生き甲斐《がい》のある彼らの生活なのでしょう。目に見えるその成長を遂げてしまったおとなには、そうした幸いな生き甲斐のある日は、もう与えられてはいないのでしょうか。「心《こころ》を入《い》れ替《か》えて子供《こども》のようにならなければ、決《けっ》して天《てん》の国《くに》に入《はい》ることはできない。」という言葉は、いろいろの方面から見て、人の世の旅路に一日も忘れてはならない真理だと思っています。

幼児《おさなご》のように天真爛漫《てんしんらんまん》な心でなければということも大切なことです。幼児のように日々《にちにち》成長する、そうしてまた望みや力の、後から後からと芽出す生《いのち》でなければならないということも大切です。そうして最後に「心《こころ》を入《い》れ替《か》えて子供《こども》のようにならなければ——」ということは、おのずから汝等は生涯幼児のごとくあり得るということを示しています。赤ん坊の時代が、この人生の中で一番生き甲斐のある時で、「文字を知るは憂いを知るの始め」というように、物心つくころから人の生《いのち》がだんだん暗く望み少なくなって行くのが当然のなりゆきならば、一度果《み》を結べば枯れてしまう刈られてしまうというバナナの幹のように、人間は子供を生めば死んでゆくはずです。無益な生《いのち》をこの世の中にとめてお置きにならないのは、動植物の世界をはじめこの天地の万象の中に著しく現われている大能者《だいのうしゃ》の方針なのですから。また死ぬる瞬間時まで生きようとする欲望を持っているのが、われらに与えられた本能であることも何よりの証拠です。

どうしたら私たちは、常に幼児のように毎日毎日新しく幸福に生きられるでしょう。この問題を解きながら、一足ずつ自分の境地を進めて行くのは人生です。そうしてそこに私たちを絶えず緊張させるめいめいの舞台があり、その舞台を見つめて、努めてその中に心と身体を強く働かせていると、われらの心身の健康はおのずから保たれ、味わいのある生《いのち》がまたおのずからその中に爽《さわや》かに盛られてゆくのでしょう。

## 五

私たちの面している舞台が行き詰まって、きょうもあすも先月も今月も、去年も今年も同じことに、旧く飽き飽きするものになったり、走馬燈のように目まぐるしいばかりで、つまり同じものが同じことに回っているような気持になるのは、生きてさまざまに動いている自分の心を棚《たな》に上げて、習慣と形式の中にその生活を営んで行こう、当てはめて行こうとすることから来るように思います。

お産をして友だちからさまざまの贈物をもらうと、それにお返しをしなくてはならないと思います。それを自分の生活の現状に当てはめてみると、お産のために多くの費用も要《い》ったのに、今月はとてもやりきれないと思う。しかもどうでもこうでもお返しをしなくてはならない。私たちの身の上に起こって来る出来事を、すべてこういう風に取り扱っていると、私たちの舞台は、いつもつまらない余儀ないものになってしまいます。反対にそうした物質的のことには事を欠くことのないままに、友だちの所にお産があれば型のごとくに早速贈物を持って行く、自分にもらえばまたお返しをする。人に招《よ》ばれるとこちらでも招ぶという風にすべての事件を取り扱って行くと、そういう舞台はひとりでに例の走馬燈になってしまうようです。物をもらえばお返しをしなければならないというような思いは、おなじ思いでも、自分の本心の思いとはちがいます。今月は困ると思うこと、それにつけても、こうして互いに心を遣いあって、もらったり返したりするのは無意義だと思ったり、しかし子供の生まれた時に何か祝ってあげたい心持もする、もらうとうれしいものでもある、人の親切に答えないのも物足らない。こんな風に私たちの心はさまざまに働くのです。さまざまのことに当たって、このように動いて来るいろいろの心持を、思い深く忙《せわ》しい中にもとり上げて考えてみると、たしかにいろいろな考えが生まれて来ます。早速にその中からよい解決の道を見いだすことが出来ないで、やむを得ず習慣通りにすることにしても、考え過ぎてかえって変なものになったにしても、それは歩くという新しい力の芽を見いだした子供が、たどたどしい試みにつまずいたりするのと同じことで、進歩の段階になることは確かです。

人に何かの落度があると、早速にとりあげて、あの人はこういうことをした、ああいうことをしたといつまでも問題にしたり、それと相対して、決して落度をしない、間違いをしないという心持を頑固に持つ風が私たちの中に多いのです。そのために考え過ぎて妙なことになると笑われる、いっそ習慣通りにということで、社会の進歩も遅くなり、家庭の空気も沈滞し、めいめいの心の中にもほこりばかりが積もってゆくような気がします。考え過ぎてかえって愚かな結果になった時も、これこれに思って、ああいう風にしてみたが、あまりよい考えではなかったようですと、ありのままの心持をお互いに通じ合うようにすれば、よほど冷たい人でない限り、贈物のお返しはほんとうにどうしたらよいでしょうねと、向こうの人も打ち解けて、人と人の温《あたた》か味《み》も通じ、研究の工夫も改良の緒《いとぐち》もだんだん出て来るわけでございます。私たちの舞台にこのようにして一つの新しい望みの芽がふき、それを成長させようとする有益な努力も出て来るようになったら、それが幼児《おさなご》のような生き甲斐のある生命のはじまりです。自分の生活は走馬燈のようだと思ったら、どうしたら、それがそうでなくなるかを根よく考えてみるように、自分の内的生活の空虚さに思いおよぶことがあれば、それが何故であるかを長い間考えて、さまざまにそれを充《み》たして行く工夫をすれば、幼児《おさなご》が物いうことに成功したり、歩くことに成功したりするのと同じように、実にうれしいものでございます。

六

簡単なことは早く出来ます。しかし仕事が面倒に重大になって来れば、その著しい成長を見るまでには、多くの工夫と骨折りと時日がかかります。赤ん坊が泣くことを覚えるのは、生まれるとほとんど同時でした。乳をのむことを覚えるのには、一昼夜ぐらいかかります。すわることを覚えるまでには半年以上かかります。立つことを覚え、歩くことを覚えるまでには一年以上かかります。男女の性を自覚するまでには、十数年の月日がいります。しかも心身ともに人一人としての必要な機能を備えるまでの発達は、大部分自然の力、本能の力に動かされて成就されてゆくのです。しかし、人の生《いのち》の奥深く秘められてある、その人おのおののほんとうの価値を発揮し、その価値と幸福とを遺憾なく感得して、神に栄《さかえ》を帰するまでには、多くの道程《みちのり》があるのです。この世の旅路に次ぐに、さらに他の世の旅路をも加えなければならないのです。

幼児が物いうことを覚え、歩くことを覚えるのは、彼自身にとっては、実に新世界を発見したほどの喜びなのでしょう。しかも一人の人として本能の力ののびたのは、ただその人の生命が人並の経路を取ったというばかりです。それ以上めいめいに、人として自分の価値をどこまで発揮することが出来るかどうかというところに、真実に人間としての仕事があるのです。言いかえれば人間としての本舞台はそれなのです。ふりかかって来た当面の仕事を、ただ事務的に習慣的に取り扱っているだけでは、私たちの舞台は空虚になってしまいます。舞台を空《から》にしないで、走馬燈にしないで、事に当たって湧いて来る各自の思いをとりあげとりあげ、幼児のようなかぎりなく張り合いのある日々《にちにち》を送りましょう。

（大正七年七月）

# われらの築くバベルの塔

一

咲いた花は散ってしまいました。せめていま一日を半日をと、惜しんだ心の本意《ほんい》なさを、青葉の風にわすれたころには、またしめっぽい雨になり、梅雨《つゆ》の晴れ間を楽しむ間もなく、暑さが見舞って来るように、ほんとうにあわただしい人生でございます。春が逝《い》っても秋が来ても、依然として幾度でも同じ春秋を送り迎えているように見えている山川も、つねにその高さをあらため、淵瀬《ふちせ》を代えているといえば、なおさらに落ちつく所のないような気がします。

苦になっていた張り物が片づいたと思えば、また脱ぎすてが出来てくる。あの事が済んだと思えばこの事がはじまる。横町の荒物屋が一生懸命に骨を折って、これでようよう一通りの店になったと安心していると、だんだんまた新しい勝手道具や、新工夫の家具などが出来てきて、これまでの仕入先で持ってきてくれるものばかりでは、店の体裁が悪くなる。あれもこれもと思うと、横町の店ではせまくなる。表通りに出たら今度は店の経費も多くなるので、これまでの荒物屋式ではやりきれなくなるといったように、私たちの生活も、決して長い間一つ所に落ちついているということがありません。わりに静かに落ちついていられるように見える月給取りの生活でも、数円の月給でも暮らしていた、それが二十円になり三十円になり、五十円になり百円になって、周囲の事情と家族の境遇とその心持が、前とちっとも変わらなければ、月給が多くなっただけそれだけ、ちゃんと余って行かなければならないはずなのですが、私たちの内と外とは始終動いていますから、多くなっても、やはり日々《にちにち》暮らして行けて、余りというものはほとんど見いだしにくくなります。ものの下り坂になる場合にはなおさらに、分時も一つ所にとまっていないというようになるでしょう。考えてみると、精神的にも物質的にも、時々刻々に移りかわるのは人生です。何というあわただしさでしょう。どうかしてああもうこれでよいと、ゆっくりしてみたいというのは、昔からわれわれのいつも思ってみることでした。バベルの塔の一面は、たしかにそれだと思います。

## 二

「四十日四十夜、神の怒りの雨が降りつづいた時に、はてしもない大水と、暗い暗い空の間に、ノアの家族の方舟《はこぶね》が、たった一つ浮かんでいました。一年たって、大地がはじめて乾いた時に、神は恵まれたノアの族《やから》を祝福して『産めよ、増えよ、地に満ちよ』とおいいになりました。ノアの三人の子供が、それぞれに多くの子孫を持ちました。

世界中《せかいじゅう》は同《おな》じ言葉《ことば》を使《つか》って、同《おな》じように話《はな》していた。東《ひがし》の方《ほう》から移動《いどう》してきた人々《ひとびと》は、シンアルの地《ち》に平野《へいや》を見《み》つけ、そこに住《す》み着《つ》いた。

彼《かれ》らは、『れんがを作《つく》り、それをよく焼《や》こう』と話《はな》し合《あ》った。石《いし》の代《か》わりにれんがを、しっくいの代《か》わりにアスファルトを用《もち》いた。彼《かれ》らは、『さあ、天《てん》まで届《とど》く塔《とう》のある町《まち》を建《た》て、有名《ゆうめい》になろう。そして、全地《ぜんち》に散《ち》らされることのないようにしよう』と言《い》った。

主《しゅ》は降《くだ》って来《き》て、人《ひと》の子《こ》らが建《た》てた、塔《とう》のあるこの町《まち》を見《み》て、言《い》われた。

『彼《かれ》らは一つの民《たみ》で、皆《みな》一つの言葉《ことば》を話《はな》しているから、このようなことをし始《はじ》めたのだ。これでは、彼《かれ》らが何《なに》を企《くわだ》てても、妨《さまた》げることはできない。我々《われわれ》は降《くだ》って行《い》って、直《ただ》ちに彼《かれ》らの言葉《ことば》を混乱《こんらん》させ、互《たが》いの言葉《ことば》が聞《き》き分《わ》けられぬようにしてしまおう。』

主《しゅ》は彼《かれ》らをそこから全地《ぜんち》に散《ち》らされたので、彼《かれ》らはこの町《まち》の建設《けんせつ》をやめた。こういうわけで、この町《まち》の名《な》はバベルと呼《よ》ばれた。」（創世記　一一の一―八）

というのが、旧約聖書のバベルの塔に関する全文でございます。例によって分かりにくい簡単なそうしてその中にいろいろの心持の含まれている聖書は、人々のその時々の信仰と経験とによって種々《いろいろ》に見られるのです。私はこの事を次のように考えて、われら自身の心持や、世間の様に照らし合わせて、最も深い興味と、人生の責任の厳しさを、いろいろに感じているのでございます。

人々がシナルという所に、美しい平野を求めて移り住み、だんだんにいろいろの生活法を研究しました。甎石《かわら》を焼くことを工夫したり、石漆《ちゃん》をつくることを考え出したりした彼らは、ここに楽しい邑をつくり、また高い塔をつくって、その塔の頂をば天にとどくだけの高さにしよう。これから先へ先へと全地に散りひろがって、めいめいに果てしもない骨折りをするよりは、このままここに落ちつこう。それが何より気楽でもあり、そうした高い塔をつくったら、それでまた私たちは随分鼻も高いのだからと、こう考えたというのでしょう。

神様はこれをみて、見よ民一つにして皆一つの言語《ことば》を用う、いざ我等降《くだ》り、彼等の言語《ことば》を乱し、互いに言葉を通ずるを得ざらしめんとおいいになったというのです。そして相互いに言葉を通ずることが出来なくなった彼等は、わかれわかれに全地の表に散るよりほかはなかったと書いてあります。

今から思うと、昔は実にのんきなものであったのですけれど、それでもその時代の人になると、決して自分たちの生活を気楽だのんきだとは考えませんでした。古い古い大昔のノアのころの人々ですらも、ちょっと気に入った豊かな居場所が見つかると、産めよ、増えよ、地に満ちよという、神の命令《いいつけ》があっても何でも、そうした所に小ぢんまりと納まって住んでいたいと思いました。しかしただ食べて眠っているだけでは、やはりどうしても満足してはいられないものですから、堅い瓦《かわら》を焼くことや、粘土をつくることを発明したのを幸いに、その頂きが天にも届きそうな塔でも造ったら、われらは実に大したものではあるまいかと、こう考えたのです。ちょっと思うと、こんなことは今のわれわれとは何の関《かか》わりもないようですが、実は毎日われわれはバベルの塔を築いているのだと気がつくと、ほんとうに赤面して驚かずにはいられません。

三

小成に安んじよう、今あるものをそっとして置こうというのは、すべての人間のもっている弱点です。女大学式の女の頭で、長い間日本の家族が治《おさ》まっていました。シナルの邑《まち》がそこに出来ていたのです。私たちはいつまでもその邑《まち》にとどまっていさえすれば、安心なように思われてなりません。子供の教育でも、家事のとり方でも、自分の身の処置でも、心の置きどころでも、すべて世間の多数のするようにしているのが一番無難だと思います。すなわちシナルの邑を踏み出さずにいたいと思います。しかし昔のシナルの人も、徹頭徹尾ただじっとしてはいられずに、シナルの邑《まち》をもっと体裁よくしよう、高い塔をも築こうと思ったように、私たちもまためいめいのシナルの中で、いろいろのことをしたいと思います。そうしてそれによって、私たちは奇麗な邑に住んでいる幸福を味わったり、高い塔を持っているという誇りをも持ったりしたいのです。

人はどうあるべきものだろうか、子供はどう育てたものだろうかということを、いろいろ根本的に考えてみるというような、むずかしい問題は、シナルの邑の外《ほか》として考えてみないように、そうしてなるべく多くの人と同じようなことをする中で、息子が大学を優等で卒業したということや、娘が名家に嫁入りをしたというようなことを誇りたいと思います。そのために口上手な媒介人《なこうど》を頼んだり、娘をなるべく多くの人の気にいるようなものにつくり上げようと思ったり、学問の出来ない息子を愛することが出来なかったりします。娘をなるべく人の気にいるようにつくり上げようとするのは、バベルの塔を築くのと同じ心持です。

いろいろの思想を味わい分けもし、その上に自分は自分の思いをもって辿《たど》るべき道を求めようなどという、面倒なことには手を出さないで、なるべく多くの女がするように生活しよう。そうしてその中でよい着物を着たり、何々夫人何々女史といわれたりする工夫をしようというのもバベルの塔です。代議士になるということは自分の天職を尽くす道であるか、金を儲けるということは自分にとって何ほどの意義のあるものであるかということは、私たちの住んでいる現在の社会では、真面目に考えてみない風です。だから私たちもそうしたことに時々疑問を持つことがあっても、とにかくシナルの邑に安んじていることにして、その中であるいは代議士、あるいは金儲けというようなバベルの塔を築いてみようとするのです。そうしてその塔を築き上げる材料になるものは、古《いにしえ》のシナルの人の、その工夫と才能とを傾けて出来た、瓦《かわら》や粘土を使ったように、今の私たちも、めいめいに自分のあらんかぎりの力や才能が、その築こうとするあるいは貴婦人、あるいは代議士、あるいは富貴栄華というような、バベルの塔の材料になるのでございます。

## 四

神は昔のシナル人の言語を相互いに不通にして、そこに籠《こ》もろうとした邑《まち》や、その誇りとしようと思った塔が、ひとりでに打ちくずされてしまいました。神様は今までも私たちの閉じ籠もろうとする、シナルの平野を打ちくずすために、私たちの言語をつねに不通にしておいでになるのです。女大学式の頭と、めいめいにほんとうの自覚の上に立ちたいという心持を持っている人と、どうしても理解し合うことが出来ないのもそれでございます。富貴や権勢のバベルの塔を築くために、きのうの名士や高官がきょうは獄裡《ごくり》の人になったりすると、私たちは非常に不安な思いを持ったり、相互いに利益をもって結託し合ったり、賄賂《わいろ》をとったり、またやったりしなければ、この世の中で目ぼしい仕事が出来ないのかと思ったり、いろいろの疑惑にとざされて、無邪気に人と交わったり正直に生活したりすることが出来なくなります。そうしてめいめいに、この険悪な世の中に、知らずしらず自分の本心をつつみ隠していなければならなくなります。言語の不通と同じことではないでしょうか。

そうしてこの言語不通は、実に人生を暗くするものです。人と人との間の不愉快も、家庭の中《うち》の悲しみも、社会のなげきも、直接間接に皆この言語不通から来ています。昔のシナルの人に加えられた、神の厳《きび》しい咎《しもと》は、今もわれわれの上に一層峻厳《しゅんげん》に加えられつつあるのです。シナルの人は、その言語淆乱《こうらん》という神の咎《しもと》のあったために、どうでもシナルを離れて散り散りにその住む所を求めなければなりませんでした。そうしてそこにめいめいの子孫を遺《のこ》して、産めよ、増えよ、地に満ちよという、神の理想と計画は決して廃絶することなく、おのずからにして遂げ尽くさねばやまなかったのであります。全地はほとんど充たされました。充たされてしまわないにしても、充たされるということは明らかになって来ました。精神的の人生も、私はこうしてついに充実せられる日のあることを信じます。

昔から今日に至るまで、幾多の思想があたかもシナルの平野のようにわれらの社会に取り扱われていたのです。遠い昔のことを考えてみるまでもなく、鎖国時代の日本人は、いつまでもこうして静かにしていたいと思っていました。海の彼方にどういうことが起こっているか、どんな文明が生まれているかということに対して、出来るだけ目を閉じていたいと思っていました。しかし神様の強い手がまずペルリを通してこの国の上に加わりました。そうして鎖国というシナルの邑《まち》が打ち破られたばかりでなく、あるいは上り下りの大名の行列や、千代田の奥の華やかな生活や、その他当時の各階級に築かれていたバベルの塔は、みな打ち砕かれてしまいました。女大学式というシナルの邑は、まだことごとく打ち散らされていないので、今もなおそのシナルにたて籠《こ》もろうとする人が多くあります。誰《たれ》だとて、せっかく見つけて住み心地のよくなったシナルを離れて、新たな方面に進んで行くということは、多くの努力と勇気とまた確信とを要することだからです。しかも神様はこの女大学式の邑《まち》にも、だんだん劇《はげ》しく言語の淆乱《こうらん》をさせようとしておいでになります。いうまでもなくいわゆる新旧思想の衝突はそれでございます。理解されない言《ことば》を持っている人々同士は、おのずから四方に散らなければなりません。そうして封建的時代、鎖国時代が終わったように、女大学式のシナルもやがてはなくなってしまうでしょう。新しい思いとして、今の女の持っている考えも、やがてはまた同じことです。

## 五

物質的にも精神的にも、移りに移って止まるところを知らない人生であるといえば、何となく小《お》やみもない大きな車の回転するのに引きまわされて、ただただ目まぐるしい、自由も慰めもない生《いのち》のように思われるのですけれど、決してそうではありません。

われらはシナルにたて籠もろうとせず、常に自分の経験と真実なる思いによって、撓《たゆ》まずに一歩一歩と前に進んで行くことを回避しないならば、一歩は一歩ごとに、われらに新しい境地を与え、別種の慰めを提供してくれるように思います。かくしてわれら人類は、生み、殖《ふ》え、そうしてついに地上を充《み》たすように、人各々の内部の生活がだんだんに充実して、精神的生活の世界である人生は、ついに少しの荒野もなしに充たされ、そうして美しく整えられるであろうと思われます。

そうして神はそのように人生を整え給うためには、ともすれば小成に安んじようとする人類の弱点に対して、昔のシナルの人になし給いしごとくに、個人に対しても社会に対しても、強い懲《こら》しめの手をのべ給うことを思わないわけにはゆきません。

私たちは、神の忍んでわれわれを懲《こら》し給う涙の笞《しもと》の下るを待たず、自《みずか》ら奮《ふる》って、めいめいのシナルを離れなくてはなりません。弱きわれらは、神の愛深き理想と計画とを了解して、進んでその計画にそいまつらんとする、健気《けなげ》な志を持つならば、強い力がどうしてわれらを導き助けて下さらぬということがありましょう。ときに疲れてシナルを求めようとするときにも、励まし励まし自分の道を歩んで行くその生涯の間に、鈍き心にもありありと神のめぐみを感じて、感謝しなければならないことが沢山あります。

われらの怠りに鞭《むち》うち給う神は、同時にわれらの健気な努力を喜び助け給う神であります。バベルの塔を築くために、われらの工夫を傾け、才能を尽くすのは愚かではないでしょうか。進み行く前途の骨折りを思い、シナルに憩《いこ》いて慰めを得ようというのは、間違いではないでしょうか。

（大正四年五月）

# 凡例

本巻の編集方針の大綱は、次の通りです。

本文の校訂にあたっては、原則的に、底本を忠実に翻刻する方針を守った上、次の点については整理をおこないました。

(1)聖書引用文は「新共同訳聖書」の本文に代えました。その出典には（　）を付けて加筆したものもあります。

(2)文中、現代の生活環境に照らすと、不快語にもとれる語句が使われているところもありますが、当時の時代背景に鑑み、そのままとしたもの、＊をつけて書き改めたものとがあります。

一九二七年 八 月一五日 初版発行 羽仁もと子著作集
一九六九年 四 月 一 日 新刷発行 第二巻
二〇一一年 五 月二〇日 新版発行 思想しつつ生活しつつ(上)
二〇二〇年 五 月二〇日 新版五刷

著 者 羽 仁 も と 子
発行所 婦 人 之 友 社
東京都豊島区西池袋二―二〇―一六
〒 一七一―八五一〇
電 話 〇三―三九七一―〇一〇一
振 替 〇〇一三〇―五―一一六〇〇

印刷 大日本印刷株式会社・株式会社東京印書館 製本 大口製本印刷株式会社


ISBN978-4-8292-0002-5

# 羽仁もと子著作集　全21巻

15巻は旧刊の聖書文語体と新共同訳を刊行。

1 人間篇
人生を深く生きるために、まず人間そのものを知ろうと、文豪の描く名作中の人物の生き方を探る。

4.3.2 思想しつつ生活しつつ　上中下
著作集の中核となる著者の思想の歩み。上巻は家庭の問題、中巻は人生について、下巻は祈りの心を。

7.6.5 悩める友のために　上中下
溢れる同情と人間の急所をついたきびしさをもって著者に寄せられた悩みの手紙に答えた人生問答。

8 夫婦論
独立自由の人格が一体となって一つ使命を持つことが真の夫婦であると説き、結婚の理想の姿を描く。

9 家事家計篇
家持ちのよい主婦、家計上手の主婦となるために、身近な家庭経営の問題と熱心にとりくんだ労作。

11.10 家庭教育篇　上下
上巻は幼児教育について自身の育児の経験から、下巻は自由学園の教育を通して生活即教育の理念を。

12 子供読本
子どもたちに夢をと、著者が思いをこめて創作した楽しいお話集。新選いろはかるたとむかしがたり。

13 若き姉妹に寄す
学校生活、社会生活を通して結婚にいたるまでの健全な生き方を示し、少年少女の若い心に訴える書。

14 半生を語る
記者として出発、主婦また母としての生活を土台に婦人之友を創刊し自由学園をつくるまでの自伝。

15 信仰篇　新共同訳聖書（新版）と文語訳聖書（旧版）を発刊。
著者の思想の根底に流れるキリスト教の信仰について思いを語る。信仰に志す人々へのよき道しるべ。

16 みどりごの心
日々の生活に希いを見出し、希いの中に多くの祈りを与えられて暮した著者のありのままの思いの跡。

17 家信
暖かい親心のあらわれの中に、人生とは何であるかしみじみとつづる、異国に学ぶ娘へあてた書簡集。

## 18 教育三十年

三十年にわたる学園教育の結晶。幼児から大学にいたる教育経験とその背後にある信仰と思想の記録。

## 19 友への手紙

真の平和な世界を望み、人間の中の神につくものと対するものの相反する二つを深く探求した心の跡。

## 20 自由・協力・愛

昭和七年渡欧の船中で書かれた家への便りから三十一年の絶筆まで、数々の思い出多い文章を集めて。

## 21 真理のかがやき

昭和初期から晩年までの折々の思い、独自の生活主張「生活合理化」、聖書について書かれたものを収録。

---

## 羽仁もと子著作集全巻の巻頭のことばとその思想を生きる人々

## 親しき友に

二〇一〇年発行

生き方を変えるまでに読み手を惹きつけることば。羽仁もと子著作集全21巻の巻頭言と、80年にわたる読者の「私の惹かれた箇所」を収録。

---

## 羽仁もと子選集

### おさなごを発見せよ

子どもを育てるには、子ども自身の生きる力を尊重することが大切と説く、活きた生活教育の案内書。

### 最も自然な生活

思想することの出来る生活。それは欲望のままにでなく、自主、自由を本気で考えるところから始まる。

### 人生の朝の中《うち》に

新家庭生活は人生の朝のよう。朝のうちに規律正しい生活を身につけるための活きた提案の書。

### われら友あり

人生の夏から秋を心豊かに過ごすために。今おかれている自分の環境の中で心と体を働かせたい。

### 生活即教育

子ども自身、意志をもって生活できるように。親、教師も子ども達の生活環境をよいものにしてゆきたい。

### 力は出るもの出せるもの

子ども達が深くものを考え、勇気をもって行動できるように。著作集12巻「子供読本」より収録。

*定価等は、次頁連絡先までお問い合わせください。